JN423183

중소기업 투자유치와 자금조달 실무

최병주 · 권혁진 · 박수진 · 김영도 · 윤준선 · 정진섭 · 권세혁 편저

마인드탭
MIND TAP

* 프롤로그

세상에는 수백만 가지의 사업아이템이 있다.

그렇지만 좋은 아이템만으로는 사업에 성공한다는 보장이 없다.

좋은 아이템도 효율적으로 실행되지 않는 한 쓸모가 없다. 결국 아이템이 중요한 것이 아니다.

해당 아이템을 실행하는 사람이 누구냐가 핵심이다.

프로페셔널 투자자는 평범한 사람의 '강력한 계획(strong Plan)'보다 실력있는 사람의 '보통 수준(moderate)의 계획'에 투자하는 것을 선호한다.

지금, 세계 경제는 지역단위의 블록화/개별국가의 이익우선으로 구조화됨에 따라 갈수록 경쟁이 심화되고, 신기술혁신에 따라 제4차 산업혁명이 전개되고 있는 대전환의 시대이다. 이에 대응해 기업이 지속적인 경쟁력을 확보하기 위해서는 끊임없는 가치창조와 신경영으로의 패러다임 쉬프트를 통한 경영혁신을 필요로 한다.

기업경영의 내실화와 건전성을 확보하기 위해서는 사업단계별로 양질의 자금을 조달하는 것이 기업 경영에 필수 불가결한 요소라 하겠다.

정부와 금융권에서는 중소기업 육성을 위해 다양한 투자자금, 은행자금 지원제도를 마련하고 있으나 지원기관, 지원시기, 지원내용, 지원절차 등이 복잡하고 다양하여 현업에 바쁜 경영자가 이를 파악하여 적기에 자금을 조달하기란 쉽지 않은 것이 현실이다.

이 책에서는 기업의 이러한 애로사항을 덜어드리고자 '투자유치 및 자금조달'에 대한 정보를 제공하고, 이를 활용할 수 있도록 "자금조달의 방법론"을 제시하고자 한다.

2017년 푸르른 5월에, 편저자 일동

* 차 례

Part 01

투자유치

목 차

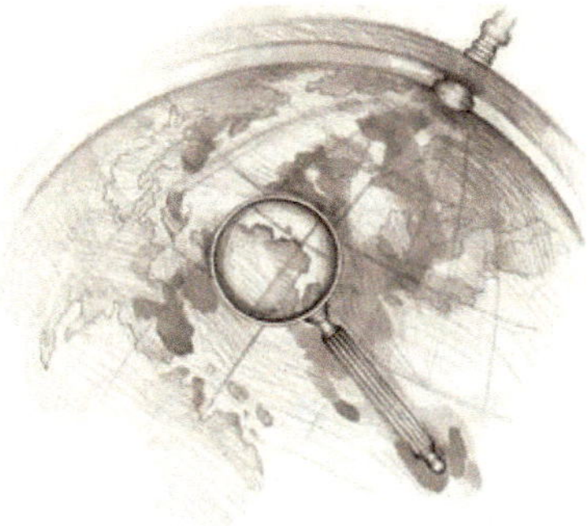

Chapter 1. 벤처캐피탈 산업 이해하기

Chapter 1. 벤처캐피탈 산업 이해하기

벤처캐피탈 산업의 메카니즘

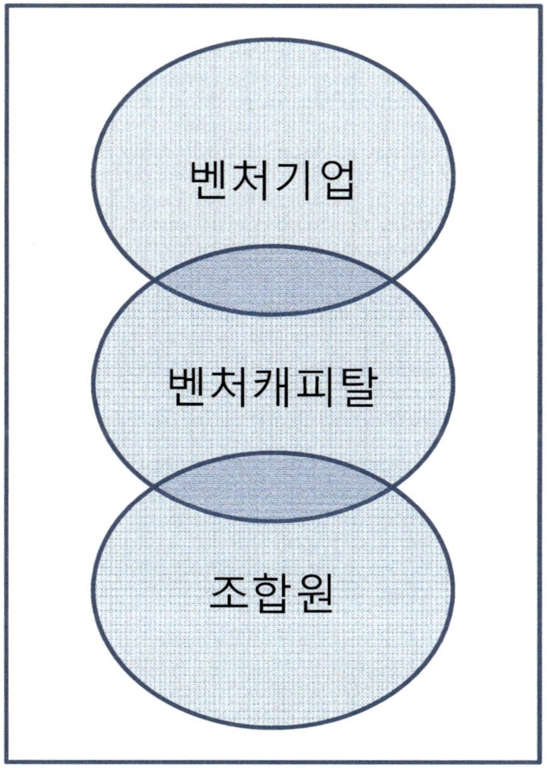

1) 벤처기업: 사업핵심요소보유, 창업자정신

(경영진, 시장, 기술, 마케팅)

벤처만의 장점 – 속도, NW

2) 벤처캐피탈: 펀드운영/업무집행조합원(GP)

High risk / High return 추구

투자 후 관리 / 회수방안

조합운영기간에 따른 투자단계분류

(7년, 실질 투자기간 4년)

3) 일반조합원: Limited Partner(LP)

기관투자가 / 대기업

자금운용 / 사업제휴선 확보

벤처캐피탈 산업 이해하기

벤처캐피탈의 투자목적

CAPITAL GAIN ONLY!!!

Capital Gain: 기업성장과 그에 따른 기업가치 증가를 통해 획득

→ Exit Strategy가 가능한 기업에 투자 (KSE, KOSDAQ 혹은 M&A)

투자수익률의 극대화

아이디어 → IPO 갈 확률 6/1,000,000

1/100(idea → Biz plan) × 6/1000(VC funding → IPO) × 1/10(VC → IPO) = 0.0006%

- IPO 등 투자회수 방안이 중요

  기업경영과정에서 이를 충실히 반영할 의지 필요

VC와 CVC와의 차이

Metric	Traditional VC	CVC
Venture Goals	Set Independently	Set by the Parent
Measure of success	Profits, ROI, IPO/Acquisition	R&D benefit, revenue, market share, ego, image
Competition	Other VC firms and startups	Internal as well as external similar to VC
Resources	Scarce, but entrepreneurial	Plentiful, but bureaucratic
Structure	Simple, but stand-alone	Complex, ties to the parent corporation
Staffing	Small, dedicated team	Large teams, matrix org, fractional bodies
Leadership	Clear and focused	Often unclear who is in charge
Compensation	Incentive-based, linked to venture success	Lower incentive based compensation
	(초기 중기 후기 투자)	**(원천기술보유 초기 투자)**

(Source: 조호제 교수, Santa Clara Univ.)

벤처캐피탈 산업 이해하기

벤처캐피탈의 투자 프로세스

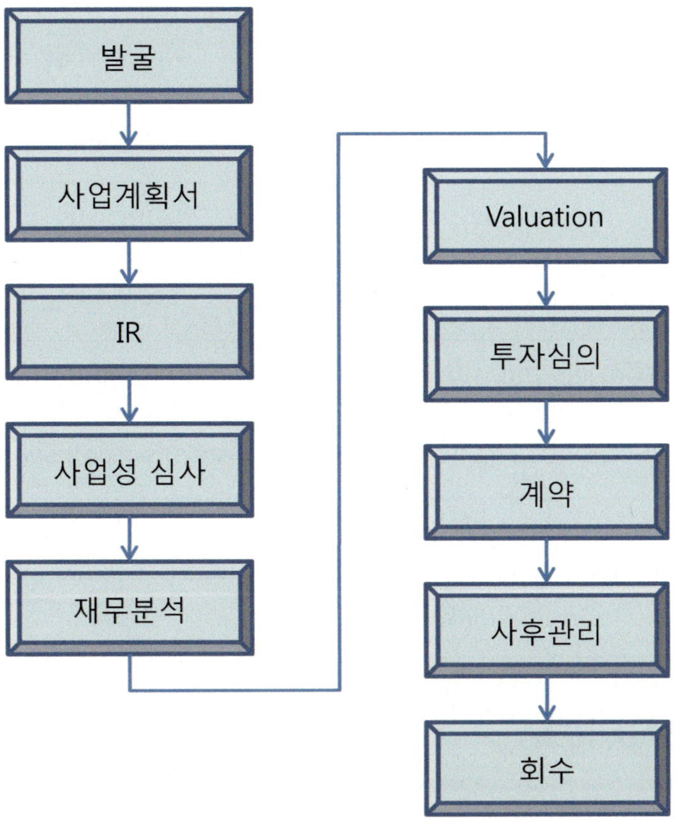

* VC의 발굴방법
- Top-down 방식
- Down-up 방식
- 기타(컨설팅사, 회계법인 등)

* 투자단계별 검토 중요포인트
- 초기: 기술성, 사업성
- 중기, 후기: Valuation, 지속성

* VC의 회수방법
- IPO, M&A etc.

벤처기업 투자유치전략 수립

1) 목적: 중간평가, 향후 전략점검, 투자유치

2) 목표: 투자조건, 규모, 자금소요계획, 지분, 용도, 기한

3) TF팀 구성 – 업무분담

4) 자본 조달처 탐색: 개발자금(융자, 출연), 직접금융(VC)

5) 자본 조달처 분석 및 선택

6) 사업계획서 작성 / 프리젠테이션 준비

7) 실사대비

8) 사후 점검사항

벤처캐피탈 산업 이해하기

단계별 투자의 이해

1) 벤처캐피탈의 펀드운용: 포트폴리오 구성전략이 관건

2) 통산 7년 운용기간의 펀드: 실제로 투자기간은 4년

   평균적인 상장기간: 7 ~ 11년

3) 단계별로 수익성 및 리스크 관리측면에서 구성 필수

4) 산업별로, 현재 성숙산업과 미래유망산업, 전통산업 등

5) 업종별 수익성 및 안정성을 감안한 포트폴리오 구성 감안

6) 신청사에 맞는 펀드에 대한 충분한 정보 사전수집이 필수

성장단계별 자금유치

1) 초기 – 창업초기(Early stage): 통상 3년 이내
- Self, love money, angel money
- Seed money: 사업계획
- R&D: 연구개발
- 1st stage: 초도 제조 및 마케팅

2) 중기 – 성장기 투자(Expansion Stage)
- VC, Bank, Corporation
- 2nd stage: 양산 및 운전자금
- 3rd stage(mezzanine): 시장확장

3) 후기 – 성숙기 투자(Large Stage)
- Exit: IPO, M&A, Investor : PEF, IB

벤처캐피탈 산업 이해하기

초기투자 시 특징 및 장단점

1) 초기투자의 특징
- 통상 창업 3년 이내 기업, 인력 및 아이디어 위주
- 불확실성 – 시장, 기술, 사업, 환경
- 신규시장, 시장환경, 관련유사산업분석이 중요

2) 장점
- High Risk, High Return
- 투자관리 투여시간, 기업과의 전략적 관계 형성
- 투자포트폴리오 구성 용이

3) 단점
- 펀드의 손실규모가 큰 편
- 회수기간 긴 편, 투자규모 작은 편

중기투자 시 특징 및 장단점

1) 중기투자의 특징

- 시장참여자가 많음
- 재무분석 및 추정이 중요

2) 장점

- 사업적 리스크가 낮아 손실가능성이 낮음
- 투자 검토가 용이

3) 단점

- 높은 투자단가, 큰 투자규모, 낮은 수익성

벤처캐피탈 산업 이해하기

후기투자 시 특징 및 장단점

1) 후기투자의 특징

- Pre-IPO: IPO 1년 이내 기업
- 투자경쟁이 매우 치열: VC, IB, 은행, 외국계 투자자

2) 장점

- 리스크가 거의 없음
- 원금보전가능성이 높음

3) 단점

- 증시 상황에 따라 수익성은 크게 변동
- 투자수익률이 투자단계 중 가장 낮은 편

벤처캐피탈 접근방법

1) 자본유치대상 선택 – 엔젤, VC, CVC, 제 2금융권, 기업 기타

2) 벤처캐피탈 특성 파악

   - 전문분야, 투자기준, 투자단계, 투자규모, 투자형태, 투자펀드재원

3) 접근가능 벤처캐피탈, 파트너로써의 벤처캐피탈

4) 벤처캐피탈 포트폴리오 – 동종업체 및 웹사이트 분석

5) 목표 벤처캐피탈 선택 → 상세정보수집(Vc List, Reputation)

6) 첫 접촉 – NW를 통한 접근(커뮤니케이션 능력)

7) 사업계획서 – 투자자 관점, 타당성 있는 자료근거

8) 실사 – 결론이 아닌 진행형

9) 원칙주의 – 투명성, 원칙성, 자신에 대한 SWOT분석 및 전략

벤처캐피탈 산업 이해하기

벤처캐피탈의 주요 평가기준

경영자평가

1) 경영자의 신뢰도 및 인성
2) 경영자의 기업가 정신
3) 경영자의 경영능력 – 지식 및 경험
   시장파악능력, 학력, 대인관계, 평판

제품,시장평가

1) 경쟁제품 존재 및 차별화 가능여부
2) 신제품 지속적인 개발을 위한 기술력 확보여부
3) 제품 시장규모의 적절성 여부
4) 양산으로의 Scale Up 가능성

재무,인력평가

1) 분야별 전문가 – 기술, 마케팅, 재무
2) 구성원 팀웍
3) 사업적 협력관계 / Outsourcing

*10가지 거짓과 진실

1. 거짓 = 우리가 제시한 예측은 실제 전망을 상당히 낮춰 잡은 보수적인 것이다.
   진실 = 순전한 거짓말이다. 예측도 부정확하며, 자금유치에 유리하게 짜여진 것이 대부분이다.
   벤처캐피탈들은 이런 말들을 벤처기업인들로부터 질리도록 들어왔다.

2. 거짓 = 벤처캐피탈은 사업계획을 제대로 이해하지 못한다.
   진실 = 그럴 수도 있다. 그렇다면 벤처캐피탈을 이해시켜야 한다.
   당신 앞에 앉아있는 벤처캐피탈 이야말로 설득대상이라는 사실을 망각해서는 안 된다.

3. 거짓 = 누군가 내 사업을 도용할 수도 있다.
   진실 = 그 아이디어는 이미 누군가에 의해 도용돼 그들의 손에 있다.
   불공정한 현실을 인정하고, 최선을 다해 사업계획을 설명하는 게 유일한 방법이다.

4. 거짓 = 아이디어와 기술만 있으면 자금과 고객을 확보하는 것은 식은 죽 먹기이다.
   진실 = 아이디어와 기술은 누구든지 제시할 수 있지만, 구체적인 사업수행 추진력을 갖추기는 쉽지 않다.
   '더 좋은 쥐덫은 필요 없다. 쥐만 많이 잡으면 된다.

5. 거짓 = 시장의 수요를 찾아내 이를 상품화 한 것이다.
   진실 = 시장의 수요는 예측 및 창출 대상이다. 축구에서 골을 넣으려면 공이 올 방향에 미리 가서 자리를 잡아야 한다.

(Source: Red Herring)

벤처캐피탈 산업 이해하기

*10가지 거짓과 진실(계속)

6. 거짓 = 훌륭한 사업 아이디어보다 투자자금이 더 많이 넘쳐난다.
진실 = 자금보다 훌륭한 아이디어가 언제나 더 많다. 역사적인 진리다.

7. 거짓 = 벤처캐피탈은 지원대상 기업과 확실한 팀웍을 이룬다.
진실 = 벤처캐피탈은 오직 수익에만 관심 있다. 벤처캐피탈은 투자자이지, 직원이나 친구, 부모, 형제가 아니다.

8. 거짓 = 완벽한 사업계획서를 작성해야 한다.
진실 =누구도 사업계획서를 읽지 않는다. 투자자들의 관심을 끌기에는 단 몇 초라도 충분하다.
사업설명회의 핵심은 좋은 사실이든, 나쁜 사실이든 투자자들이 듣고 싶어하는 것을 명쾌하게 설명하는 데 있다.

9. 오해 = 벤처캐피탈은 신생 벤처기업을 지원한다.
진실 =벤처캐피탈은 기존 기업들을 지원하며, 신생업체에 자금을 지원하는 것은 정작 엔젤 투자자들이다.
신생업체가 벤처캐피탈로부터 자금을 유치하는 것은 1,000분의 1의 확률이다.

10. 거짓 = 인터넷이 모든 것을 바꾼다.
진실 = 인터넷이 모든 것에 관련되는 것은 사실이나, 반드시 변화와 직결되는 것은 아니다.
인터넷은 사업방식에 극적인 변화를 가져올 수 있지만 수단일 뿐이다. 사업에서 가장 중요한 것은 가치와 이익이다.

(Source: Red Herring)

IR 시 할 것과 하지 말 것

DO	DON'T
• Prepare a logical business plan with 1-2 page executive summary • Be clear and concise in verbal and written communication • Perform your own due diligence • Demonstrate commitment • Listen carefully • Prepare Q&A	• Oversell (you don't want an investor who feels duped) • Underestimate competition • Discuss valuation early • Argue • Keep secrets • Conservative Projection • Trick

(Source: 조호제 교수, Santa Clara Univ.)

벤처캐피탈 산업 이해하기

IR을 잘 하는 요령

Presentation은,

- '나'에 대해 '관심을 가진 다수'를 대상으로 하는 Communication Skill
- 나의 생각 혹은 의도를 이해하도록 설득하는 Conversation

1) 전달하고자 하는 내용을 확실하게 이해하고 있을 것
2) 나의 생각 혹은 의도에 대한 확신을 보여줄 것
3) 발표자료를 낭독하는 것은 Presentation이 아님
4) 정확한 어휘의 선택을 통한 명확한 의사전달을 할 것
5) 전문용어를 통해 제품, 서비스의 특징을 기술하지 말 것
6) 모호하거나 근거가 희박한 정보는 사용하지 말 것
7) Presentation 중에 지속적으로 청중의 반응을 확인할 것
8) 언제나 Feed Back을 위한 시간을 남겨둘 것

사업계획서 작성요령

1) 투자유치에 필요한 매우 중요한 자료

2) 투자자 관점에서 간단명료하게: 성장성, 수익성, 경쟁력, 연속성

3) 회사성장단계에 따른 중점포인트 차이: 초기, 성장기, 후기업체별

4) 경영진의 역량 부각

5) 집중화된 제품과 기술 및 시장기술(다각화)

6) 전문용어는 되도록 적게

7) 근거와 논리에 의거한 매출 추정

8) 자기의 경쟁적 우위 및 위험요소분석

9) 경영진 주도의 사업계획서 작성

10) 투자회수시기 및 방안

벤처캐피탈 산업 이해하기

사업계획서 개관

1) 사업계획서 요약

2)고객의 요구와 사업기회: 제품/기술 설명, 적용분야

3) 사업전략과 주요단계별 목표

4) 마케팅계획: 시장분석, 유통경로, 영업전략, 매출전망

5) 운영계획: 개발, 생산, 관리계획

6) 경영진과 주요인력: 성과보상제도, 경력, 조직, 인력계획

7) 재무계획: 추정손익계산서, 추정재무상태표, 추정현금흐름표

사업계획서 세부

구분	항목	VC용 사업계획서 기재사항 주요항목
일반 사항	표지	회사명, 사업명, 날짜, 작성자 성명, 직위, 연락처
	요약	시장기회, 지속가능경쟁요소(독창성, 기술력, 마케팅력, 경영진, 강력한 제휴선 등), 투자회수 및 투자이익 가능성
	목차	주요내용별 목차 및 페이지
	회사 개요	설립시기 / 자본금 / 법적 형태 / 설립배경 or 경위 / 대표자 / 임직원 수 / 주소(본사, 공장) / 사업장 규모 및 소유형태 주요 제품 / 생산능력 / 주거래 은행 / 결산기 / 최근 매출액, 이익 / 관계회사 / 연혁 / 주주구성 / 주요 경영기술진
사업 내용	사업구도	- 사업부문, 제품의 구성: 종류 및 비중
	제품내용	- 제품별 제품내용: 명칭 / 용도 / 효 / 제품의 구조 및 구성요소 / 작동기재 / 개략생산절차 / 주요수요처 / 판매가격 - 기존제품 or 경쟁제품과의 차별점: 효능, 품질, 내구성, 가격, 납기, 적용기술 및 평가근거 - 제품의 파급효과
	기술내용	적용기술의 내용 및 핵심요소 / 현재까지의 연구개발성과, 진척도 / 향후 연구개발방향 / 특허 등 산업재산권 보유현황 주요 생산시설 현황 / 기술진의 구체적 활동, 기여 내용
	시장분석	- 산업분석: 과거, 현재, 미래의 시장규모 / 시장성장요인 / 주요 경쟁기반요소 / 현 시장의 특성, 동향(시장 성쇄의 요인, 진입장벽, 대체품의 대두여부, 신규진입의 추세, 수요자, 리소스 공급자와의 역학관계, 정부규제) 시장의 기회, 위협요소 - 경쟁분석 : 종사업체의 수, 주요 경쟁사의 현황, 주요 경쟁업체별 시장점유추세 주요 경쟁업체의 강약점(가격, 비용(부대, 추가비용), 원가, 품질, 성능, 사용편의성, 내구성, 디자인, 인지도, 제품 다양성, 마케팅, 고객관계, 기술적 독점권, 기술혁신력, 재정상태, 규모의 경제성, 운영효율 등)
	마케팅 계획	가격정책(연도별 가격수준) / 판매경로 및 관리방안(교육훈련, 인센티브) / 판촉정책(연도별 광고, 홍보계획)
	위험 관리방안	SWOT분석 / 위험 및 약점에 대한 대응전략 / 경쟁자의 예상공세 및 대응방안

벤처캐피탈 산업 이해하기

사업계획서 세부

구분	항목	VC용 사업계획서 기재사항 주요항목
사업 운영 계획	연구개발 계획	향후 연구개발사항 및 일정표 / 수행조직, 참여인력 / 필요요소(인력, 시설, 기술) 조달계획 / 위험요인 및 극복방안
	생산 계획	생산공정도 및 생산체계 / 생산계획(제품별 연도별 생산수량) / 원자재 조달계획 / 시설계획(연도별 주요생산설비, 지원설비의 명세(용도, 생산능력, 구매처 포함), 수량, 금액, 연도별 생산능력) / 고용계획(직능별, 연도별, 총원별 계획) 품질관리 및 A/S계획
	판매 계획	- 현 마케팅 실적: 과거 매출처별 수주량, 금액, 납품기간, 매출량, 금액 / 주요 잠재고객과의 판매활동 진행경과 및 예상매출시기 및 수량, 금액 - 판매계획: 제품별, 모델별, 매출처별, 연도별 판매량 및 단가, 금액
재무계획	재무 상태표	- 과거 3년간 BS, PL, 현금흐름, 원가명세 / 추세에 대한 간략평가 / 특이사항에 대한 주석 - 추정손익계산서, 추정원가명세서, 추정요약재무상태표 / 주요가정(적용판가, 생산수율, 가동률, 원재료 단가, 임금인상률, 감가상각방법, 연구개발비 처리방법, 법인세율)
	소요자금 및 조달방안	- 연도별 자금소요 세부내역(연구개발자금, 시설자금, 운전 · 운영자금) - 세부 자금조달방안: 조달형태, 조달처, 금액, 조건
	투자조건	금번 증자희망조건(규모, 단가) / 투자 회수방안
첨부 사항		주요 경영기술진의 상세 이력서 / 제품사진 / 특허 사본, 인증서 사본 / 시장조사자료 / 구매계약서 사본, 수주활동 진행관련 교신문건 사본 / 감사보고서, 결산서 / 정관 / 주주명부 사본 / 법인등기부등분, 사업자등록증

사업계획서 내용 중 미흡사항

1) 경쟁사 분석

2) 시장 및 산업특성

3) 매출계획: 단기, 중기

4) 추정재무제표 – B/S, P/L, Cash flow

5) 자금소요 및 조달

6) 경영진 구성 및 기술진 현황

7) 기업 일반현황

벤처캐피탈 산업 이해하기

사업계획서 중점검토사항

1) 기술 및 제품특성

2) 경영 및 기술진 평가

3) 시장 및 산업분석

4) 경영자 평가

5) 경쟁사 분석

6) 매출 계획

7) 기업가치평가

8) 자금소요 및 조달계획

9) 추정재무제표

10) 기업의 일반현황

기업가치평가 시 주요검토사항

1) 상장 동종업체 주가

2) 추정현금흐름

3) 추정 시가총액

4) 동종업체 최근 공모가

5) 추정매출액 및 수익

6) 수익 및 자산가치, 기술력

7) 투자수익률

8) 동종업체 최근 투자조건

9) 추정재무제표

10) 기업의 일반현황

벤처캐피탈 산업 이해하기

투자설명회 후 After Service

1) 한번에 많은 투자기관과의 접촉은 금물

2) 투자기관 반응조사

3) 오피니언 리더 벤처캐피탈리스트 확보

4) 설명회 이후 추가 요청자료 Follow up

5) 회사실사에 대한 철저한 준비

6) 투자유치에 서두르지 말 것

7) B-Plan 준비

8) 투자유치가 안된 경우라도 VC와의 좋은관계 유지

*VC 접촉 시 피해야 할 실수 10가지

1) 되돌아 오지 않는 질문
2) 기술이면 다 O.K.
3) 우리에겐 경쟁자란 없어
4) 내가 거짓말을 해봐
5) 보수적인 숫자
6) 유명인사 들먹이기
7) 공포의 1%
8) 우리는 특허가 있는데요
9) 맞춤법 틀린 사업계획서
10) 난 여기 말만 하러 나왔다

P.S. 빨리 결론 내 주세요

벤처캐피탈 산업 이해하기

투자기관 투자 후 컨설팅

1) 컨설팅의 의의:

- 투자업체 부가가치 증대 (경영지원)
- 투자업체 부실징후 사전파악 및 조치 (경영감독)
- 투자업체 통한 영업활동 (유망업체 발굴)
- 투자업체 지식 및 Network 공유 (VC 업무역량 증진)

2) 컨설팅업무:

- 투자기업 내부통제 시스템 구축
- 정기점검 및 수시점검 (감사성격, 문제점 발견 및 해결지원)
- 재무, 회계, 마케팅, 인력알선 등 경영컨설팅업무 지원
- 추가 자금유치 지원 및 기술정보, 해외정보 제공
- IPO 업무 지원(주간사 선정 및 공모가 산정 등)

*성공한 사업가들의 12가지 특성

1) 그들은 시장을 제대로 이해하고 있다.
2) 그들은 경쟁상대를 제대로 파악하고 있다.
3) 그들은 재무적 측면에서 회사를 정확히 이해하고 있다.
4) 그들은 현금흐름의 중요성을 진정으로 이해하고 있다.
5) 그들은 현실의 중심을 제대로 이해하고 있다.
6) 그들은 진정한 자신감을 갖고 있다.
7) 그들은 계획을 수립하고 그 계획을 실행한다.
8) 그들은 현실감각을 가지고 사업을 운영한다.
9) 그들은 인재를 등용한다.
10) 그들은 열심히 일한다.
11) 그들은 즐겁게 일한다.
12) 아마도 가장 중요한 특성으로 들 수 있는 것은 그들이 갖고 있는 열정이다.

(Source: Frederick J. Beste III, Mid-Atlantic Venture Funds, L.P.)

Chapter 2. IR자료 작성과 투자유치 준비

Chapter 2. IR자료 작성과 투자유치 준비

기관투자자가 봄 바람직한 IR

IR 원고 작성 전 고려해야 할 기본 원칙

IR 원고작성 시 고려사항

기초자료의 수집 및 분석

IR 자료 vs PR 자료

IR Book의 기본구성

기억을 돕는 시각자료

시각화의 3대 원칙

구조화 사례

자료작성기법 요약

IR자료 작성과 투자유치 준비

기관투자자가 본 바람직한 IR

1) IR의 목적이 분명하고 메시지 전달이 명확

2) 경영상의 강점보다는 약점을 알기 원함

3) 과거 History 보다는 미래의 Vision을 듣기 원함

4) 주주에 대한 회사의 입장을 알기 원함

5) CEO의 경영철학과 이념을 확인하고 싶어함

6) 정확한 정보

7) 회사입장에서 적정주가 논리를 듣기 원함

8) 일방적인 설명보다는 질의응답 시간을 원함

(Source: Frederick J. Beste Ⅲ, Mid-Atlantic Venture Funds, L.P.)

IR자료 작성과 투자유치 준비

IR 원고 작성 전 고려해야 할 기본 원칙

- "IR원고는 성형수술이 아니라 화장하는 것이다"
- "회사가 알리고 싶은 것과 투자자가 알고 싶은 것은 다를 수 있다"
  - 회사의 생각과 시장의 생각의 Gap을 줄이며 나아가 투자자들을 새롭게 설득시키는 과정
- "자료는 쉽게, 무조건 쉽게 만들어라"
  - 처음 보는 사람도 이해하기 쉽게 만들어야 (VC심사역도 잘 모른다)
- "보기 좋은 떡이 먹기도 좋다"
  - 같은 내용이라도 한 눈에 들어올 수 있도록 내용 구성이 중요

(Source: Frederick J. Beste Ⅲ, Mid-Atlantic Venture Funds, L.P.)

IR자료 작성과 투자유치 준비

기초자료의 수집 및 분석

1) 우리 회사의 내부, 외부자료와 정보를 수집

2) 경쟁사의 내부, 외부자료와 정보를 수집

3) 회사와 관련된 산업과 시장, 기술 등에 대한 자료와 정보를 수집
 - 신뢰도 높은 기관의 자료 수집
 - 회사에 유리한 자료, 불리한 자료: 시장에서 인정할 수 있는 범위 내에서 유리한 자료 선택

(Source: Frederick J. Beste Ⅲ, Mid-Atlantic Venture Funds, L.P.)

IR 원고 작성 시 고려사항

- 25분 동안 발표할 수 있을 정도의 분량(30p ~35p가 적당)
- 문장형 자료보다는 도해형 자료
- 시각화의 3대 원칙을 지키자: 보기 쉽게, 이해하기 쉽게, 눈에 띄게(칼라화)
- 발표자가 말하기 쉬운 순서로 목차를 구성하고 전체 원고를 작성해야 한다
- 신뢰도 높은 객관적 자료를 제시
- 추상적 단어가 아니라 가능한 한 모든 주장은 계수화(수치화)해서 제시
- IR Book 한 권 속에 회사의 모든 것을 기술하려고 욕심내지 말아야 한다.

(Source: Frederick J. Beste Ⅲ, Mid-Atlantic Venture Funds, L.P.)

IR자료 작성과 투자유치 준비

IR 자료 vs PR 자료

항목	IR 자료	PR 자료
목적	• Funding, M&A 등을 포함하여 투자를 목적으로 회사를 알리고자 함	• 매출을 목적으로 제품, 이미지 등을 알리고자 함
대상	• 개인 또는 기관 투자자	• 일반 소비자 및 대중
컨텐츠	• 회사 소개 및 투자포인트	• 제품의 장점
강조시점	• 투자자로 하여금 투자매력을 느낄 수 있게 미래 시점의 회사의 변화된 모습을 강조	• 제품이나 회사에 대한 긍정적인 이미지 형성을 위해 현재 시점의 회사모습 또는 제품 소개
주요 내용	• 회사 개요 • 산업 현황 • 사업 소개 • 핵심 경쟁력 • 경영 계획 및 전략 • 투자포인트 • 재무 현황 및 계획 등	• 회사 개요 • 사업 소개 • 제품 또는 서비스의 특장점 • 기업 이미지 • 목적에 따른 특정 내용

IR자료 작성과 투자유치 준비

IR Book의 기본구성

발굴

- 사업 영역
- 주요제품
- 사업별 매출비중
- 최근 경영실적 등

IR

- 관련 산업의 흐름
- 경쟁회사 동향
- 시장규모
- 시장의 성장성 등

투자포인트

- 기존사업의 핵심강점
- 신규사업
- Vision 및 경영전략
- 회사의 성장성, 수익성 등

Appendix

- CEO 및 주요 경영진
- 회사 연혁
- 주주현황
- 요약 재무제표 등

IR자료 작성과 투자유치 준비

기억을 돕는 시각자료

● 시각자료를 활용하는 프리젠테이션: 성공확률 크게 높아져...

- 시각 자료는 단순히 보기 좋은 것을 제시하기 위한 것이 아니고, 말로는 전달될 수 없는 느낌을 그림으로 제시하여 내용을 더 잘 기억할 수 있게 하기 위함이다.

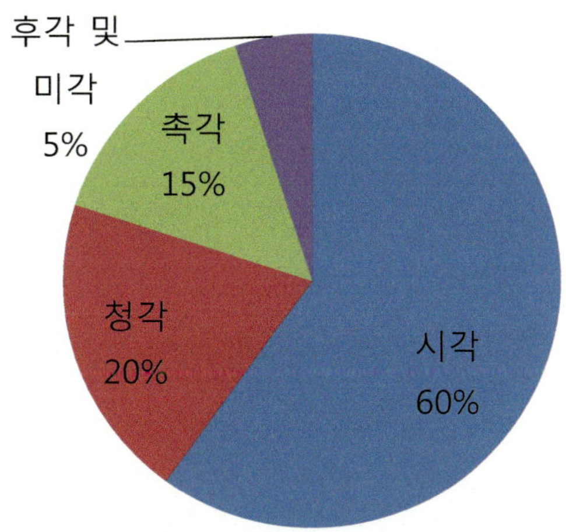

< 감각 기관별 정보 수용량 >

비주얼은 주의를 집중시킨다?

비주얼의 사용이 청중의 주의를 환기시킬 수 있고 흥미도 지속시킨다.
위험방지를 수백 번 외쳐도 효과가 나타나지 않는 경우가 많다. 그런 경우는 사고 비디오를 보여주고 주의를 촉구한다.
만일 당신이 금연 캠페인의 프리젠테이션을 한다면 흡연이 신체에 미치는 악영향을 말로 설명하기보다 폐암 수술 사진이나 영화를 보여 주자.
설득력이 훨씬 높다.

시각화의 3대 원칙

- 모든 자료의 시각화는 3대 원칙하에...

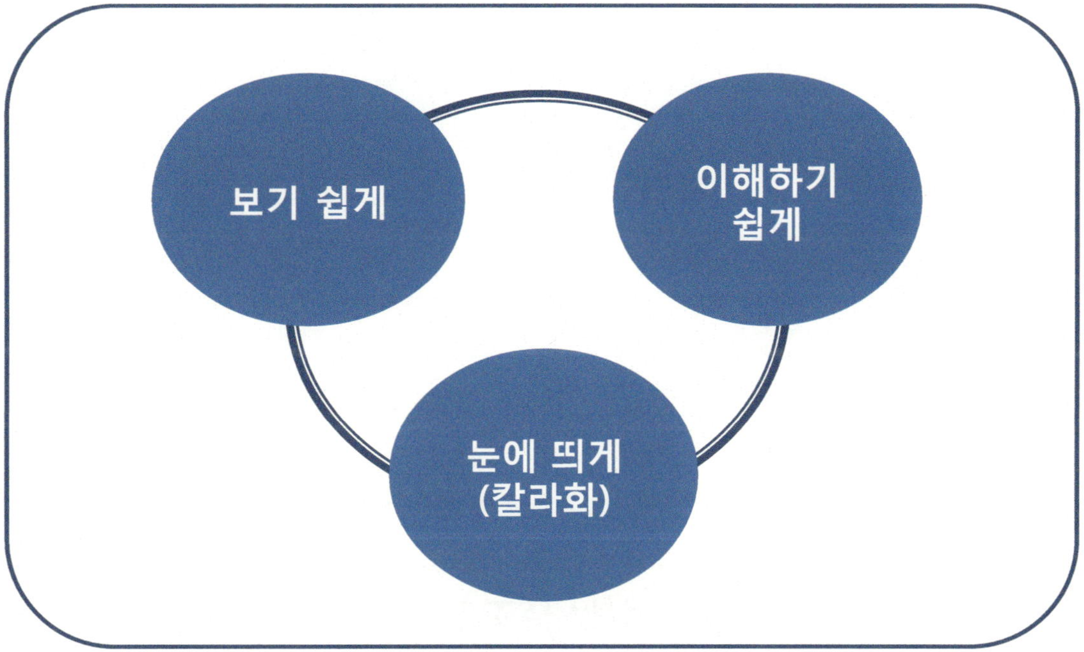

IR자료 작성과 투자유치 준비

구조화 사례

• 구조화: 핵심항목을 2~4항목으로 구조화 한다.

< 신제품 휴대폰의 특징 >

1. 메모리스틱 기능	7. MP3 재생기능
2. 2배로 넓어진 LCD화면	8. 컴퓨터와의 데이터 호환기능
3. 2대 연결시 무전기기능	9. 다른 핸드폰 연결 후 데이터 송수신 기능
4. 전자사전 기능	10. 기존 제품보다 2배로 커진 내구성
5. 인터넷 연결 후 자료 다운로드 기능	11. 디지털 게임 기능
6. 바이오리듬 체크기능	12. 배터리 수명 2배 향상

신제품 휴대폰의 특징

- **향상 된 기능** : {   }
- **네트워킹 기능** : {   }
- **부가기능** : {   }

자료작성기법 요약

Guide 1. 차별화된 IR 자료를 만들어라

- 투자가 입장에서 만든다
- 꼭 전문가의 검증을 받는다

Guide 2. 핵심내용을 3가지로 축약한다(구조화)

- 25분 발표문 안에 회사의 모든 것을 축약한다
- 내용을 구조화하여 간결하고 명료한 자료를 만든다

Guide 3. 자료는 아주 쉽고 간결하게 만든다(단문화)

- 핵심 내용이 중요하다
- 결론부터 먼저 쓰고 중요성의 원칙에 의거 그 이유 3가지만 쓴다

Guide 4. Visibility를 높여라(시각화)

- 내용의 시각적 전달에 힘쓴다. (글 – 표 – 그림 – 사진)

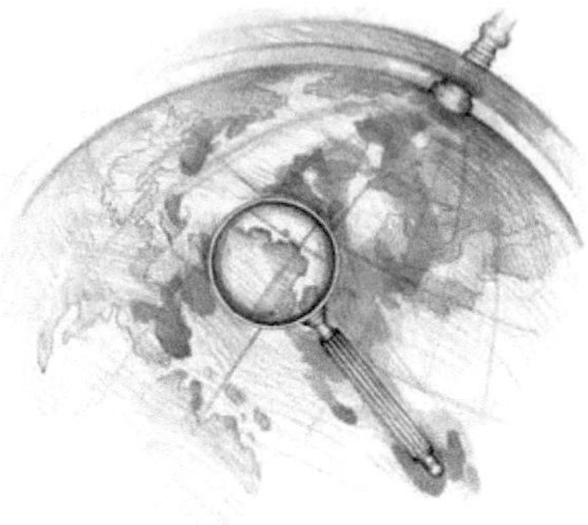

Chapter 3. 투자역량 강화

Chapter 3. 투자역량 강화

벤처투자 프로세스

벤처금융 투자진행 절차

벤처투자 심사포인트

투자 시 체크리스트 사례

Pricing: Pre money vs Post money

Pricing: 유상증자

Pricing: Multiple Analysis

Pricing: PER(Price Earning Ratio)

Pricing: 투자가격

투자유치 전략

투자역량 강화

벤처투자 프로세스

Sourcing	• 업체 검색 및 발굴 • 투자대상업체 선정
Analysis	• 산업분석 • 기업분석
Evaluation	• 투자대상으로서의 기업가치 분석 • 적정기업가치 산출 Valuation
Negotiation	• 투자조건 협의 • 최종투자단가 확정 Pricing
Investing	• 투자 집행
Consulting & Monitoring	• 투자 후 사후관리 및 지원
Exit	• 투자금 회수

벤처금융 투자진행 절차

투자자와 기업 미팅	• 투자자가 기업을 발굴하는 경우 • 기업이 투자자를 찾아가는 경우
예비검토	• 미팅 후 기초자료 요청: 재무제표, 회사소개서, 사업계획서 등 • 초기 검토 후 추가 진행여부 결정, 필요 시 NDA 체결
사업설명회 개최	• 투자자를 대상으로 기업측에서 사업 및 투자유치 설명
기업 실사	• 투자자의 투자대상기업에 대한 회계 및 사업 실사 (회계법인) • 기업 및 투자에 대한 위험요소 및 대처가능성 파악
투자조건 협상	• 투자조건 결정: 기업가치 결정 / 기타 투자조건 협의
투자 결정 (투심위)	• 투자자 내부에서 결정된 투자조건하에서의 투자여부 확정
투자 회수	• 투자 후 관리 및 모니터링 • 투자금 회수: 상장, 투자지분 매각, M&A

투자역량 강화

벤처투자 심사포인트

- CEO / CTO 역량 및 자질
- 사업분석
- 재무분석
- 투자적합성

(Source: Frederick J. Beste Ⅲ, Mid-Atlantic Venture Funds, L.P.)

벤처투자 심사포인트 - CEO / CTO

- 기업은 사람이다. 특히 중소/벤처기업은 사람이 더욱 중요하다.

- CEO 역량

  대내적 역량: 조직 장악력, Vision, 도덕성

  대외적 역량: Marketing, Business developing

  → 이력서를 통한 외부 레퍼런스 체크

  → 투자에 영향을 미치는 가장 큰 위험요소

- 핵심경영진 파악 및 이탈 가능성

- 경영진 내부의 계약존재 여부 파악

투자역량 강화

벤처투자 심사포인트-사업분석

- Attractiveness of Business Item: 수익성 / 미래성장성 / 경쟁구도

  Industry Analysis: 증권사 애널리스트, 산업전문가 reference

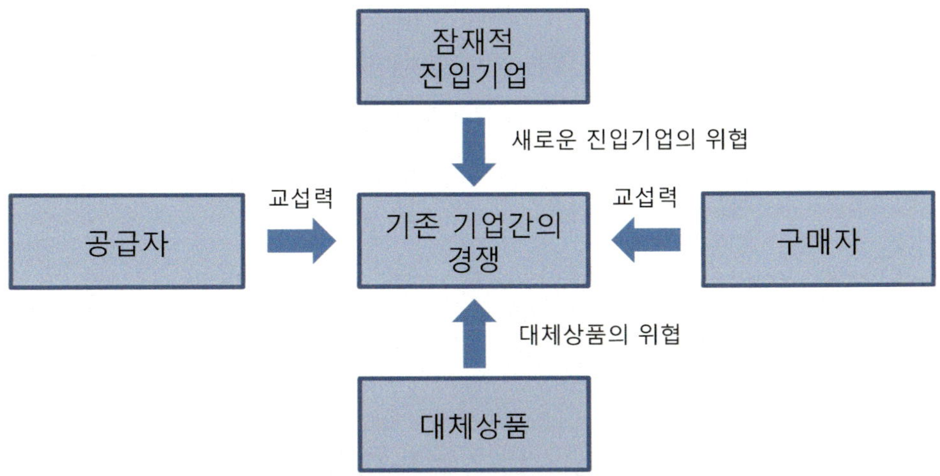

벤처투자 심사포인트 – BM & BP

- Business model & Business Process 파악

  완제품/부품소재

  B2B/B2C

  HW/SW

  장치산업

- 핵심역량 파악

  기술 경쟁력

  Marketing

  부가가치 창출의 핵심

투자역량 강화

벤처투자 심사포인트 - 재무분석

- 매출/수익 추정 타당성 검토

매출 추정

1) 거시 경제 성장율

2) 기업이 속한 산업의 향후 성장율: Product Life cycle 등 고려

3) 해당기업의 Market share 증가 여부

4) Value Chain 상단에 존재하는 기업의 향후 성장성 : 부품업체의 경우

5) 업력이 오래된 업체의 경우 과거 매출 성장성 추이 감안

이익 추정

1) 시장 진입 장벽, 경쟁사 출연 가능성, 보완재, 대체재 여부 파악

2) 제품 가격 결정 요소 분석: 부품 vs 완제품

3) 제조원가 분석

4) 과거 이익율 추이 분석

투자역량 강화

벤처투자 심사포인트 – Cash & Capital Expenditure

- Cash Burn rate : 월 고정비 파악

- Capital Expenditure 추정

  설비 가동률 및 Max. production capacity 파악

  향후 매출 추정을 달성하기 위한 연도별 설비투자 규모 산정

- 운전자금 흐름 파악

  자금흐름에 관한 사업의 특성

  매입/매출채권 관리의 적정성

  재고자산의 관리

투자역량 강화

벤처투자 심사포인트

운전자본 = 매출채권 + 재고자산 - 매입채무

현금회수기간(운전자본소요기간) = 재고자산보유기간(재고회전일) + 매출채권회수기간(매출채권회전일) – 매입채무지급기간(매입채무회전기일)

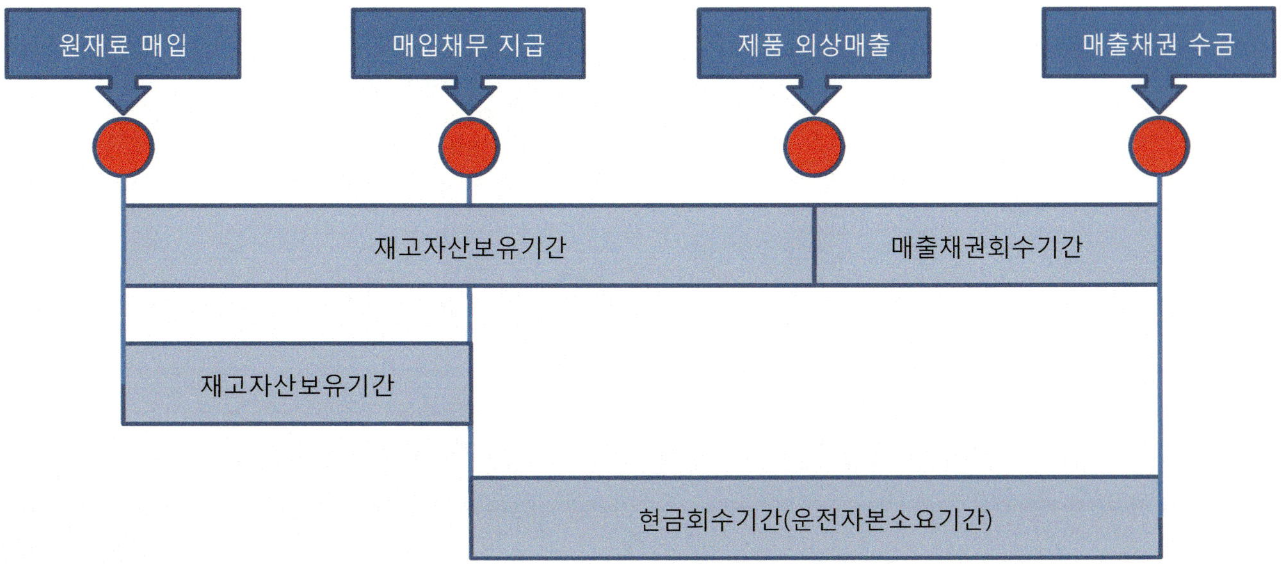

벤처투자 심사포인트

- 운전자금 추정 (예시)

  과거 재무제표를 통해 매출액 대비 운전자금 규모 산출

예시) A사는 2010년 중 매출 300억을 시현하였으며 2009년 말 감사보고서 상 유동자산은 150억, 유동부채(단기차입금 제외)는 80억, 2010년 말 감사보고서 상 유동자산은 200억, 유동부채(단기차입금 제외)는 120억 이었다. A사의 2010년 운전자금은?

10년 평균 유동자산 = (150+200)/2 = 175억

10년 평균 유동부채(단기차입금 제외) = (80+120)/2 = 100억

운전자금 = 175 – 100 = 75억

매출액 대비 운전자금 비율(%) = 25%

만약 2011년 예상 매출이 500억이라면 2011년 운전자금 규모는 125억으로 추산되며 2010년 대비 50억의 추가 운전자금이 필요

- 향후 매출 증대를 위해 외상 매출을 늘릴 경우 → 운전자금 증가
- 원자재 구입 시 현금결제를 늘릴 경우 → 운전자금 증가

투자역량 강화

벤처투자 심사포인트 - 투자적합성

- 투자의 최종적인 위험

  성공적인 투자 = 성공적인 회수

  투자에 영향을 미치는 가장 큰 위험요소

- 기업공개 적격성 / 최대주주 및 경영진 Exit 전략 수용 여부

투자 시 체크리스트 사례

투자검토 Check List : 사업내용(인터뷰 및 실사용)

	체 크 사 항	v	비 고
인력	경영진 및 주요인력의 상세이력서를 받았는가?		
	경영진 및 주요인력에 대한 외부의 평판을 알아 보았는가?		
	회사가 설립되고 주요 인력이 사업을 같이하게 된 배경은?		
	대표이사와 실권자(최고의사결정자)가 다르지 않은가?		
	주요인력의 분리를 방지하는 도구가 있는가?		
	경영진이 사업의 리스크에 대해 명확하게 알고 있으며 대책이 있는가?		
	경영자가 시장상황을 파악하고 향후 변화를 예측하고 있는가?		
	경영자의 자금조달능력은 어떠한가?		
제품/기술/시장	요소기술을 가지고 있는가?		
	제품 및 기술의 특허권, 사용권 등에 관한 문제가 없는가?		
	경쟁제품과 기술상의 차별성이 생기는 이유가 있는가?		
	제품/기술 상 진입장벽이 있는가?		
	목표시장의 규모와 성장성에 관한 객관적인 자료가 있는가?		
	매출계획규모는 적정하며 달성 시 주요 장애물은 무엇인가?		
	유사제품 및 동종제품에 대한 경쟁요소는 무엇인가?		
경쟁상황	경쟁기업에 대한 기술현황, 판매현황 등을 가지고 있는가?		
	경쟁기업과 검토기업의 차이점은 무엇인가?		

투자역량 강화

투자 시 체크리스트 사례

투자검토 Check List : 사업내용(인터뷰 및 실사용)

	체 크 사 항	v	비 고
영업/마케팅	회사의 영업흐름을 파악하였는가?		
	유통채널의 회사에 대한 평판은 어떠한가?		
재무/자금	직전년도 및 최근월까지의 재무제표를 수령하였는가?		
	임직원과 회사와의 자금거래가 있는가?		
	매출액 대비 재고자산 및 매출채권의 규모가 적정한가?		
	매입과 매출 Process를 체크하였는가?		
	매월 고정적으로 지출되는 비용은 얼마인가?		
	월별 또는 1회전 운전자금의 규모는 얼마인가?		
	조달자금에 대한 사용계획은 명확한가?		
	자금조달에 실패할 경우 대책은 있는가?		
계약서/서류	임직원 내부간 약정서 등 계약서가 존재하는가?		
	주식의 양도가 정관 등에서 제한되어 있는가?		
	거래처와의 계약서를 확인하였는가?		
	기존투자자와의 계약서를 확인하였는가?		
	실제주주와 주주명부와 차이점이 있는가?		
레퍼런스	공급처, 수요처의 회사에 대한 평판을 확인하였는가?		
	경쟁기업의 회사에 대한 평판을 확인하였는가?		
	주요 임직원에 대한 평판을 확인하였는가?		

투자 시 체크리스트 사례

투자검토 Check List : IPO 적정성

	체 크 사 항	v	비 고
사업성 검증	주력제품의 시장규모가 크고 성장률이 높은가?		
	목표하는 주력제품의 매출비중이 IPO 시 달성 가능한가?		
	주력제품의 매출이 줄고 신규제품으로 바뀌고 있는가?		
	매출이 높은 거래업체의 재무상태가 부실하지 않은가?		
	주요매출처에 대한 매출중단 가능성이 있는가?		
	매출의 지속성이 없는 일회성 매출 비중이 높은가?		
	현재의 주력사업이 IPO 시 비주력사업이 될 수 있는가?		
	현재의 신규사업이 IPO 시 주력사업이 될 수 있는가?		
수익성검증	경쟁업체 대비 생산비용의 우위가 있는가?		
	필요 원자재의 안정적인 확보가 가능한가?		
	제품의 마진이 적정하며 유지 가능한가?		
	매출채권의 회수기간은 적당한가?		
관계사 위험	회사 및 대주주, 경영진의 관계회사가 있는가?		
	관계사에 대한 대여금, 지급보증, 매출채권 등이 있는가?		
	투자유가증권이 있는가?		

투자역량 강화

투자 시 체크리스트 사례

투자검토 Check List : IPO 적정성

	체 크 사 항	v	비 고
재무 안정성 및 신뢰성	예상되는 매출성장률 이익규모 등은 적정한가?		
	재무지표의 안정성(부채비율, 재고자산 및 매출채권회전율, 현금흐름, 단기차입비중 등)은 유지될 수 있는가?		
	특정인, 특정기업에 대한 자금거래가 있는가?		
	최대주주 및 특수관계인과 자금거래가 있는가?		
	재무제표상 특이사항이 있는가?		
기 타	매출채권 및 재고자산이 지속적으로 증가하는가?		
	매출채권의 장기 미회수분이 있는가?		
	대주주 지분율이 너무 낮이 않은가?		
	핵심인력의 유출가능성은 없는가?		
	주요회계장부를 관리하고 있는가?		
	회사 또는 주요임직원이 소송에 관련될 가능성이 있는가?		
	회계업무 및 자금관리는 적정하게 이루어지고 있는가?		

Pricing: Pre money vs Post money

- 기 상장된 기업 가치(주주가치): 시가총액(Market Cap.)

  시가총액 = 발행주식총수 × 주당 가격

- 미 상장기업 가치: Pre money / Post money

  A사는 초기 자본금 5천만 원(액면가 5,000원)으로 설립된 회사

1) Angel 투자자로부터 1억 원 투자 유치, 액면가 5,000원의 2배인 주당 10,000원에 주식발행

   (Angel 투자자는 1억을 투자하고 지분율 50% 취득)

   Pre money = 투자 전 납입자본금 × 투자배수 = 5천만 원 × 2 = 1억 원

   Post money = Pre money + 투자금 = 1억 원 + 1억 원 = 2억 원

   = 1억 원 / 0.5 = 2억 원

2) A사는 2년 후 Venture Capital로부터 주당 4만 원에 10억 원 투자유치(10억 투자하여 지분율 55.55%)

   Pre money = 투자 전 납입자본금 × 투자배수 = 1억 원 × 8 = 8억 원

   Post money = Pre money + 투자금 = 8억 원 + 10억 원 = 18억 원

   = 10억 원 / 0.555 = 18억 원

	회사 설립	Angel 투자	Venture 투자
기초주식 수	10,000	10,000	20,000
증가되는 주식 수		10,000	25,000
총 주식 수	**10,000**	**20,000**	**45,000**

투자역량 강화

Pricing: 유상증자

(단위: 원)

	투자 전	투자 후
자본금	400,000,000	500,000,000
주당액면가	5,000	5,000
발생주식수	80,000	100,000
투자유치자금		500,000,000
주당발행가	5,000	25,000
증가주식수		20,000
주식발행초과금		400,000,000
신규투자자 지분율		20%
기업가치	**400,000,000**	**2,500,000,000**

Pre money = 투자 전 자본금(4억) × 할증배수(5) = 20억

Post money = Pre money(20억) + 투자금(5억) = 25억

= 투자금(5억) / 지분율(20%) = 25억

투자 후 지분율 = Post money(25억) / 투자금(5억) = 20%

Pricing: Multiple Analysis

PER **(Price to Earning Ratio)**	• 가장 보편적인 비교가치 평가수단 • VC투자 시, 기업공개 공모 시, 공개기업 가치평가 시 두루 적용 • PER 수준 → 미래에 대한 기대치의 정도 • 산업별 / 기업별 다른 PER 적용에 대한 이해 필요
EV/EBITDA **(Enterprise Value/Earnings before Interests, Taxes, D&A)**	• 공개기업의 저평가주를 찾기 위해 주로 사용 • Pre IPO 단계의 기업에 적용 가능 • 회사의 매입가치를 판단
PSR **(Price to Sales Ratio)**	• 안정적인 마진율과 매출액을 가진 기업에 적용 • 유통업에 주로 적용
PCF **(Price to Cash Flow)**	• 주당 현금흐름과 주가의 비율

투자역량 강화

Pricing: PER(Price Earning Ratio)

- PER = Price / ESP(Earning per Share)
  = 주당가격(주가) / 주당순이익
  = 기업가치(시가총액) / 당기 순이익

- 주가(기업가치)를 주당순이익(당기 순이익)으로 나눈 값, 주가가 주당이익의 몇 배인가를 나타냄

- 기업이 당기 순이익을 모두 배당한다고 가정할 때 주주는 몇 년 만에 투자원금을 회수할 수 있는가로 해석할 수도 있음 → 국내 코스닥 평균 PER이 낮은 이유에 대한 설명

- 기업가치와 당기 순이익을 알면 해당기업의 PER을 알 수 있다

- PER와 당기순이익을 알면 기업가치를 알 수 있다.

투자역량 강화

Pricing: PER(Price Earning Ratio)

- 당기 순이익이 같은 기업들이라도 적용PER은 달라진다.

*주당 액면가 : 5,000원

	자본금	주식수	매출액	영업이익	순이익	기업가치	PER
자본금의 차이	10억 원	20만 주	100억 원	10억 원	10억 원	100억 원	10
	1억 원	2만 주	100억 원	10억 원	10억 원	100억 원	10
영업이익의 차이	10억 원	20만 주	100억 원	10억 원	10억 원	100억 원	10
	10억 원	20만 주	100억 원	5억 원	10억 원	50억 원	5
업종의 차이	10억 원	20만 주	100억 원	10억 원	10억 원	100억 원	10
	10억 원	20만 주	100억 원	10억 원	10억 원	50억 원	5
성장성의 차이	10억 원	20만 주	100억 원	10억 원	10억 원	200억 원	20
	10억 원	20만 주	100억 원	10억 원	10억 원	100억 원	10

투자역량 강화

Pricing: PER(Price Earning Ratio)

- PER의 활용
  - 상장기업(상장주식)투자 시: 해당기업의 예상 순이익을 추정, 비교기업의 PER를 적용하여 예상기업가치(혹은 예상 주가)를 산출 → 매수 혹은 매도
  - 비상장기업의 기업가치: 해당 기업의 예상 순이익을 추정, 비교기업(상장기업)의 PER를 적용하여 기업가치 산출 → Discount factor를 적용하여 비상장 기업 투자단가 선정

Pricing: 투자가격

- 적정 투자가격 = 산출된 기업가치 / DF

기업가치 산출은 주로 상대가치(PER) 사용

DF 고려사항

1) 투자기업의 Risk factor
2) 투자재원에서 요구하는 투자수익률
3) IPO exit의 경우 지분 희석: 국내 IPO의 경우 기업공개 시 약 20~30%의 주식
4) 추가 투자 필요성(지분 희석): 향후 자본적 지출규모 및 운전자금 분석
5) 투자형태 고려: 보통주, 상환우선주, 전환사채
6) 예상 exit 시기

예시) A사는 반도체 칩 설계회사로 2011년 당기순이익 60억을 달성할 것으로 예상된다. A사는 동 실적을 바탕으로 2012년 4월 코스닥 상장을 예상하고 있으며 기업공개 시 현 발행주식총수의 25%를 공모할 계획이다. 현재 상장된 국내 유사회사의 평균 PER는 10으로 추정되며 투자자의 연간 기대수익률은 30%이다. 투자자의 기대수익을 감안할 때 투자자가 현시점에서 평가하는 A사의 투자 기업가치는 얼마인가?

1) 공모물량 고려 전 기업가치 = 60 × 10 = 600 (억)
2) 공모물량 고려 후 기업가치 = 600 × (1-25%) = 450 (억)
3) 투자수익고려 후 투자 기업가치 = 450 / (1+0.3)^1 = 346 (억)

투자역량 강화

투자유치 전략

왜 자금이 필요한가?

- 필요자금의 사용처 및 자금원에 대한 검토
    - 투자를 받을 것인가?
    - 융자를 받을 것인가?
    - 정책자금을 받을 것인가?

누구로부터 자금을 조달하였는가?

- 투자자의 성향과 투자목적 파악
- VC 투자 유치의 장, 단점 파악

유형	목적
가족, 지인	인간관계
엔젤투자자	투자수익
정부/공공기관	정책목적
은행	안정적 수익(이자)
전략적 투자자	투자자의 이해관계
벤처캐피탈	투자수익

투자유치 전략

1. 제대로 된 사업계획서 준비

- 투자자의 관점에서 사업계획서를 작성
- 왜 투자를 해야 하는가에 대한 설명

<사업계획서 작성요령>

이해하기 쉽게 작성

- 해당사업의 전문가가 아니더라도 이해할 수 있도록 작성
- 전문용어 및 약어는 주석으로 설명

객관성 유지

- 검증되고 객관적인 데이터의 사용 (시장전망 등 외부전문기관 자료를 인용)
- 기업의 장점과 단점을 파악하고 기술

투자역량 강화

투자유치 전략: 사업계획서 작성 요령

회사 사업분야에 집중

- 회사 핵심역량, 경쟁사와의 차별성 중심
- 산업자료는 최소한 간략하게 표시
- 개발/생산/판매 전략을 상세히 소개

추정재무제표의 신뢰성 확보

- 추정재무제표의 back data 첨부
- 내부적으로 작성이 어려울 경우 전문기관의 자문 활용 필요

투자유치 전략

2. Partner VC (심사역) 선정

- 잠재적 VC 접촉을 통해 회사에 가장 유리한 Partner VC 선정
- Partner VC와는 회사의 모든 사항을 논의할 수 있을 만큼 상호 신뢰 구축이 필수
- 좋은 Partner VC의 요건

  1) 회사의 주 사업에 대한 이해도가 높은 VC

  2) 투자경력이 오래된 VC

  3) 벤처금융 및 관련 산업계에 네트워크가 탄탄한 VC

3. 잠재적 투자자와 충분히 대화

- VC는 상대적으로 Active Investor: Business Model이나 전략에 대해 경영진과 합의를 전제로 투자
- 경험 많은 VC의 조언을 경청: 제 3의 시각에서 회사에 대한 평가를 통해 회사의 장, 단점 파악이 가능
- 투자도 결국은 사람이 하는 일: VC 투자의 전제 조건은 상호 신뢰

투자역량 강화

투자유치 전략

4. 기업가치에 대한 이해

- VC는 기본적으로 Capital gain을 추구하는 투자자
- VC 기업가치 평가의 메커니즘을 이해
- 기업가치를 논리적으로 제시하여 투자자를 설득

5. 투자 협상

- 투자 배수가 전부는 아니다.
- VC 투자계약서에는 투자 배수 이외에 여러 가지 조항이 삽입
  - 이해관계자, 회사의 의무사항
  - 보고사항
  - 동의사항 등
- 투자계약서의 각 조항에 대한 충분한 이해가 반드시 필요: 향후 분쟁 소지를 없앰

투자유치 전략: 투자유치 시 피해야 할 실수 10가지

- 질문에 대한 부적절한 답변: 예상 가능한 투자자의 질문에 대한 철저한 준비 필요
- 명확하지 않은 목표시장: 제품/서비스의 구매대상시장에 대한 이해와 조사
- 경쟁자에 대한 무시: 경쟁자를 인정하고 비교우위에 대한 설명에 주력
- 속임수: 객관적인 데이터나 사실을 속인 경우 투자유치과정이 종료
- 보수적인 수치의 제시: 보수적이라 주장하지 말고 현실적인 수치임을 제시
- 허황된 팀 멤버: 유명인 또는 향후 영입멤버에 대한 강조는 치명적인 실수
- 시장점유율을 통한 매출추정: 구체성이 없는 매출추정을 피해야 함
- 특허에 대한 강조: 특허는 사업성공의 필수적인 요소가 아님
- 엉성한 사업계획서
- 자기 주장: 사업에 대해 투자자와 피드백을 통해 의견 교환 필요

* Beacon Venture Capital, National Consortium of Entrepreneurship Centers

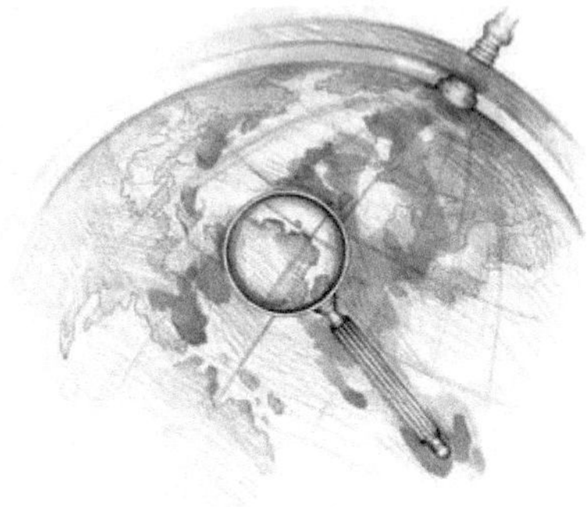

Chapter 4. 자금조달전략 사례

Chapter 4. 자금조달전략 사례

역지사지 易地思之

기업의 Life Cycle과 자본활동

초기/성장단계 자금조달

Pre-IPO 단계 자금조달

자금조달전략 사례

易地思之

❖ 투자자를 고객으로 생각하고 그들이 어떤 생각을 가지고 있는지 읽어내자.

- 투자자는 회사 자체가 가지는 투자매력도와 더불어 회수(Exit) 가능성을 중요하게 본다.
- 투자자는 투자해야 할 이유보다 투자하지 말아야 할 이유를 찾는데 익숙해져 있다.
- 투자자는 운용하는 펀드 자체의 투자성격에 따라 투자금액, 분야, 운용 방안들이 결정된다.
- 기술에 대한 장점보다는 그 기술로 인하여 시장에서 어떠한 수익을 가져갈 수 있는가?
- 초기부터 투자자를 접촉하여 지속적으로 회사의 진척도를 보여주어야 한다
- 때로는 10억 투자해서 10배를 남기는 것보다 100억 투자해서 2배를 남기는 투자를 선호한다.

자금조달전략 사례

1. 기업의 Life Cycle과 자본활동

❖ 기업의 Life Cycle과 자본활동

- 성장 단계별 적합한 조달방식을 활용하여 기업의 성장과 유동성 확보

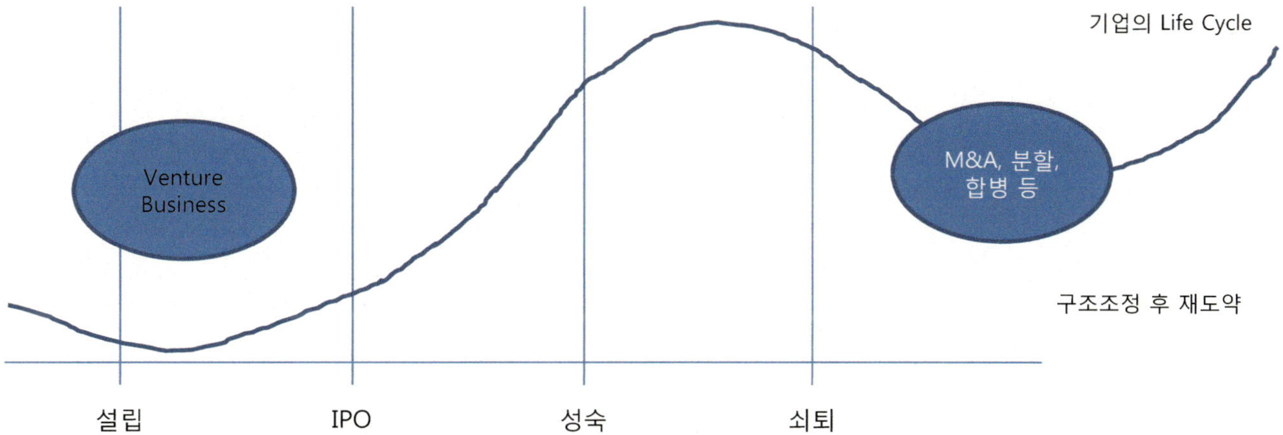

설립:	설립:			
- 제 3자 배정 - 소액공모 - 보통주/우선주 - CB/BW	- 공모발행 (지분분산)	- 주주배정 - 주주우선공모증자 - 채권발행	- 일반공모증자 - CB/BW - 해외증권발행	- 인수금융 - Bridge Financing - Buyout Fund, CRC Fund

자금조달전략 사례

1. 기업의 Life Cycle과 자본활동

❖ PE(Private Equity)의 이해

- PE투자는 투자대상기업이 속한 산업 및 업종에 대한 전문적인 지식을 바탕으로 대상기업을 발굴하고 투자기업의 가치증대(Value Up)능력이 요구되는 전문적인 투자방식임.

Venture Capital Fund:
창업단계/성장단계/확장단계에 있는
High Growth/High Tech 기업에 주식 또는
Equity Linked Securities를 인수

Mezzanine Investment:
주식연계증권(Equity Linked Securities)에
대한 투자. 주로 Pre-IPO 투자방식임

Buyout Fund:
안정적/성숙단계 산업의 기업의 경영권을
인수하는 투자. 이후 재무구조 개선 및
사업효율화를 달성하여, M&A를 통해
Exit하는 형태

Special Situation Investment:
다양한 형태의 투자를 지칭.
부실채권 투자, 기업회생을 위한 투자,
CRC투자, 프로젝트금융(PF) 등이 해당됨

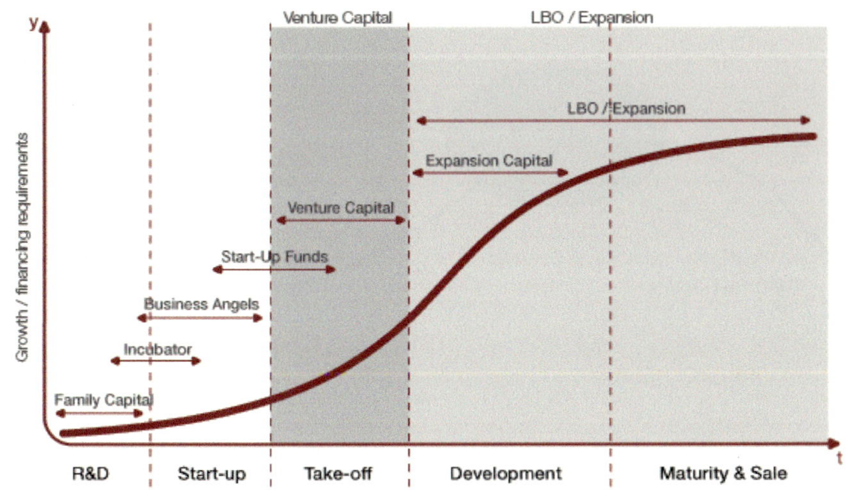

2. 초기/성장 단계 자금조달

❖ 정책자금 개요

- 정부가 기업들에게 지원하는 자금의 종류는 3백 여 가지가 넘음. 관계기관 또한 기술보증기금, 신용보증기금, 중소기업청, 중소기업진흥공단, 소상공인진흥원, 정책금융공사 및 정부 각 부처, 지방자치단체 등 다양함.

정책자금 지원 방향

(1) 창업초기기업에 대한 자금배분 강화 및 우대지원 시행
(2) 융자제한 대상의 합리적 조정을 통한 기술 사업성 위주 지원 강화
(3) 현장의 건의사항을 반영한 정책자금 이용기업 부담 완화
(4) 정책적 지원대상에 대한 융자조건 완화 및 우대 지원
예) 강소/예비창업군
유망창업기업군/중점정책(수출주력) 기업군
일반창업/혁신형기업군

- 전략산업에 해당하는 신성장동력산업, 부품·소재산업, 지식서비스산업, 문화콘텐츠산업, 바이오산업 등은 정책자금 우선 지원대상이 됨
- 이들 기업의 평가기준은 기술성, 사업성, 미래성장성, 경영능력, 사업계획 타당성 등을 종합평가하여 기업평가등급을 산정하는데, 기술사업성 평가등급을 기본등급으로 하고 재무등급은 등급조정으로 활용하여 재무비중 반영을 최소화
- 업력 3년 미만 기업은 기술사업성 평가등급으로 기업평가등급을 산정하여 정책자금을 지원

자금조달전략 사례

2. 초기/성장 단계 자금조달

❖ 정책자금 개요

- 아는 만큼 혜택을 보는 것이 바로 정부의 지원 정책임.

정책자금 접근 요령

- 정책자금 취급 내용이 공고되는 신문 챙기기
- 여러 기관의 보도 자료 챙겨보기
- 자금지원 기관의 홈페이지를 자주 방문해 보기
- 해당 기관의 인터넷 회원이 되어 메일 서비스를 활용해 보기
- 컨설턴트의 자문을 받기

정책자금 조달 사전준비

신용창출에 필요한 요소를 준비해야 함:

- **매출액에 대한 근거 제시:** 단계별 영업성과 제시, 시장에 대한 이해, 마케팅 전략 (계속 성장기업로서의 가능성 판단 및 부가가치 창출의 척도)
- **재무구조:** 경영자의 재무제표에 대한 기본 이해
- **기술력 및 기술관련 인증:** 기술인력, 기술개발조직, 연구개발실적으로 파악 (지적재산권보유, 기술인증보유, 정부과제수행실적, 정책인증(벤처/이노비즈/경영혁신 등)
- **경영자 및 경영진 평가:** 최고경영자의 자질, 전문인력 보유현황

2. 초기/성장 단계 자금조달

❖ 초기벤처 지원제도

기술평가에 의한 보증지원이 필요한 창업자 및 기업에 대해 기술평가센터에서 직접 기술력조사 및 심사를 통해 보증지원을 결정함으로써 우수한 기술력을 보유하고 있는 기업에 신속한 보증지원을 함. (기술보증기금)

지원제도 예시

벤처기업 :
벤처기업 육성에 관한 특별조치법 제 2조의 2에 의한 기술 및 경영혁신에 관한 능력이 우수한 중소기업 중 벤처확인 유형별 요건을 갖춘 기업
세제혜택, 금융지원 등 각종 혜택을 부여

INNO-BIZ :
기술우위를 바탕으로 경쟁력을 확보한 기술 혁신형 중소기업을 의미하며, 정부에서는 기술경쟁력과 미래성장가능성을 갖춘 이노비즈 기업에 기술, 자금, 판로 등을 연계 지원함으로써 국제 경쟁력 있는 우수기업으로 정책적으로 육성하고 있음

경영혁신형 중소기업 :
벤처, 이노비즈 같은 높은 기술력을 보유하지 않아도 마케팅, 조직관리, 생산성향상 등 경영혁신활동을 통해 탁월한 경영성과를 나타내는 기업

자금조달전략 사례

2. 초기/성장 단계 자금조달

❖ Venture Financing 이전 자금조달

정부의 정책방향은 신성장분야에 대한 자금 지원이 대폭 확대되고, 신성장분야 기업의 코스닥 상장의 문턱을 낮추어 투자환경을 개선하는 쪽으로 결정되었음.

기보.신보 P-CBO

제도: 중소, 중견 기업이 발행하는 사모회사채를 기초자산으로 한데 묶어 *유동화증권(Primary CBO)를 발행
선순위 유동화 증권은 신용보증기금의 신용보증을 통하여 우량등급으로 저금리에 발행하여 시장에 매각함.
후순위 유동화 증권(전체 발행의 3%)은 사모회사채 발행기업에서 재매입

장점:
자금조달이 용이. 신용등급이 낮거나 발행금액이 적어서 시장에서 회사채 발행이 곤란하거나 높은 금리로 발행하여 하는 기업들이 공동으로 회사채를 발행. 자금 유동성 지원.
금리가 저렴하며, 만기 3년의 안정적 자금의 조달이 가능. 담보가 아닌 신용을 통한 조달.

*유동화증권(Primary CBO)에 대한 설명 계속(5p)

2. 초기/성장 단계 자금조달

제도개요

- 중소기업 및 중견기업이 회사채 발행 등을 통해 직접금융시장에서 자금을 조달할 수 있도록 신용보증기금에서 지원하는 보증제도
  - 개별기업이 발행하는 회사채 등을 유동화회사(SPC)가 매입하여 유동화자산(기초자산)을 구성한 후, 이를 기초로 유동화증권 발행
  - 유동화증권은 선순위증권과 후순위증권으로 분리하여 발행

  · **선순위증권** * 신보가 보증하여 기관투자자에게 매각

  · **후순위증권** * 신보의 보증 없이 개별기업이 매입

- 유동화증권 발행일에 기업은 회사채 발행대금을 수취하며, 이후 매 3개월 단위로 이자를 납부하고, 3년 뒤 원금을 상환(만기 후 차환 가능)
  - 기업은 장기(3년)고액(5억원 이상)의 안정적인(고정금리)자금 조달 가능

:: 일반보증과 유동화회사보증의 차이점

구분	일반보증(대출보증)	유동화회사보증(회사채)
지원금액	최고 70억원 이내	최고 250억원 이내
자금출처	금융회사(은행)에서 대출	직접금융시장에서 자금조달 (은행이 매개되지 않음)
보증료	신용등급별 年 0.5%~2.5%	없음 (다만, 회사채 발행금액의 연율1% 수준의 후순위증권 매입)
금리	변동금리	고정금리
자금성격	- 단기 자금(1년 이내) - 만기 후 연장 가능	- 장기 자금 (3년 이내) - 만기 후 차환 가능

자금조달전략 사례

2. 초기/성장 단계 자금조달

:: 유동화회사보증의 구조

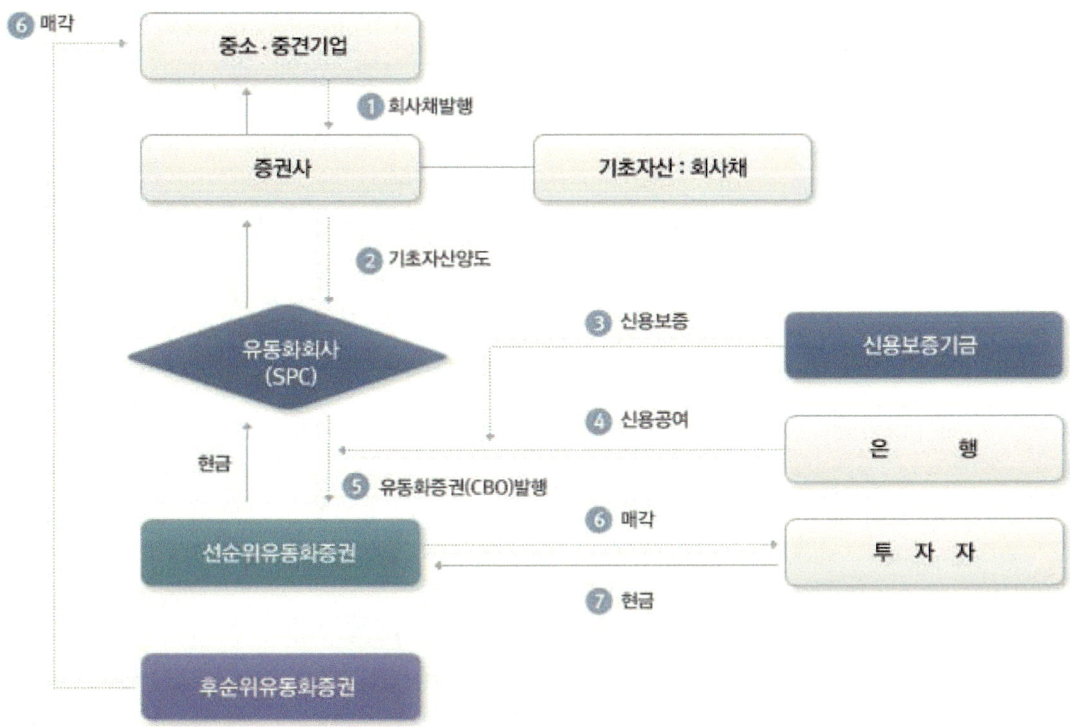

2. 초기/성장 단계 자금조달

편입대상

편입대상 기업

중소기업	CPA 감사보고서 보 유 : 신보의 보증심사등급 K10 이상
	CPA 감사보고서 미보유 : 신보의 보증심사등급 K9 이상
중견기업	신용평가회사의 회사채등급 BB- 이상

• (주) 중견기업 : 「중소기업기본법」 상 중소기업 범위를 초과하고, 「독점규제 및 공정거래에 관한 법률」 제14조제1항에 따른 상호출자제한기업집단에 속하지 않는 기업

편입 제한 기업

채무불이행 기업 및 신용상태 취약기업	• 보증금지기업, 보증제한기업, 구조조정절차 진행기업 • 업종별 부채비율 상한선 초과기업 • 당기 결산서에 대한 CPA 감사의견이 "부적정" 또는 "의견거절"인 기업 • 회사채등급 BB+(신보의 보증심사등급 K6) 이하로 EBITDA 이자보상배율이 최근 2개년 계속하여 "1" 미만인 기업 • 신보의 기업가치평가시스템에 의한 기업가치가 "0"이하인 기업 또는 기업가치평가등급이 "FV-10"인 기업
재무구조 개선 대상 기업	• 구촉법, 회생절차, 워크아웃 졸업 후 2년 미경과 기업 • 기업구조조정업을 영위하는 기업이 최대주주인 기업
지원타당성이 낮은 업종 및 기업	• 금융업 영위 기업

자금조달전략 사례

2. 초기/성장 단계 자금조달

편입한도

신용등급별 편입한도

(단위:억원)

중견기업	회사채등급	BBB이상	BBB-	BB+	BB	BB-	B+	-
	편입한도	250	200	150	100	70	50	-
중소기업	보증심사등급	K4이상	K5	K6	K7	K8	K9	K10
	편입한도	150	120	100	70	50	40	30

- (주1) 신보와 기보의 일반보증+보증재단보증+편입금액(이번 신청건 포함)+투자금액을 합산한 금액 기준
- (주2) CPA 감사보고서가 없는 기업은 최고 50억원을 초과할 수 없음

매출액 한도

업종	미래성장기업군	회사채등급	매출액 한도
1. 제조업 영위기업 2. 유망서비스 부문 기업 3. 특화서비스 부문 기업	Ⅰ · Ⅱ	BB+등급 이상	- 추정매출액의 1/3 - 최근 1년간 매출액의 1/3, 또는 최근 4개월 매출액 - 당기매출액의 1/3
	Ⅲ · Ⅳ	BB등급 이하	- 추정매출액의 1/4 - 최근 1년간 매출액의 1/4, 또는 최근 3개월 매출액 - 당기매출액의 1/4
그 밖의 업종 영위기업	Ⅰ · Ⅱ	BB+등급 이상	- 추정매출액의 1/4 - 최근 1년간 매출액의 1/4, 또는 최근 3개월 매출액 - 당기매출액의 1/4
	Ⅲ · Ⅳ	BB등급 이하	- 추정매출액의 1/6 - 최근 1년간 매출액의 1/6, 또는 최근 2개월 매출액 - 당기매출액의 1/6

자기자본 및 차입금한도

자기자본 한도	회사채등급이 BB 이하인 기업(미래성장기업군 Ⅲ · Ⅳ군)의 경우 자기자본의 3배 이내
차입금 한도	이번 편입금액을 포함한 총차입금이 당기매출액 또는 최근 1년간 매출액 범위 이내

- (주) 매출액 및 자기자본한도는 신보, 기보 및 보증재단의 운전자금보증금액(이행보증은 이행지급보증만 포함), 투자금액, 유동화회사보증 기초자산 편입금액(이번 신청건 포함)을 합산한 금액 기준

2. 초기/성장 단계 자금조달

발행금리

- 신용등급별로 2.77% (K1등급) ~ 4.57% (K10등급) 수준
  ※ 회사채 금리는 발행시점에 한국금융투자협회에서 공시하는 AAA등급 무보증공모사채(3년물) 민평수익률을 기준으로 신용등급에 따라 차등화하여 적용
  - 상기 금리수준은 2016.11.10일 기준으로 향후 시가평가 수익률에 따라 변동될 수 있음

연대보증인

- 실제경영자 1인 연대 입보 원칙
  (다만, 법인기업의 실제경영자로서 대표자에 해당하는 자가 여러명인 경우 실제경영자에 해당하는 대표자 전원 입보)
  단, 회사채등급 BB+등급 이상인 상장 중견기업 또는 회사채등급 BBB-등급 이상인 중견기업은 연대입보 생략 가능

신청절차

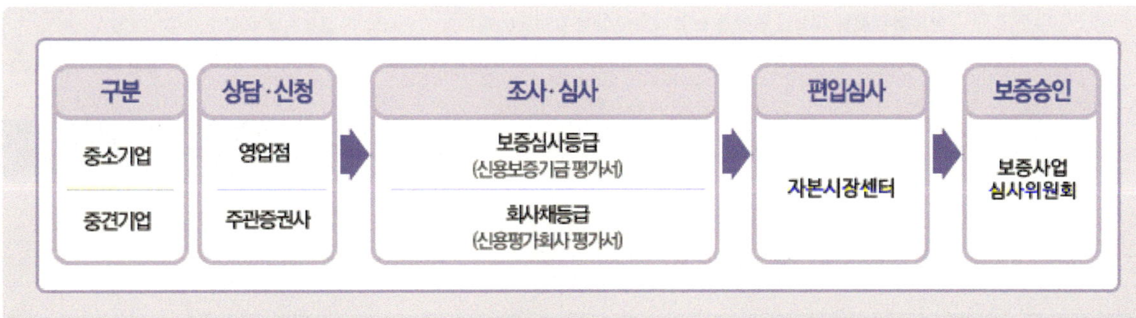

자금조달전략 사례

2. 초기/성장 단계 자금조달

보증연계투자

상품 개요

- 중소기업의 원활한 자금조달 및 재무구조 개선을 지원하기 위해 **신용보증과 투자**를 연계한 **복합금융상품**
- 가치창출능력과 미래성장 가능성이 높은 중소기업에 금융·비금융 복합지원을 통해 **기업가치 제고**

대상기업

- 기술력 및 경영진의 경영능력이 우수하고 사업전망이 양호한 **비상장 중소기업**으로서, 신용보증을 이용 중이거나 투자와 보증을 동시에 신청한 기업
  - 창업기업 등 국민경제 발전에 기여도가 높은 기업에 대하여는 우선적으로 투자

지원한도

- 투자한도 : 30억원
  - 개별기업당 최대 30억원으로 신보의 보증금액의 2배 이내로 운용하되, 신용등급별로 차등 적용

보증심사등급	인수한도
K5 이상	30억원
K6~K8, SB1~SB2	15억원
K9 이하, 무등급, 기타등급, SB3 이하	10억원

투자방법

- **주식**(보통주, 우선주) 또는 **사채**(전환사채, 신주인수권부사채) **인수**

2. 초기/성장 단계 자금조달

투자기간

- 주식 : 3년 ~ 10년
- 사채 : 3년

· IPO 가능성 및 투자기업의 업력 등에 따라 투자기간은 탄력적으로 운용
* 최대 허용기간은 법인 설립 후 10년 경과를 기점으로 7년까지 가능

투자업무 취급절차

업무절차	세부내용	담당조직
투자상담	기보증이용기업 또는 신규기업 중 투자대상기업 발굴	영업점
투자조사	현장조사 및 표준신용조사서 작성후 담당부서로 추천	영업점
투자심사	투자대상기업에 대해 투자심사 진행	본점 (자본시장부)
투자결정	투자심의위원회 또는 보증사업심사위원회 의결	본점 (자본시장부)
투자집행	투자승인기업과 투자계약 체결 및 투자 집행	본점 (자본시장부)
사후관리	투자기업 사후관리 및 Value-up 서비스 제공	본점 (자본시장부)
투자금 회수 (EXIT)	IPO, 상환·매수청구, M&A 등을 통한 투자금 회수	본점 (자본시장부)

자금조달전략 사례

2. 초기/성장 단계 자금조달

❖ Venture Financing 이전 자금조달

정책금융공사(KoFC) 자금

제도: 신성장동력산업, 녹색산업 등 산업 전문 금융 지원 및 일반 중소기업 지원 등 총 6조 규모의 자금조성

일반 중소기업을 위한 제도로는 간접대출(On-lending)과 신용위험분담제도, 간접투자제도 등을 진행 중.

간접대출: 일정 신용등급에 해당하는 중소기업기본법상의 주소기업에 대하여 한국정책금융공사법이 정하는 중개금융기관을 통해 자금지원
신용위험분담: 신용도가 다소 낮으나 성장가능성이 높은 중소기업이 원활하게 자금을 조달할 수 있도록 필요 시 한국정책금융공사가 간접대출금(On-lending대출금)의 일정 비율 이내에서 중개금융기관과 신용위험을 분담하는 지원방식
간접투자: 정책금융공사, 금융기관 및 펀드운용사(업무집행조합원)가 공동으로 지분을 출자하여 투자조합 결성, 펀드운용사가 정해진 설립목적에 따라 개별기업에 투자하는 방식
- 투자조합 선정 시 출자금 운용대상을 중소기업으로 한정
- 투자조합 운용은 펀드운용사(업무집행조합원)가 담당
- 개별기업 선정, 심사 및 투자실행, 사후관리 등

장점(발행업체 측면): 장기/저리의 금융을 쓸 수 있으며, 기업의 대외 신뢰도 제고에 도움이 됨.

그러나, 일정 수준 이상의 신용도가 없는 경우, 문턱이 높을 수 있음. 정책금융공사가 직접 취급하지 않으며 On-lending의 경우 일선 은행이 위임처리하고 간접투자의 경우 VC가 업무집행조합원으로서 심사를 하기 때문에 은행 대출이나 VC 투자를 받는 것과 같은 수준의 심사가 이루어 짐.

자금조달전략 사례

2. 초기/성장 단계 자금조달

❖ VC 투자환경

구분	투자대상
인큐베이팅 펀드	설립투자 또는 3년 이내 기업으로 BI 입주 또는 입주 예정 기업
엔젤 펀드	3년 이내로 기관이 투자하지 않은 기업에 엔젤투자자와 공동 투자하거나 개인투자자가 기투자한 주식의 매입
창업초기 펀드	3년 이내 또는 창업자로서 R&D 비율 5% 이상, 연간 매출액 10억 원 초과하지 아니한 중소, 벤처기업

- 창업초기기업에 대한 투자 활성화 → 다양한 창업초기 자펀드 결성 추진

❖ 모태펀드 투자 동향

총 8개 조합 2천억 규모 펀드 결성

- 문화 분야 투자 조합 대규모 결성
- 인큐베이팅, 특허기술 사업화에 지원

자금조달전략 사례

2. 초기/성장 단계 자금조달

❖ 투자기관의 투자 정책 변화

- 투자기관들은 Round 별 투자 단위가 커지고, 투자 기업에 대한 Follow-on Investment가 늘어나는 추세에 있음.
- 초기기업에 투자하는 Angel 투자자들이 부재한 상황에서 그 역할을 정부가 하고, 성장기 대규모자금에 대한 수요는 국내/외 대형 PE Fund가 투자하고 있음. 성장기 투자는 여러 투자기관이 Club Deal의 형태로 하는 경우가 많음

❖ Pre-IPO 자금조달 방식

신주인수권부사채(BW)	전환사채(CB)
IPO가 2-3년 이내에 가능한 기업에 대한 투자는 안전성이 확보되는 대신 Valutation 매력이 떨어지는 경우가 많음. 또한, Pre-IPO 단계에 오기까지 몇 번의 자금조달로 인하여 최대주주 지분이 많이 희석됨 투자자는 안전성을 확보하고 Upside를 가져갈 가능성을 높이고, 발행기업 최대주주는 추가로 지분을 확보할 수 있는 가능성을 찾기 때문에 Warrant 분리형 BW를 발행함	초기 단계에서 회사에 투자를 한 투자기업 또는 Fund의 경우, 세월이 지나면서 펀드의 만기가 도래하는 경우가 있음. Secondary Fund는 다른 벤처금융이 투자한 기업의 주식을 인수하여 벤처금융의 자금선순환을 유도하고, Secondary Fund는 IPO 이후 주식(또는 CB/BW)를 매각하여 수익을 창출함. 구주 거래이므로 회사에 자금이 투여되는 것은 아니지만 Secondary Fund의 투자와 PE 투자가 동반되는 경우도 있음.

3. Pre-IPO 단계 자금조달

❖ 초기 VC Round 자금조달 방식

- 초기단계의 기업에 대한 투자는 Angel Round이지만, 실질적으로 엔젤투자가 활발하지 않으므로 정책자금을 활용하는 것이 가장 합리적인 대안임.
- 창업단계에서는 대부분 지인을 통한 조달로 사업을 시작하게 되며, 창업 후 기업의 경쟁우위요소가 형성된 후 정책자금(기보/신보 보증, P-CBO, 정책금융공사 등) 활용함. 이후 성장단계로 접어들어 자금 수요가 발생하면 VC Round로 넘어감.
- VC 성장기업 투자 방식

우선주(RCPS)	전환사채(CB)
2000년대 초까지는 보통주 투자 방식이 대부분이었으나, 2003년 이후 미국식 VC모델에 대해 소개된 후 우선주 투자방식으로 전환되었음. 투자금에 대한 상환권(Redeemable), 보통주로의 전환권(convertible)을 보유하게 되며 실적 등 여러 조건에 따라 보통주 전환비율을 조정하게 되어 투자기관이 선호함 배당, 의결권(중요의사결정 시 종류주주총회 등)이 붙어있어 가장 강력한 투자 방식임 기업의 경우, 부채가 아닌 자본으로 처리되어 재무구조가 개선되는 효과 있음.	투자자는 주주가 아닌 채권자로서의 지위를 가짐 표면금리(Coupon) 및 만기보장수익률 지급. 때로는 회사의 자산을 담보로 하는 경우도 있음. 실적(Milestone)을 근거로 보통주로의 전환비율을 조정하는 경우, 실적이 부진하면 상당한 지분을 투자자에게 넘겨주게 되어 경영권에 제약을 받음. 경우에 따라서는 회사의 최대주주 측에서 매입하여 추가 지분을 확보할 수 있는 수단으로 활용. 기업이 상장하는 경우에도 CB형태로 유지하여 상장 후 주가에 다른 추가 전환가액 조정이 가능함

자금조달전략 사례

3. Pre-IPO 단계 자금조달

❖ Pre- IPO 자금조달 시 유의점

- 증시 상장을 염두에 두고 있는 시기이므로, 유가증권시장 상장 규정 또는 코스닥시장 상장규정에 부합될 수 있도록 구조를 짜는 것이 중요함.
- 자금 조달과 관련한 상장 규정 이슈

구분	내 용
유가증권시장 상장규정	- 최소 자기자본 100억 원 이상 - 공모주식이 25%를 넘어야 함 - ROE 5%(최근) & 3년 합계 10% - 예비심사청구일 이전 1년간 최대주주 변동이 없을 것 - 보호예수: 최대주주는 6개월, 심사청구일 이전 1년간 최대주주로부터 주식을 매입한자 또는 제 3자배정으로 신주를 취득한 자는 1년간 보호예수
코스닥시장 상장규정	- 무상증자: 1년간 자본전입총액이 2년전 자본금의 100% 이내 - 유상증자: 1년간 총액이 2년전 자본금의 100% 이내 - 법인세전 이익이 있을 것 - ROE 10% 이상 or 당기순이익 10억 이상 or 매출액이 100억 이상 - 예비심사청구일 이전 1년간 최대주주 변동이 없을 것 - 보호예수: 최대주주는 1년, 심사청구일 이전 1년간 최대주주로부터 주식을 매입한 자 또는 제 3자배정으로 신주를 취득한 자는 1년간 보호예수
코스닥 우회상장 관련 상장규정	- 합병, 포괄적주식교환, 영업양수도의 방식으로 주권비상장기업이 코스닥상장기업을 통해 우회상장하는 경우, 신규상장의 요건을 준용한다. 주권비상장기업의 주주로서 최대주주(및 특수관계인) 등은 신규상장 시의 보호예수 규정을 준용한다.

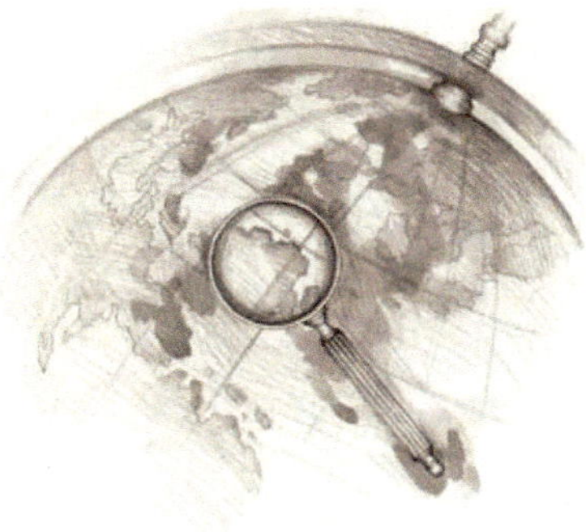

Chapter 5. 투자유치 계약 시 법률검토 주요내용

Chapter 5. 투자유치 계약 시 법률검토 주요내용

투자형태

회사의 창업자금조달

회사의 운영자금조달

투자형태

투자계약 sample

Joint Venture Agreement(합작투자계약서)

투자유치 계약 시 법률검토 주요내용

투자형태

- 국내 투자자로부터 투자
- 해외 투자자로부터 투자
- 단독투자
- 합작투자

투자유치 계약 시 법률검토 주요내용

회사의 창업자금조달

- 창업자 본인자금
- 엔젤투자
- 정부재정자금
- 벤처캐피탈: 창업투자회사, 신기술금융사
- 공공기관을 통한 창업자금조달: 중소기업청, 중소기업공단, 지방자치단체
- 은행 등 금융기관
- 신용보증제도
- 인터넷주식공모

투자유치 계약 시 법률검토 주요내용

회사의 운영자금조달

- 타인자본에 의한 자금조달(차입)

 - 개별적인 금전소비대차에 의한 차입: 정책금융, 일반금융

 - 사채발행: 특수사채(전환사채, 신주인수권부사채), 사채발행한도

- 자기자본에 의한 자금조달(증자)

 - 기존주주

 - 제 3자

 - 수권주식총수, 미발행주식총수, 신주인수권

 - 신주배정 배수

 - 경영권: 의결권

투자유치 계약 시 법률검토 주요내용

투자형태

- 신주인수
  - 보통주
  - 우선주: 전환상환우선주
- 구주인수
- 사채인수
  - 전환사채(CB)
  - 신주인수권부 사채(BW)
- 기타
  - 워런트(Warrants) 인수

투자계약 sample

투자계약서

투자자 OO(이하 "갑"이라 한다)와 영업자 OO주식회사(이하 "을"이라 한다)는 다음과 같은 조건으로 투자계약을 체결한다.

제 1조(계약의 목적)
본 계약은 을의 경영발전을 위하여 갑이 신주인수를 조건으로 을의 경영에 투자하기로 함에 다라 그 구체적인 내용과 필요한 제반사항을 결정하고 갑과 을 사이의 권리의 무관계를 명확히 규정함을 그 목적으로 한다.
제 2조(투자의 전제조건)
갑은 본 계약에 따른 투자를 위해 우선 을이 다음의 조건을 충족할 것을 요구할 수 있으며, 그 조건이 충족되지 않을 경우 본 계약은 성립되지 못하고 파기되는 것으로 한다.
제 3조(계약금의 지급)
① 갑은 본 계약의 성립을 도모하고 을이 투자하기 위한 조건을 충족하는 것을 보조하기 위하여 다음과 같이 계약금을 지급하기로 한다.
 1. 계약금액:
 2. 지급시기:
② 위 계약금액은 을이 투자의 전제조건을 충족하지 못하여 계약이 성립되지 못하는 경우에도 반환하지 않아도 되는 것으로 한다.

투자유치 계약 시 법률검토 주요내용

투자계약 sample

제 4조(투자의 이행)

갑은 본 계약의 성립에 따라 총 금__________원을 투자하기로 하고 다음과 같이 이행한다.

1. 계약금액
2. 지급시기
3. 지급조건

제 5조(신주의 인수)

① 을은 갑의 출자에 대한 대가로 액면가 금________원의 기명식 보통주 ________주를 주당 금 __________원으로 유상증자 결의하여 갑에게 배정하기로 한다.

② 제 1항에 따른 신주인수의 배정은 갑의 총 투자금액이 완불되는 날로부터 (   )일 이내로 한다.

③ 을은 갑이 신주를 인수하는데 필요한 모든 주식발행의 절차 및 인수절차를 갑의 책임으로 이행하여야 하며, 필요한 경우 정관 및 내부규칙 등 회사운영에 관한 규정을 본 계약의 내용 및 사실을 반영하여 변경하고, 등기를 필요로 하는 사항에 대하여는 지체없이 등기하여야 한다.

④ 을은 주식의 배정 후 1주일 이내에 주권을 발행하여 갑에게 교부하여야 한다. 다만 갑과 을이 협의하여 주권을 발행하지 않기로 한 경우에는 주식보관증으로 대신할 수 있다.

투자계약 sample

제 6조(진술과 보장)

회사 본건 주식의 발행과 관련하여 다음과 같이 진술, 보증하며, 그 내용은 본 계약 체결일 현재뿐만 아니라 납입기일 및 발행일 현재에도 모두 진실하고 정확함을 보장한다.

1) 회사는 정관 및 내부규칙의 변경, 이사회의 승인을 비롯하여 본 계약서의 체결 및 유지를 위하여 회사가 이행하여야 하는 모든 조치를 취하였다. 본 계약서의 체결 및 신주의 발행은 법률이나 규정 기타 관계법령을 위반하지 아니하며, 회사 정관에 부합하고, 회사가 당사자인 계약 또는 기타 의무의 위반을 가져오지 아니한다.
2) 회사는 본 계약을 체결하고 본 계약에 따른 의무를 이행하는 데 필요한 법률적, 사실적인 모든 권한을 가지고 있다.
3) 회사의 발행주식은 본 계약의 채결일자를 기준으로 주당 액면가가 금 ___원인 보통주 ___주이고, 이외의 발행주식은 존재하지 아니한다. 전환사채, 신주인수권부사채 등도 존재하지 아니한다.
4) 회사의 사업에 중요한 영향을 미치는 것으로 본 계약체결일 현재 인수인에게 서면으로 통지된 사실 이외에 진행되거나 발생이 예상되는 소송, 중재 또는 행정절차 기타 분쟁은 없다. 또한 파산, 지급불능, 회생, 지급유예 및 인수자의 권리에 부정적 영향을 미치는 사실은 없다.
5) 회사가 부담하는 주요한 법규상 또는 사실상의 의무, 부담은 존재하지 않으며 계약체결일 이후에, 회사의 재무상태, 자산 및 부채, 영업에 불리한 영향을 미칠 수 있는 중대한 변경이나 변동사항은 없다.
6) 회사는 특허권, 상표, 의장, 실용신안권 기타 지적재산권과 관련하여 회사의 사업을 운영하기 위하여 필요하거나 현재 사용하고 있는 지적재산권에 대하여 적법한 권리를 보유하고 있으며, 회사의 지적재산권은 제 3자의 권리를 침해하지 아니한다.
7) 회사는 국세, 지방세 등 모든 납세의무를 이행하였고 미납된 세금은 없다.
8) 회사는 회사의 업무내용, 시설, 자산, 임차물 및 장비 등과 관련하여 환경 및 노동 관련 법률, 규정 또는 규칙을 준수하였다.

투자유치 계약 시 법률검토 주요내용

투자계약 sample

제 7조(투자금의 사용과 회계처리)

① 을은 갑이 투자한 투자금을 오직 회사의 사업목적만을 위하여 사용하기로 하고, 을의 서면에 의한 사전동의없이 제 3자 또는 개인 주주에게 대여하지 않기로 한다.

② 을은 관계법령 및 기준이 정하는 바에 따라 투명하고 엄격한 회계처리를 하여야 하며, 경리장부를 비롯한 그에 관련한 사항을 비치하고 상법이 규정하는 기간 동안 보존하여야 한다. 만일 을이 회계처리의 잘못이나 부정으로 인하여 갑에게 손해를 끼치는 경우 을은 그 손해를 배상하여야 한다.

제 8조(이익의 배당)

① 을은 을의 정관 및 상법 기타 법률의 규정에 따라 회사의 재무상태를 고려하여 갑에게 주식비율에 대한 배당금을 정기적으로 배당하여야 한다.

② 을은 갑에게 공금리 수준 이상의 배당을 실시할 수 있도록 성실히 노력하여 회사를 경영하여야 한다.

제 9조(세무)

① 을은 갑에게 지급할 배당금액에 대하여 을이 원천징수하여야 할 세금을 원천징수하여 즉시 관할 세무당국에 납부한다.

② 을은 위 제 1항의 원천징수세액과 관련하여 갑이 세법에 의해 납부세액의 공제를 받음에 있어 충분한 근거가 될 수 있는 세무당국 발행의 납세필 영수증 또는 기타 적절한 증빙을 갑에게 제공하여야 한다.

투자계약 sample

제 10조(주식의 양도)

① 갑은 을의 이사회의 승인을 얻어야 보유주식을 양도, 이전, 매각, 기타의 처분을 할 수 있다.

② 만일 갑이 소유하는 을의 주식 전부 또는 일부를 양도하고자 할 때에는 그 취지를 서면으로 을의 이사회에 통고함과 동시에 양도조건을 제시하여야 한다.

③ 제 2항에 따른 통보를 받은 을의 이사회는 지체없이 갑을 제외한 잔여주주의 양수의사를 확인하여야 한다. 만일 잔여주주가 양수의사를 표시한 경우네는 갑과 잔여주주 간에 주식매매계약이 체결된 것으로 보고, 잔여주주 사이의 주식보유비율에 따라 주식을 배분하기로 한다. 이 경우 단주가 발생하면 소수 첫째자리 이하에서 반올림한다.

④ 제 2항에 따른 통지를 받은 잔여주주 모두가 양수의 의사표시를 보이지 않는 경우 갑은 제 3자에게 자유롭게 보유주식을 양도, 이전, 매각 또는 처분할 수 있다. 다만 주식을 취득하는 제 3자는 본 투자계약의 모든 규정을 준수하고 매도당사자인 갑과 똑같은 범위로 본 계약에 따른 구속을 받는다는데 합의하는 약정서를 을에게 제출하여야 한다.

⑤ 을은 본 조문에 의한 주식의 양도 시 필요한 경우 정보 혹은 관련기관의 인가를 받는 것을 조건으로 제시할 수 있다.

제 11조(주식양도 제한의 예외)

① 갑은 전조에 의한 주식양도의 제한규정에 불구하고 다음 각호의 경우에는 제한규정에 상관없이 주식을 처분할 수 있다.

1. 을의 주식이 증권거래소 시장 혹은 코스닥 시장 및 제 3시장에 상장 혹은 등록되었을 때
2. 을의 주주가 갑소유의 주식을 매입할 의사를 표시하고 을이 이에 동의한 때
3. 투자기간이 1년이 경과한 후 을이 정상적으로 영업활동을 하고 있고 갑이 투자목적을 달성하였다고 인정할 때

투자유치 계약 시 법률검토 주요내용

투자계약 sample

제 12조(사업성과 보고의무)

을은 을의 정관상의 회계기간이 종료하는 매년 3월 말일 현재까지 사업성과를 결산하여 재산목록, 재무제표 및 대차대조표를 작성하여 갑에게 1개월 이내에 통보하여야 한다.

제 13조(기업공개 등의 의무)

을은 관련 법규가 허용하는 가능한 빠른 기간 내에 을을 공개하고 그 주식을 한국증권거래소에 상장하거나 코스닥시장 또는 제 3시장에 등록하기로 한다.

제 14조(영업상황 설명 요구권)

① 갑은 을의 대표이사에게 업무 및 영업상의 손익상황에 대해 설명할 것을 요구할 수 있다. 다만, 갑의 위 설명요구권이 을의 업무를 고려하여 심히 부당하거나 경영간섭에 해당하는 경우 을은 이를 거부할 수 있다.

② 을은 위 제 1항의 요구를 받은 날로부터 7일 이내에 구두로 설명하거나, 서면 기타 적절한 방법으로 통보할 수 있다.

제 15조(통지의무)

을은 사업수행에 심각하게 지장을 초래할 우려가 있는 사태가 발생한 때에는 지체없이 그 사실을 갑에게 통지하여야 한다.

투자계약 sample

제 16조(겸업금지 등)

① 갑 및 증권거래법이 정하는 갑의 특수이해관계인은 을의 사전 서면동의 없이 을이 보유하고 있는 기술과 사업계획 또는 이 계약과 관련하여 을로부터 취득한 정보 및 기술의 일부 또는 전부를 제 3자에게 제공하여서는 안 된다.

② 갑 및 증권거래법이 정하는 갑의 특수이해관계인은 을의 사전 서면동의 없이는 을이 경영하는 사업에 직접 또는 간접으로 중대한 영향을 미치는 사업에 종사할 수 없다.

③ 갑은 자신이 본 건 계약을 통하여 취득한 을의 영업상의 비밀을 이용하여 그 자신이나 동종의 영업을 하는 다른 회사가 을과 경쟁이 될 영업을 직접 혹은 간접으로 국내는 물론이고 국외에서 영업하는데 유무형의 도움을 주어서는 아니된다.

④ 만일 갑이 본 규정을 위반하여 을에게 손해를 끼친 경우에는 그 손해를 배상하여야 한다. 이 때 손해배상액의 범위는 통상의 손해를 그 한도로 하며, 만일 갑이 특별한 사정으로 인한 손해를 알았거나 알 수 있었을 때에는 그에 대하여서도 배상책임을 진다.

제 17조(정보의 비밀유지)

① 갑과 을은 본 계약의 이행과정에서 알게 된 상대방의 영업비밀 및 기타 모든 정보상의 비밀을 상대방의 서면동의 없이 제 3자에게 유출하거나 본 계약의 이행 이외의 목적으로 이용하여서는 아니 된다.

② 본 계약에 따른 비밀준수의무는 본 계약의 유효기간 중은 물론 계약의 종료, 해지 이후에도 존속한다.

제 18조(권리의 양도)

갑은 이 계약상의 어떠한 권리 또는 의무도 을의 사전 서면동의 없이는 직접 또는 간접으로 제 3자에게 양도할 수 없다. 을의 사전 서면동의 없이 이루어진 권리와 의무의 양도는 무효이며 일체의 효력이 없는 것으로 한다.

투자유치 계약 시 법률검토 주요내용

투자계약 sample

제 19조(계약의 해제 및 해지)

① 갑 또는 을은 상대방이 본 계약 및 본 계약에 따라 체결한 협의 등을 위반한 경우 그 상당기간을 정하여 그 이행여부를 통지하고 상대방이 그 기간 내에 이행을 하지 않거나 이행을 거부하는 경우에는 본 계약을 해제 또는 해지할 수 있다.

② 제 1항에 따른 이행여부의 최고 및 계약의 해지 또는 해지에 대한 통보는 반드시 서면으로 하여야 한다.

③ 제 1항에 해제 또는 해지는 갑과 을의 손해배상 청구에 영향을 미치지 아니한다.

제 20조(해제와 해지의 효과)

① 전조의 규정에 의하여 을의 귀책사유로 인하여 본 계약이 해지되는 경우 갑은 보유주식을 을의 이사회의 승인없이 을 또는 을의 주주, 다른 투자자 및 제 2자에게 양도할 수 있다.

② 전 조의 규정에 의하여 갑의 귀책사유로 인하여 본 계약이 해지되고 그로 인하여 을에게 손해가 발생한 경우 을은 갑에게 그 손해의 배상을 청구할 수 있다.

제 21조(계약의 변경)

① 본 계약 내용의 변경, 가감, 삭제, 정정 등은 반드시 서면에 의하여야 하고, 법률상의 대표자나 정당하게 수권을 받은 대리인이 서명을 하여야 한다.

② 변경계약이 정부나 관계기관의 인·허가가 필요한 경우에는 당해 인·허가 시점부터 효력이 발생한다.

투자계약 sample

제 22조(준거법 및 분쟁해결)

① 본 계약에 명시되지 않은 사항은 대한민국의 법률과 관습에 따른다.

② 본 계약과 관련하여 분쟁이 발생한 경우 당사자의 상호협의에 의한 해결을 모색하되, 분쟁에 관한 합의가 이루어지지 아니한 경우에는 서울중앙지방법원의 합의관할로 하여 소송을 통해 분쟁을 해결하기로 한다.

위 계약을 증명하기 위하여 본 계약서를 2통 작성하여 서명 또는 날인한 후 당사자가 각각 1통씩 보관한다.

년　　월　　일

투자자 (갑)

주소:

회사명:

대표이사 OOO (인)

영업자 (을)

주소:

상호명:

대표이사 OOO (인)

투자유치 계약 시 법률검토 주요내용

Joint Venture Agreement(합작투자계약서)

- Title(표제)
- Preamble(전문)
- Definitions(정의조항)
- Purpose(목적조항)
- Establishment of Joint Venture Company(신회사의 설립)
- Capital Subscription(자본금납입)
- Promoters(발기인)
- Transfer of Shares(주식의 양도)
- Preemptive Rights(신주인수권)

투자유치 계약 시 법률검토 주요내용

Joint Venture Agreement(합작투자계약서)

- Meetings and resolutions of shareholders(주주총회)
- Board of Directors(이사회)
- Basic Corporate and Operation Policies(신회사의 기본정책)
- Accounting and Auditing(회계 및 감사)
- Technical Assistance and Trademarks(기술원조 및 상표사용승인)
- Term(계약기간)
- Termination(계약의 종료)

투자유치 계약 시 법률검토 주요내용

Joint Venture Agreement(합작투자계약서)

- Consequences of Termination(계약종료의 효과)
- Non Waiver; Other Remedies(권기불포기)
- Unenforceable Terms(독립성)
- Force Majeure(불가항력)
- Disclaimer of Agency(대리권의 부인)
- Arbitration(중재)
- Assignability(계약의 양도)
- Expenses(비용부담)
- Agreement with JVC(신회사와의 계약)
- Implementation of the Agreement(계약의 이행)

투자유치 계약 시 법률검토 주요내용

Joint Venture Agreement(합작투자계약서)

- Confidentiality(비밀의 유지)
- Enforcement Costs(이해강제비용)
- Notice(통지)
- Language(사용언어)
- Governing Law(준거법)
- Effective Date(계약의 발효)
- Entire Agreement(완전계약)
- Signature and seals(서명 및 날인)

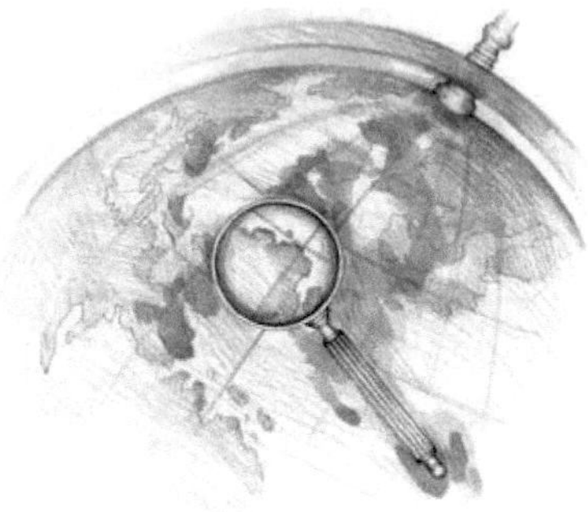

Chapter 6. 기업가치평가

Chapter 6. 기업가치평가

가치평가란?

기업가치평가의 범위

가치의 전제와 가치의 기준

세가지 가치평가접근법

평가기법의 적용방식

가치평가의 Framework

시장접근법

- 단계별 적용절차
- 비교기준회사에 다른 구분
- 두 접근방식의 장단점

현금흐름할인방식

- 개요
- 소득흐름
- 자본비용
- 영구가치
- 기업가치 및 주식가치의 도출

기업가치평가

가치평가란?

<u>개념</u>

다양한 평가대상에 대한 가치를 산출하는 행위 혹은 과정
(the act or process of determining the value of the subject to be valued)
→ 화폐단위에 의한 정량적 평가

<u>평가대상</u>

- 기업, 주식
- 토지, 건물
- 기계장치
- 무형자산
- 미술품, 골동품
- 기타 개별 자산, 부채

기업가치평가의 범위

(비영업자산이 존재하지 않는 경우)

기업가치평가

가치의 전제와 가치의 기준

가치의 전제 (Premise of Value)	가치의 기준 (Standard of Value)
평가대상의 가치를 산정할 때 적용되는 상황적인 환경에 대한 가정	가치평가의 결과로 산출되는 가치의 의미에 대한 정의
→ 계속기업(Going Concern)을 전제로 할 것인가, 청산(Liquidation)을 전제로 할 것인가.	→ 공정시장가치(Fait Market Value)를 의미하는 것인가, 투자가치(Investment Value)를 의미하는 것인가

세가지 가치평가접근법

1. 소득접근법(Income approach)

- 소득접근법은 미래에 예상되는 효익을 적절한 방법을 통해 가치로 전환시켜 평가대상을 측정하는 방법임

2. 시장접근법(Market approach)

- 시장접근법은 비교대상이 되는 유사기업군(guideline companies)으로 부터 평가대상기업(subject company)의 가치를 추정해 내는 방법임

3. 자산접근법(Asset approach)

- 자산접근법은 원가접근법 (Cost approach)라고도 하는데 개별 자산 및 부채를 각각 적정한 가치를 나타낼 수 있도록 수정한 후 이를 합산하여 가치를 측정하는 방법임.

기업가치평가

평가기법의 적용방식

	가치평가기법의 적용방식	
	투하자본방식	**자기자본방식**
기업가치	직접 기업가치를 구함	NM
주식가치	먼저 기업가치를 구하고 부채가치를 차감하여 주식가치 산정	직접 주식가치를 구함

기업가치평가

가치평가의 Framework

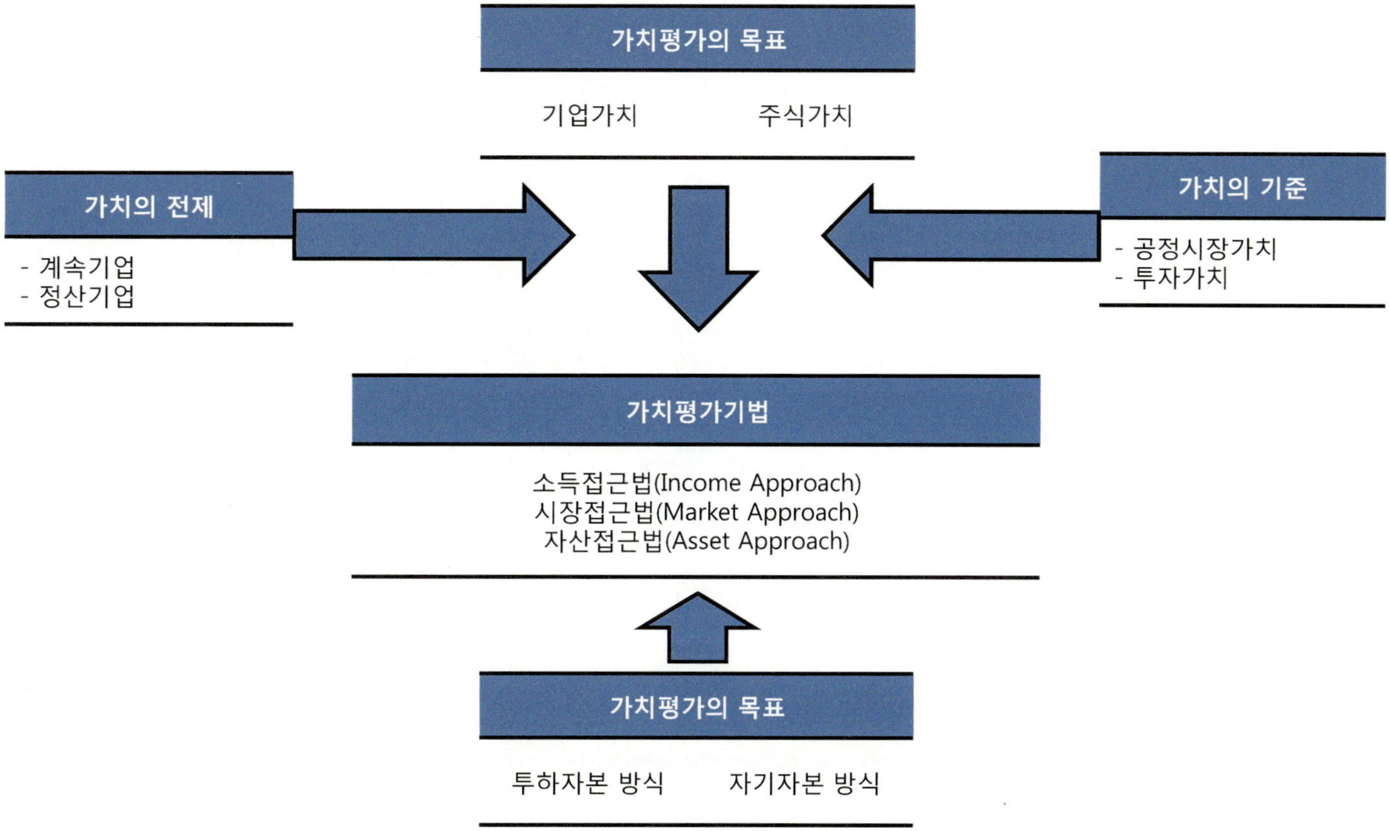

기업가치평가

시장접근법 – 단계별 적용절차

<Step 1> 비교기준회사 (guideline companies)의 선정
(유사상장회사방식, 유사인수합병방식)

↓

<Step 2> 각종 적용 시가배수 (market multiples)의 계산
(Trading multiples, Transaction multiples) × *(투하자본방식, 자기자본방식)*

↓

<Step 3> 평가대상회사 (subject company)에
실제 적용할 시가배수의 선정

↓

<Step 4> 평가대상회사에 시가배수 적용

↓

<Step 5> 조정을 거쳐 가치평가 결론 도출

시장접근법 – 비교기준회사에 따른 구분

유사상장회사방식

- 주식시장에서 제한 없이 자유롭게 거래되는 유사상장 기업과 비교하여 평가대상 기업의 가치를 산정하는 방법
- 소수지분에 대한 다수의 거래를 통해 형성되는 가격이므로, "소수주주의 입장"이 반영됨

투하자본방식	자기자본방식
MVIC / EBIT MVIC / EBITDA MVIC / NCF_{IC} MVIC / 총자산 MVIC / 매출액	MVE / EBIT MVIE / EBT MVE / NCF_{EQ} MVE / 순자산 MVE / 매출액

- MVIC = Market Value of Invested Capital
- MVE = Market Value of Equity
- EBIT = Earning before interest and taxes
- EBITDA = Earning before interest, taxes, depreciation and amortization
- EAT = Earning after taxes (당기순이익)
- EBT = Earning before taxes (세전이익)

기업가치평가

시장접근법 – 비교기준회사에 따른 구분

인수합병 접근방식

- 최근에 발생한 인수합병사례의 거래대금을 기초로 하여 평가대상기업의 가치를 도출해 내는 방법
- 거래자체가 지배지분의 변동을 수반하므로 "지배주주의 입장"을 반영함.

투하자본방식	자기자본방식
DP / EBIT	EP / EBIT
DP / EBITDA	EP / EBT
DP / NCF_{IC}	EP / NCF_{EQ}
DP / 총자산	EP / 순자산
DP / 매출액	EP / 매출액

- DP = Deal Price (총거래대금)
- EP = Equity Price (주식거래대금)

시장접근법 – 두 접근방식의 장단점

	유사상장회사방식	유사인수합병방식
장점	- 상장기업에 대한 풍부하고 객관적인 자료의 존재 - 소수주주가치를 구할 때 바로 이용 가능	- 유사 인수합병사례가 존재할 경우 가장 직접적인 비교 가능 - 지배주주가치를 구할 때 바로 이용 가능
단점	- 주식시장의 비효율성으로 인해 주가자체가 왜곡될 수 있음. - 객관적으로 유사상장기업을 선정하기가 힘듦. - 지배주주가치로 전환 시 지배지분할증(control premium) 적용에 따르는 어려움 존재	- 상장기업 접근방식에 비해 자료입수가 어려움 - 특정구매자의 시너지효과 등을 객관적으로 분석해내어 분석하기가 힘듦. - 소수주주가치로 전환 시 소수지분할인(minority discount) 적용에 따르는 어려움 존재

기업가치평가

현금흐름할인방식 - 개요

소득흐름과 자본비용

- 투하자본방식과 자기자본방식
- 실질항목과 명목항목
- 세전항목과 세후항목

	투하자본방식 (Invested Capital Basis)	자기자본방식 (Equity Basis)
소득흐름	투하자본 순현금흐름 (Invested Capital Net Cash Flow)	자기자본 순현금흐름 (Equity Net Cash Flow)
자본비용	가중평균자본비용 (WACC)	자기자본비용

현금흐름할인방식 - 소득흐름

순현금흐름 (Net Cash Flow)

투하자본 순현금흐름

영업이익
(-) 영업이익에 대한 법인세
(±) 비현금항목
(±) 영업용 순운전자본 증감
(±) 영업용 순비유동자산의 증감
투하자본 순현금흐름(NCF_{IC})

자기자본 순현금흐름

영업이익
(-) 영업이익에 대한 법인세
(±) 비현금항목
(±) 영업용 순운전자본 증감
(±) 영업용 순비유동자산의 증감
투하자본 순현금흐름(NCF_{IC})

기업가치평가

현금흐름할인방식 – 자본비용 (Cost of Capital)

자본비용이란 자본을 사용하는 대가로 자본제공자에게 지불하여야 하는 비용

- ◆ 자산 측면: 미래에 기대되는 소득흐름을 현재가치로 측정하기 위한 할인율
- ◆ 부채 및 자본 측면: 경쟁적인 환경하에서 해당자본을 조달하는데 필요한 자본비용
- ◆ 자본제공자 측면: 기업의 타인자본 혹은 자기자본으로 투자한 금액에 대해 기대하는 요구수익률

현금흐름할인방식 – 자본비용 (Cost of Capital)

❖ 타인자본비용

$$Rdt = Rd \times (1 - t)$$

- Rd = 세전 타인자본비용
- Rdt = 세후 타인자본비용
- t : 법인세율

❖ 자기자본비용(CAPM 공식)

$$Re = Rf + \beta \times (Rm - Rf)$$

- Rf: 무위험 수익률
- β: Beta 계수
- Rm: 주식시장 수익률

❖ 가중평균자본비용

$$WACC = Re \times (E / (D + E)) + Rd \times (1 - t) \times (D / (D + E))$$

- Re = 자기자본비용
- Rd = 타인자본비용
- E = 자기자본의 시장가치
- D = 타인자본의 시장가치
- t = 법인세율

기업가치평가

현금흐름할인방식 – 영구가치

영구가치 = NCF n + 1 / (d – g)

- n = 개별추정기간의 최종년도
- 순현금흐름(NCF) n + 1 = NCF n × (1 + g)
- d = 할인율(가중평균자본비용)
- g = 영구성장률

현금흐름할인방식 – 기업가치 및 주식가치의 도출

∑ 추정기간 현금흐름 현가
(+) 영구가치의 현가
영업가치
(+) 비영업용 자산
기업가치
(-) 부채가치
주식가치
(/) 유통주식수
주당주식가치

Chapter 7. 창투사 이해하기

Chapter 7. 창투사 이해하기

벤처캐피탈 개요

벤처캐피탈 투자방법

벤처캐피탈의 투자과정

벤처캐피탈의 재원

벤처기업 성장단계별 자금지원법

단계별 투자 검토 방법

단계별 검토 Focus의 차이

기업가치의 의미

기업가치평가 의의

가치평가의 방법

사업성 평가 기준

기업역량 분석도

기업위상 분석모델

SWOT 분석

사업성 평가 時 핵심체크사항

일반적 창투사 평가방법

창투사 이해하기

벤처캐피탈 개요

❖ 벤처캐피탈이란

- 주로 지분투자에 의한 방법에 따라 장기적이고 위험이 높은 초기기업에 대한 투자를 통해 자본이득을 얻고자 하는 전문적인 투자가 집단
- 기술경쟁력은 있으나 자본과 경영능력이 부족한 설립초기 기업에 투자하고, 그 기업의 성장을 도와준 후 투자금을 회수하는 금융활동(기관)

❖ 기존 금융기관과의 차이

- 높은 위험부담 (High Risk): 투자기업과 위험부담을 함께 부담
- 높은 자본이득 (High Return): 투자기업의 경영성과를 같이 나눔
- 미래가치, 수익가치의 반영: 기술력, 경영능력, 성장가능성 위주 자금지원
- 기업가치증대 적극 참여: 능동적 경영지원

벤처캐피탈 투자방법

- **투자방법**
  - 신주인수(신규상장 또는 신규등록시의 주식인수는 제외)
  - 무담보전환사채 또는 무담보신주인수권부사채의 인수
  - 지분출자(타인의 출자지분 양수는 제외)
  - Project 투자
- **투자금지행위**
  - 숙박 및 음식점업
  - 금융 및 보험업
  - 부동산업
  - 무도장운영업
  - 골프장 및 스키장운영업
  - 도박장운영업
- **기타**
  - 사실상 경영지배를 목적으로 투자하는 행위금지
    - 50% 이상 주식소유금지
    - 임원의 임명 등

창투사 이해하기

벤처캐피탈 투자방법

❖ **전환사채(CB, Convertible Bond)**

- 의의
  - 사채권자에게 전환기간 내에 주어진 전환조건에 따라 당해 사채발행회사의 주식으로 전환할 수 있는 권리(전환청구권)가 부여된 사채
  - 전환권 행사 이전에는 확정이자를 받을 수 있는 사채로서 존재하고, 전환권 행사 이후에는 사채가 소멸되고 영업실적에 따른 배당을 받을 수 있는 주식으로 전환됨으로서, 확정이자부채권임과 동시에 잠재적으로 주식으로서의 이중성을 지닌 유가증권
- 전환사채의 발행
  - 이사회의 결의 또는 정관이 규정하는 바에 따라 주주총회의 결의로 전환사채를 발행할 수 있다.
  - 사채의 일반적인 발행사항 외에 다음의 사항에 대하여 정관의 규정이 없으면 이사회에서 이를 결정하여야 함.
- 주요 결정사항
  - 전환사채의 총액
  - 전환의 조건
  - 전환으로 인하여 발행한 주식의 내용
  - 전환을 청구할 수 있는 기간 등
- 주요사항
  - 표면금리
  - 만기보장수익률
  - CALL OPTION: 발행회사가 채권발행 시 정한 일정한 조건이 성취되면 만기상환일 이전에 상환할 수 있는 권리
  - PUT OPTION: 사채권자가 발행회사에 대하여 발행 시 정한 일정한 조건이 충족되었을 경우 특정한 가격으로 특정한 날 또는 만기상환일 이전에 상황을 요구할 수 있는 권리

벤처캐피탈 투자방법

❖ **상환우선주(상환주)**

- 의의
  주식의 발행에 의해서 자본이 조달되어 회사의 자기자본을 구성하나 주식발행 당초부터 이익에 의한 소각을 예정하고 있는 특수한 주식

- 전환사채의 발행
  정관에 근거를 두고 이사회에서 신주발행결의시 명시적으로 발행조건을 정함.

- 주요 사항
  - 일정비율 이상의 배당금을 우선적으로 약속(미지급시에는 차년도로 누적적으로 이월)
  - 보통주 배당률이 더 높을 때에는 우선배당을 받고도 더 참여.
  - 잔여재산분배 우선권이 명시된 경우에는, 회사 청산 시 잔여 재산분배에 관하여 보통주보다 우선하여 변제받음.
  - 보통주로 전환할 때 1 : 1 전환이 아닌 차등전환을 할 수도 있다.
  - 상환청구를 하여 회사이익으로부터 출자금회수를 할 수 있음.
  - 의결권은 발행조건에 따라 있을 수 있음.

창투사 이해하기

벤처캐피탈의 투자과정

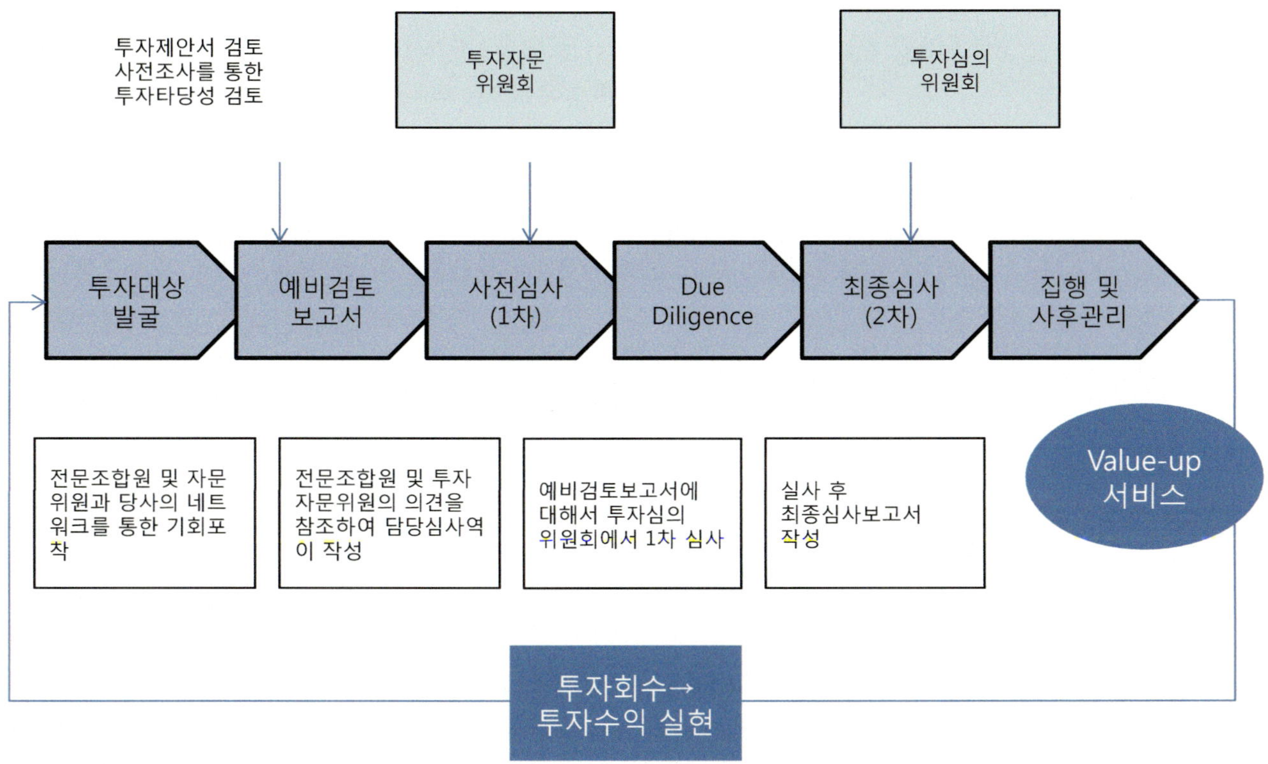

벤처캐피탈의 재원

- ❖ 본 계정 투자 (자본금 계정)
- ❖ 펀드 운용 (투자조합의 결성)

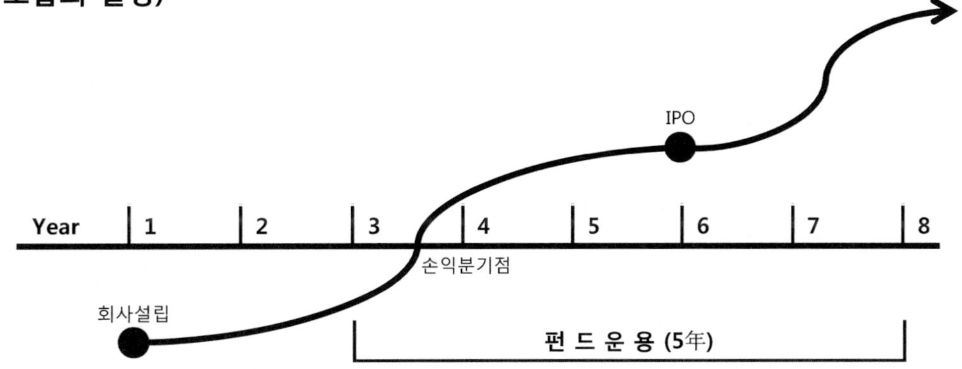

창투사 이해하기

벤처기업 성장단계별 자금지원법

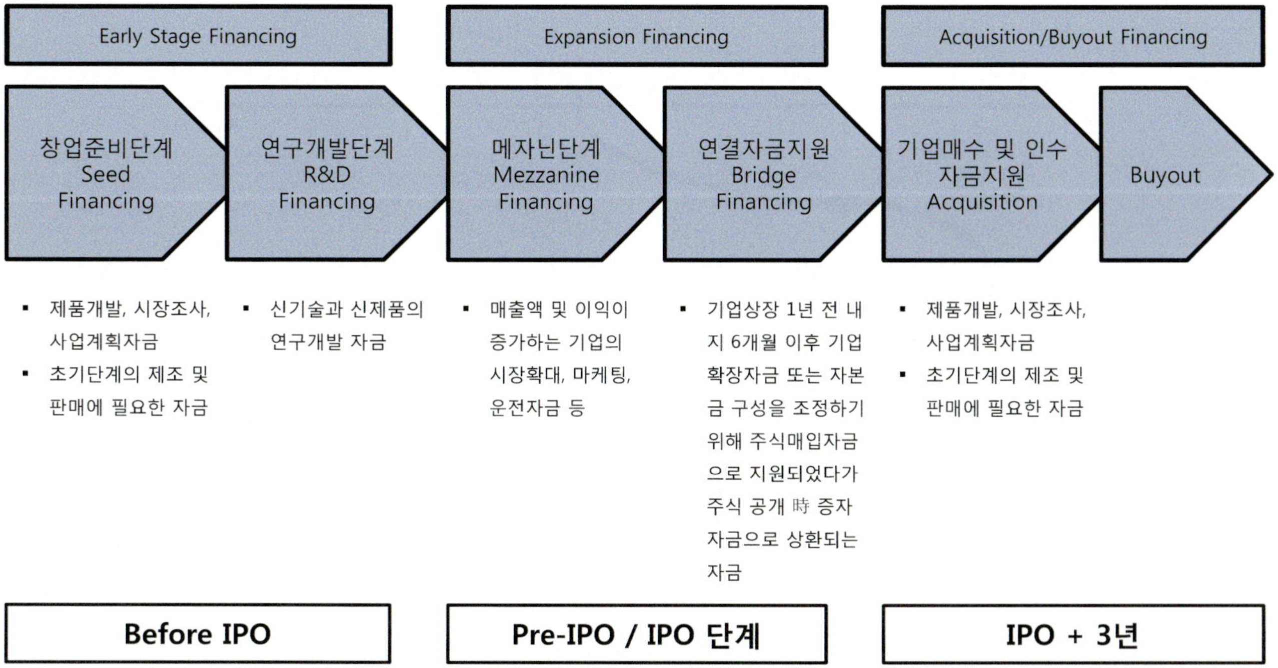

단계별 투자 검토방법

❖ **Seed 단계**

- 필요한 사람을 다 모아서 회사를 설립할 수 있겠는가?
- 최초 필요자금을 모을 수 있겠는가?

❖ **초기단계**

- 하겠다는 제품(서비스)은 고객에게 만족을 주고 시장성이 있을까?
- 수익성이 있을까?
- 계획대로 개발해 낼 수 있는가?
- 경영은 잘 할 수 있을까?

❖ **중기단계**

- 광고, 판매망 등 마케팅을 잘 해서 매출을 확대할 수 있겠는가?
- 사업이 잘 될 때 운전자금을 충분히 확보할 수 있겠는가?
- 새로운 대체재나 경쟁상황을 잘 견뎌낼 수 있을까?

❖ **후기단계**

- 경쟁사보다 유리한 입지를 유지할 전략을 세울 수 있는가?
- 차기 제품을 성공적으로 개발, 출시하여 지속적인 성장이 가능한가?

창투사 이해하기

단계별 검토 Focus의 차이

❖ 투자단계별로 핵심성공요소는 다른 곳에 있으며 이에 따라 Due Diligence의 Focus 다름

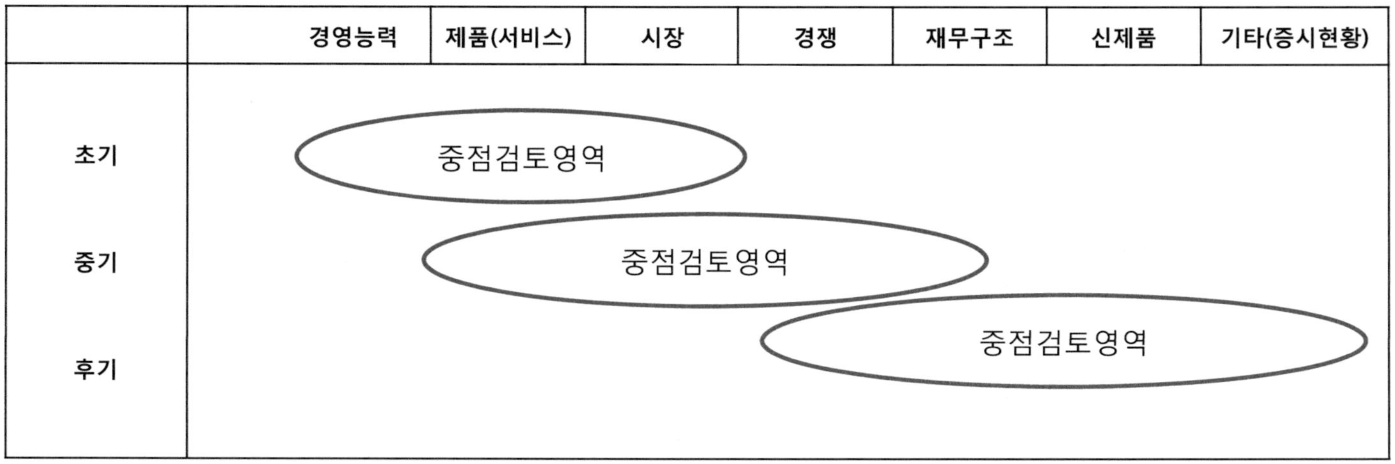

기업가치의 의미

❖ "기업이 현재 보유하고 있는 유무형 자산들의 미래 수익창출 능력을 현재시점에서 평가한 가치"

❖ 상품으로서의 기업가치

- 기업인수 및 합병: 기업을 매입하기 위해 지불하는 가치
- 기업공개: 공모주식을 매입하기 위해 지불하는 가치

❖ 기업공개 시 기업가치

- 본질가치: 자산가치/수익가치
- 비교가치: 유사기업과 비교하여 산출하는 가치

❖ 공개기업의 기업가치

- Market Capitalization

창투사 이해하기

기업가치평가 의의

❖ 가치평가의 영향요소: 양적, 질적, 외부 환경적 요소

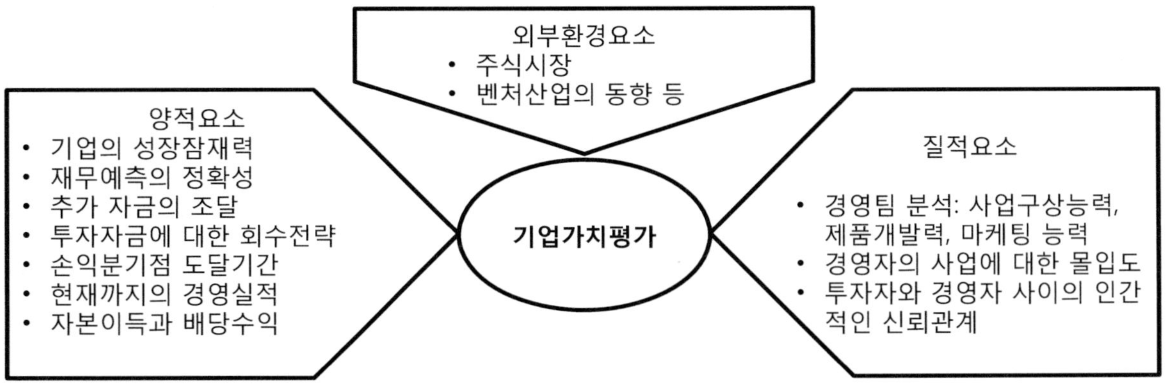

❖ 기업가치평가의 방법들

- 정성적 – 전략적 평가방법
- 정량적 – 재무적 평가방법

❖ 가치평가의 중요성

- 투자자금 조달의 전제조건
- 주식공개 시 주식가액 결정 등

가치평가의 방법

정성적-전략적 평가방법	정량적-재무적 평가방법
• 기업가 및 창업팀의 자질 - 카리스마, 과거경험 - 네트워크, - 지속적 노력과 위기관리능력 • 사업 및 기술의 독창성 - 진입장벽 - 확장성 - 시장성 • 사업모델의 타당성 - 투자회수율 - 수익구조	• 현금흐름에 의한 평가방법 - 현금흐름의 현재가치법 - 순현가법(NPV) - 내부수익률법(IRR) • 주식가치에 의한 평가방법 - 자산가치평가법 - 수익가치평가법 - 본질가치평가법 - 주가수익률법 • 상대가치평가법

창투사 이해하기

사업성 평가 기준

경영관리 능력	경영진의 경영능력, 마케팅 기술, 재목적 기술, 추천 및 평판
제품 차별도	기술력, 수익성, 제품의 독특성, 제품의 특허가능성, 재료확보의 용이성, 생산능력
시장 매력도	시장접근도, 제품에 대한 시장요구(수요), 시장의 규모, 시장의 성장 잠재력, 규제 존재 여부
환경 저항력	경쟁사의 진입 장벽여부, 경기변동에 대한 저항력, 제품의 진부화에 대한 저항력 위험요인에 대한 내성
현금화 가능성	회수 기회, M&A 가능성, 기존 투자와의 Hedge 가능성, 세제 혜택

기업역량 분석도

내부역량 분석

- 신규사업 진출에 따른 회사 SWOT 및 시너지 분석
- 내부 재무능력 평가
- 내부 전략적 요소 평가

외부요인 분석

- 신규사업 수익원 및 투자수익률 분석
- 산업의 경쟁요인 분석
- 주요 경쟁업체 분석

내부역량 분석

- 회사의 약점요인
- 회사의 위협요인
- 재무적 제한요인
- 회사전략상 제한요인 평가
- 사업환경상 제한요인 평가
- 목표수익률 결정

전략적 대안 선정

<내부역량 강화>
- 회사 단독 수행
- 내부인프라 및 사업역량 강화

<외부자원 활용>
- 합작
- 인수/합병

내부역량 분석

- 시너지 분석
- 비용 및 수익분석

전략적 제휴분야

- 사업포트폴리오 분석
- 환경분석

전략적 제휴처

- 핵심사업 분석
- 합작가능성 분석
- ROI 분석

소유지배구조

- 지분구조 분석
- 전략적 필요성 분석

창투사 이해하기

기업위상 분석모델

❖ 포터의 5 Force 분석

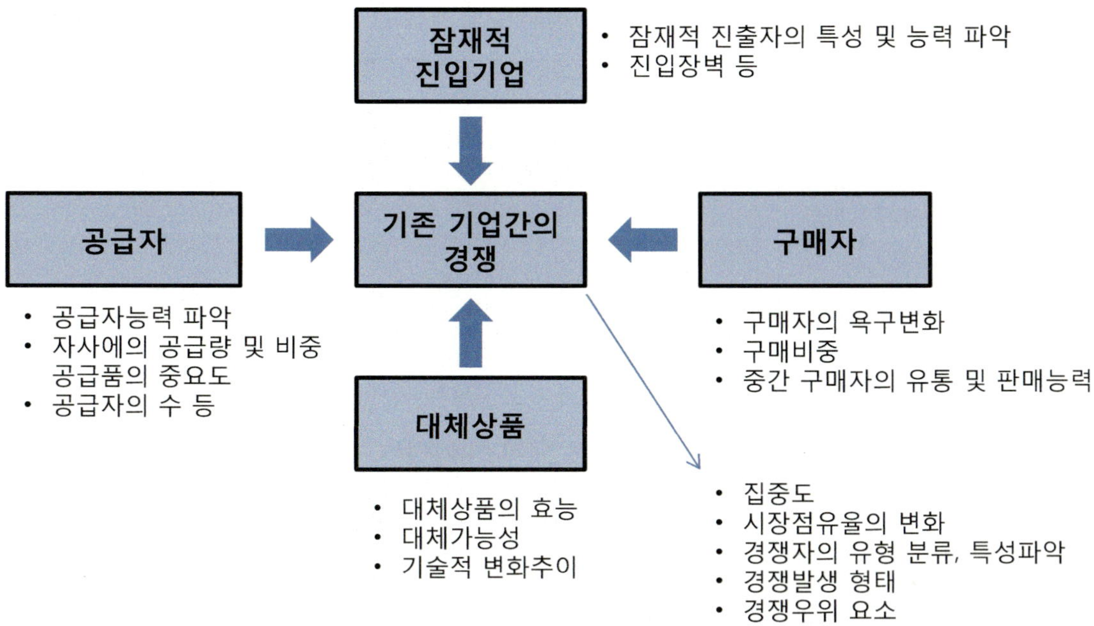

SWOT 분석

❖ **SWOT(Strength – Weaknesses – Opportunities – Threats) 분석은 산업 수준에서 사업성공 요인을 추출해 내는 과정**

외부환경 분석 내부환경 분석		기회요인(Opportunities)	위협요인(Threats)
		- 해외시장 점차 확대 - 해외시장 진출 증대 - 산업용시장 확대	- 생산 CAPA열세 - 해외 생산업체의 국내진출 가능성 - 고급제품에 대한 R&D투자 필요성 증가
강점 Strength	- 안정된 거래처 - 건전한 재무구조 - 우수한 제품개발능력	[SO] - 안정적 재무구조 유지 - 일본시장 진출 - 해외시장 진출 - 수출확대	[ST] - 국내업체와 전략적 제휴
약점 Weakness	- 시장수요 대응능력 미흡 - 특수용 제품생산기술력 부족 - 전문기술인력 부족	[WO] - 생산성 향상 - 해외 마케팅 역량 강화 - 제품 다각화	[WT] - 조직 재구축 - 신기술 도입 - 전략적 제휴 - 제품 차별화

창투사 이해하기

사업성평가 時 핵심체크사항

대분류	소분류	검토사항
제품(서비스)의 상품성 및 수익성	제품의 Needs가 있는가	아직은 없지만 곧 필요한 것인지 기존의 문제점 여부
	개발 가능한가	사업모델의 타당성(Win-Win) 기술진이 기술력 충분 여부 예정시간 내 개발가능한가 자금한도 내 개발가능한가
	개발 후 시장성 있는가	시장의 특성에 맞는가 시장의 크기, 성장성 충분여부 경쟁제품과 비교우위 성공의 핵심이 제품이 중요한 지 시장개척의 예상 애로사항 경쟁제품 및 대체제
경영진 및 기술진	유능한가	경험, 평판, 기술력 검증되었는가 책임과 권한, 권한위양 확립여부
	신뢰성 있는가	과거 경력상 문제여부 회사운영의 건전성(금전, 의사결정, 도덕성, 적법성) 리더쉽 증자History 적절한 지분율 유지여부 스톡옵션 부여 또는 우리사주 민사제도의 공저성 성과금 제도

사업성평가 時 핵심체크사항

대분류	소분류	검토사항
재무성과	필요자금	초기 필요자금 vs 리스크 필요자금의 적정성
	예상 재무제표	원가구조 제품별 매출액 합계에 의한 예상매출 매출시현 소요시간 예상 손익계산서 및 대차대조표
	향후 자금조달 일정	주요 Milestone의 파악 Milestone까지 필요자금 및 조달방법 외부 증자계획의 적합성
기타	재무적 우발채무	관계회사, 관련회사 유무 지급보증, 이전가격 문제 환 리스크 등
	법적 리스크	사업성격상의 법적, 정서적 리스크 소송리스크
투자조건	회수시기	코스닥 예상등록 시기
	회수방법	코스닥 이외의 회수 가능성
	예상수익률	회수 시 시황, 유사기업 주가 공모 시 예상 시가총액, 공모가 증자, 스톡옵션 등의 dilution 회수 예상주당 가격 및 수익률

창투사 이해하기

일반적 창투사 평가방법

❖ 본질가치와 동종업계의 PER를 통한 수익률 및 주가결정

- 발행주식수, 동종유사회사의 PER, IPO시점 등을 전제로 한 가치산정

미래 재무제표 추정	향후 2~3년간의 추정 재무제표 산출
본질가치평가	자산가치와 수익가치를 통한 본질가치 평가
유사회사 비교분석	경쟁사 및 동종 공개기업의 주가분석을 통한 적정 PER 도출
수익률 평가	IPO를 통한 자금회수를 전제로 수익률 평가
투자배수 조절	투자희망기업의 투자배수와 창투사의 수익률 조정

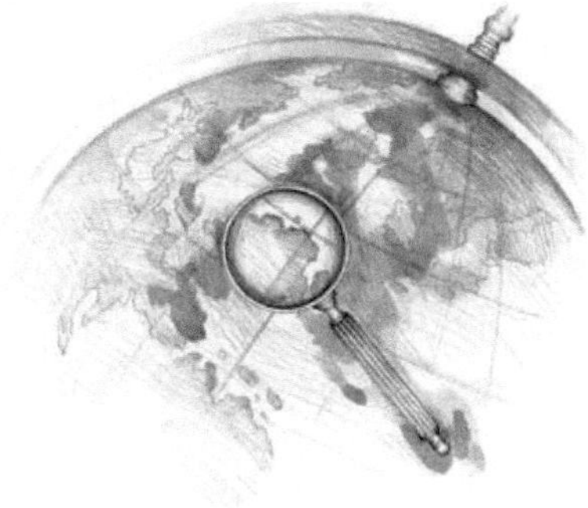

Chapter 8. 기술가치평가

Chapter 8. 기술가치평가

시장접근법	수익접근법	원가(비용)접근법
거래사례비교법 경매(Auctions) 로열티공제법 (Relief from Royalty)	기술요소법 로열티공제법 다기간 초과수익법 (Multi-Period Excess Earning) 증분수익법 (Incremental Income Method) 실물옵션 등	역사적원가법 대체원가법 재생산원가법

- **평가목적, 대상기술, 평가 상황** 등에 따라 평가방법을 선택

국내 기술가치평가모형 개발 및 사용 동향

□ 국내에서는 수익접근법이 가장 많이 사용되고 로얄티공제법 사용도 증가 추세

□ 국내 기술가치평가 모델 개발 동향

- ➢ 국내에서는 기술가치평가모형을 기반으로 IP가치평가모형도 개별적으로 개발
- ➢ 현재까지 IP와 기술을 별도로 구분하지 않고 대부분 기술가치평가모형을 통해 IP의 가치를 산정
- ➢ 핵심 변수인 합리적인 로열티율은 동일 또는 유사 거래사례를 활용하는 것이 가장 바람직하지만, 현재까지 적용사례 등이 충분히 구축되지 못하여 오래된 자료나 대분류 업종의 자료를 사용
- ➢ 한국발명진흥회에서 IP 담보대출용 로열티공제법 기반의 IP가치평가모형을 개발
- ➢ 한국산업기술진흥원에서 2013년 "시장접근법 기반의 기술가치평가모형 개선" 연구를 통해 업종별 영업이익율을 업종별 로얄티율의 대용변수로 산출
- ➢ 기술보증기금에서도 실무가이드의 로얄티공제법을 일부 수정하여 사용

기술가치평가

기술가치평가 과정에서의 역할 분담

□ PM(Project Manager)

- 기술 전문가(기술사 또는 공학박사)
- 권리 전문가(변리사)
- 시장 전문가
- 사업성 및 valuation 전문가

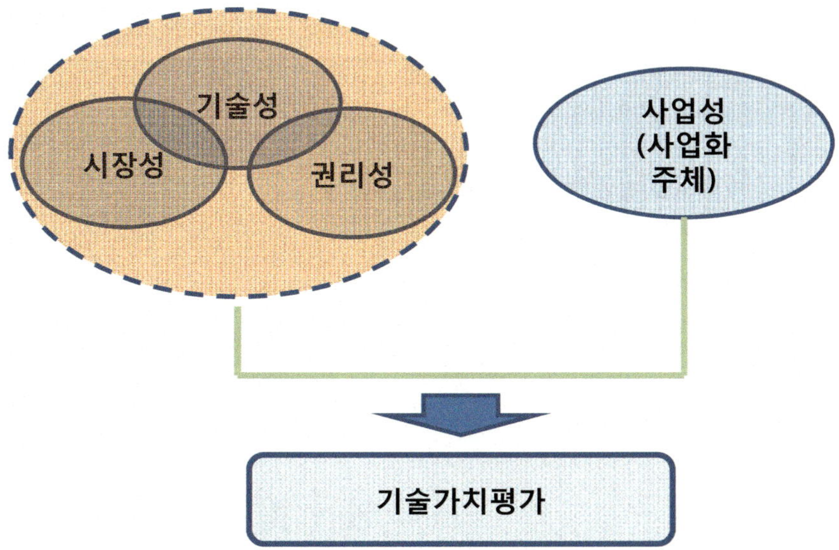

1. 시장접근법(거래사례비교법)

가. 전제조건

- 비교가능한 자산을 포함한 활성시장 존재
- 비교가능한 자산의 과거 거래 존재
- 자산거래 관련 정보 접근 가능
- 사례로 사용하는 거래는 독립된 주체간의 거래
- 동일업종 또는 유사업종
- 수익성, 시장점유율, 신기술의 영향, 시장 신규참여에 대한 장벽, 법의 보호범위, 경제적 잔존기간 등의 조건 유사

나. 한계

- 평가대상기술에 관해 필요한 정보 및 충분한 시장자료를 얻기 어렵고 신기술인 경우 매매사례나 비교가능성이 없는 경우가 대부분(비교가능성의 문제 상존)

기술가치평가

1. 시장접근법(거래사례비교법)

다. 평가절차(흐름도)

동일 또는 유사기술 등 비교 가능한 기술거래사례 조사
(기술 유형, 기술 활용, 산업 적용분야, 기술거래 시점 등 조사)

↓

공정한 거래에 의한 실제 기술거래 여부 확인 및 신뢰성 검증

↓

비교대상 분석항목, 비교분석방법 적용
(비교 분석항목 등을 활용한 평점평가법 적용)

↓

비교대상기술의 매매 또는 라이선스 거래와 대상기술의 거래조건 비교

↓

라이선스 가격을 조정 또는 미래의 매매 또는 라이선스 거래가격 추정
(단일 추정치 또는 범위 추정치 제시)

2. 원가접근법

가. 원가접근법의 개요

- 의미 : 평가기준일 현재 평가대상기술과 동일한 경제적 수익을 얻을 수 있는 기술을 얻는데 소요되는 재생산 비용 또는 동일한 효능을 갖는 것으로 대체하는데 소요되는 비용으로부터 가치를 산출
- 기술도입자가 동일한 기술 또는 동일한 가치를 가지는 기술을 개발비용보다 더 많이 지불하고 기술을 도입하지 않는다는 것에 근거함
- 많은 대체기술이 있거나 미성숙된 기술가치에 주로 사용

기술가치평가

2. 원가접근법

나. 평가절차(흐름도)

구분	기존방법	추천방법
역사적 원가법	과거 투입비용 항목	항목구분 내역은 그대로 인정
	과거 투입비용 금액	대상기술을 재생산하기 위해 평가시점에 제반 비용항목을 재투입한다고 가정할 경우 소요 예상되는 금액. 단, 특정 비용항목이 과거에는 투입되었으나 평가시점의 연구개발단계에서는 투입되지 않은 상황으로 변경되었을 경우는 평가시점에 대체 투입되는 항목을 기준으로 비용금액 산정
재생산 원가법	평가시점에 재생산할 경우 투입예상비용	상기와 동일기준 적용
감가상각된 대체원가법	물리적 감소	유형자산의 경우만 인정. 무형의 기술은 불인정
	기능적 진부화	대체기술의 등장에 기인한 수요 감소로 환산
	경제적 진부화	경제적 진부화가 기능적 진부화의 연장선상에서 이루어진다는 가정하에 상기와 동일한 기준 적용

2. 원가접근법

다. 사례

- 사례 1 : 가장 단순하게는 (취득가액 – 상각누계액) = 기술가치(장부가액)
- 사례 2 : 표준적인 원가접근법은 역사적 원가법, 재생산원가법, 감가상각된 대체원가법의 취지를 결합하여 단일화

① 재생산 가정 하에 과거의 생산요소 투입항목은 그대로 유지

② 생산요소의 단위비용은 평가시점 기준으로 재조정

③ 최종적으로 합산된 비용가치에 시장수요의 변동에 따른 가치변동분을 가산 또는 차감

- ➢ 과거 투입비용을 얻기 어려워 유사한 연구과제들의 연구개발비용으로부터 관련 기술들의 연구개발비용을 추정
- ➢ 최근 우리나라에서 이뤄진 AAA 관련 과제들의 연구개발비용을 통해 평가대상기술의 가치를 산정(10개 연구과제의 평균 연구개발비 55백만원)

기술가치평가

3. 로얄티공제법

가. 로얄티공제법의 개요

- 사업화 주체가 기술을 보유함으로 인해 사업을 위해 제3자로부터 기술을 라이선스 받을 때 지불하여야 하는 로열티를 부담하지 않음으로써 절감된 로열티 지불액을 추정하여 현재가치로 환산하는 방법
- 대상기술과 비교할 만한 투자위험과 수익성을 가지는 라이선스 거래를 선택하여 그 로열티율을 반영
- 아래와 같은 조건들을 고려하여 라이선스 계약조건을 평가
    - ➢ 기준이 되는 라이선스 재산의 법적 권리에 관한 기술내용
    - ➢ 기준이 되는 무형자산의 유지에 요구되는 기술내용(즉, 제품광고, 제품 향상, 품질관리 등)
    - ➢ 기준이 되는 라이선스 계약의 유효일
    - ➢ 기준이 되는 라이선스 계약의 만료일
    - ➢ 기준이 되는 라이선스 계약의 독점성 정도

3. 로얄티공제법

나. 평가절차

기술의 경제적 가치 보유 여부분석
(기술성, 시장성 및 사업성 분석)

↓

기술과 거래된 유사한 기술 라이선스 계약 조사

↓

업계현황, 관련 시장의 현황, 향후 시장의 전망 등 평가

↓

기술의 경제적 내용연수, 매출, 로열티율 등 추정

↓

할인율(자본화율)추정 및 최종 기술가치금액 산정

■ **기술가치 = (매출액 × 유사 비교기술의 세후 로열티율)의 현재가치 × 조정계수**

기술가치평가

3. 로얄티공제법

다. 로얄티율 및 조정계수

- 로얄티율 = 기준율 x 증감율 x 이용율 x 개척율(일본 경제통산성)
- 기준율 : 매출액 기준 로얄티율(Royalty Source, 기술거래소 등)
- 이용율 : 제품을 구성하는 전체 기술에서 해당특허가 차지하는 비율

  특허 1개로 제품을 구성하는 경우에는 100%
- 증감율 : 특허기술의 특성을 기술, 권리, 시장, 사업적 측면에서 고려하여 결정
- 개척율 : 제품화에 투자되는 자금의 규모 등을 고려하여 결정

로얄티공제법의 핵심 평가변수

평가변수	내용
로얄티율	거래사례 DB 업종별 로얄티율
기술의 경제적 수명	실무가이드의 TCT 자료 다수특허의 경우 가중평균 기준
할인율	산업부 업종별 할인율 DB 중진공의 할인율 DB
조정계수	기술성, 권리성, 시장성, 사업성을 고려한 지표 증감율, 이용율, 개척율 등을 이용한 지표
매출액	업종별, 자산 규모별, 매출액 규모별 매출액 성장 가이드라인 제시

기술가치평가

로얄티율 DB

- 로얄티율 적용의 우선순위

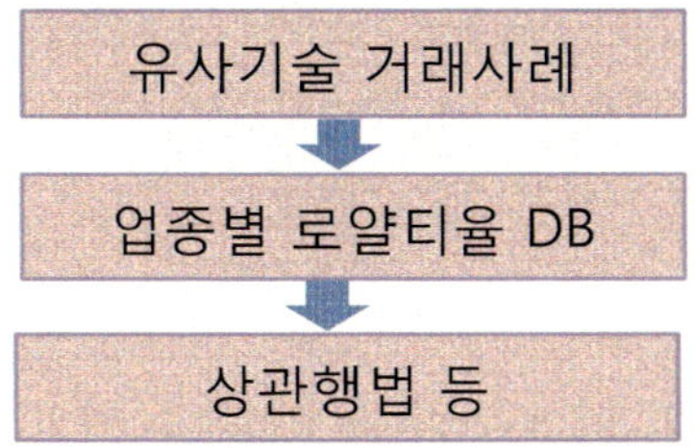

- 거래사례 (개별 거례사례, 업종별 평균 등)
- 거래사례가 충분히 많지 않을 경우 상관행법(the Rule of Thumb)도 고려
  - ➢ 상관행법이란 관행적으로 대상기술을 사용하여 창출된 기대이익의 25%를 로열티로 설정하는 방법
  - ➢ 라이선스 협상과정에서 가능한 로열티를 산출할 때 실무적으로 사용되고 있는 비율

업종별 로얄티율 사례

- 한국기술거래소(2005), 한국산업기술진흥원(2013년) 의 시장접근법 연구를 통한 로얄티율
- AUS Consultants(2003)의 업종별 경상로얄티
- Royalty Source(2007)의 업종별 경상로얄티
- Les Nouvells의 업종별 경상로열티

조정계수

- 조정계수의 목적
  - ➢ 거래사례 및 업종 평균 로얄티율을 사용하는 경우 대상기술과 비교기술의 차이를 설명할 수 있는 핵심 영향요인이 필요
  - ➢ 조정계수는 동종 기술분야에서 라이선스된 평균적 기술과 비교하여, 대상 특허기술의 상대적 우수성 정도를 판단하여 로얄티율을 조정하는 지표
- 라이선스된 평균 기술의 로열티와 영향요인 분석 결과를 결합하여 합리적인 로열티를 추정
- 한국발명진흥회 및 대한변리사회 등의 모델에서는 증감율이 가장 관련성이 높음

- 기술성, 권리성, 시장성, 사업성 등을 반영한 조정지표 설정
- 조정계수 설정
  - ➢ 기존 문헌 및 기술평가기관의 조정지표 검토
  - ➢ NEUSTEL LAW OFFICE의 특허기술 평가표
  - ➢ Georgia-Pacific Factor의 평가지표
  - ➢ 전문가 협의 (AHP 활용)

기술가치평가

로얄티율 및 조정계수 - 기준율 사례

구분	로열티(매출액 대비)			표본수
	최저	중앙값	최고	
화학	0.5	3.6	25.0	72
인터넷	0.3	7.5	40.0	47
통신	0.4	4.7	25.0	63
소비재	0.0	5.0	17.0	90
미디어.연예	2.0	8.0	50.0	19
식품	0.3	2.8	7.0	32
의료.건강제품	0.1	4.8	77.0	280
의약.생명공학	0.1	5.1	40.0	328
에너지.환경	0.5	5.0	20.0	86
기계/도구	0.5	4.5	25.0	84
자동차	1.0	4.0	15.0	35
전기.전자	0.5	4.0	15.0	132
반도체	0.0	3.2	30.0	78
컴퓨터	0.2	4.0	15.0	68
소프트웨어	0.0	6.8	70.0	119
전체	0.0	4.5	77.7	1533

구분	자료수	최소	Q1	중앙값	Q3	최대	평균	왜도
식료품 제조업	15	1.00	2.00	3.50	10.00	70.00	13.53	2.03
화학물질 및 화학제품 제조업; 의약품 제외	17	1.00	2.00	3.00	5.00	50.00	6.68	3.66
의료용 물질 및 의약품 제조업	15	1.00	1.50	3.00	5.00	40.00	5.40	3.68
비금속 광물제품 제조업	17	1.00	2.00	3.00	3.00	5.00	2.79	0.89
금속가공제품 제조업; 기계 및 가구 제외	14	1.00	3.00	3.25	10.00	25.00	6.46	2.12
전자부품, 컴퓨터, 영상, 음향 및 통신장비 제조업	77	0.10	2.00	3.00	3.00	65.00	3.66	8.28
의료, 정밀, 광학기기 및 시계 제조업	37	0.50	2.00	3.00	3.50	10.00	3.41	1.69
전기장비 제조업	38	1.00	2.00	3.00	3.00	10.00	3.21	2.10
기타 기계 및 장비 제조업	37	1.50	3.00	3.00	5.00	10.00	3.57	1.35
하수·폐기물처리, 원료재생 및 환경복원업	18	2.00	3.00	5.00	5.00	10.00	4.89	0.92
건설업	36	0.05	1.50	3.00	5.25	50.00	4.99	5.17
출판, 영상, 방송통신 및 정보서비스업	142	0.20	2.00	3.00	4.88	45.00	4.58	4.40

로얄티율 영향요인(KISTI)

평가항목		평가지표	결과
권리적 속성	권리강도	제품범위 : 적용제품 또는 업종범위,지 역범위: 특허패밀리 수, PCT, 삼극특허	2
	권리안정성	선행기술여부, 권리무효가능성	4
	침해대응용이성	침해확인용이성, 모방용이성, 회피가능성	2
	라이선스우위성	추가개발비용, 로열티형태, 잠재수요자, 로열티조건	3
기술적 속성	기술완성도	상업화단계, 기술성숙도(TRL), 경제적수명, 잔존권리기간	3
	기술혁신성	독창성, 차별적기능, 효율성, 응용성, 특허의유형(표준특허, 원천특허, 공정특허 등)	3
	기술경쟁성	경쟁기술 수, 대체기술 여부	2
시장적 속성	수익성	업종대비 영업이익률	4
	수요 부합성	기술동향-사업전략부합성, 진흥/억제, 인프라유무, 성장률	4
	시장경쟁성	경쟁기업의 수, 제품경쟁우 위성	4
합계			**31**

기술가치평가

한국산업기술진흥원(KIAT)의 로열티 공제법

- 기술의 가치 = (유사 비교기술의 세후 로열티율 × 매출액)의 현재가치 × 조정계수
- 조정계수(로열티 영향요인(안)) : 10개 항목
  - ➢ 권리적 속성 : 권리강도, 권리안정성, 침해대응 용이성, 라이선스 우위성
  - ➢ 기술적 속성 : 기술완성도, 기술혁신성, 기술경쟁성
  - ➢ 시장적 속성 : 수익성, 수요부합성, 시장경쟁성
- 로얄티율 : $R = Y_L + (Y_U - Y_L) \times \frac{(X - 20)}{(50 - 20)}$

Y_L : 업종별 거래사례, 상장기업과 비상장기업 상관행법, 전문가 관점 등에서 설정된 로열티 범위 하한

Y_U : 로열티 범위 하한

X : 영향요인 평가 값

- Y_L = 2.0%, Y_U = 4.2%, X=70이라면 로얄티율 = 2.0% + (4.2%-2.0%) * (1.67) = 5.7%
- Y_L = 2.0%, Y_U = 4.2%, X=40이라면 로얄티율 = 2.0% + (4.2%-2.0%) * (0.67) = 3.5%

평가사례

기준 로얄티율	상한값	하한값	조정계수	적정 로얄티율
3.00%	3.50%	2.50%	31	2.55% = 2.50 + (3.50-2.50) *(31-20)/(50-20)

구분	2015년	2016년	2017년	2018년	2019년	2020년
매출액	-	-	272	806	2,385	3,370
적정로얄티율	2.55%					
로얄티수입	-	-	7	21	61	86
세후 로열티 수입	-	-	7	21	61	86
현가계수	0.8437	0.7118	0.6005	0.5067	0.4275	0.3606
현재가치	-	-	4	10	26	31
현재가치의 합계	**72**					

기술가치평가

수익접근법

- 평가대상기술이 미래에 창출할 것으로 예상되는 경제적 이익에 초점을 두고 이를 현재가치로 환산하는 방법
- 평가대상기술에 대한 미래의 경제적 이익, 예상 수익기간, 소요자본, 원가분석, 할인율의 추정 등이 필요
- 수익의 종류
  - ➢ 신제품 개발에 의한 신규매출로 얻은 수익
  - ➢ 기존제품에 대한 개량기술 개발로 인해 발생한 매출증가로 얻은 수익
  - ➢ 신기술로 제조비용이 감소하여 얻은 수익

$$\text{기술의 가치} = \sum_{t=1}^{n} \frac{CF_t}{(1+r)^t} * \text{기술기여도}$$

현금흐름 (CF_t)

할인율 (r)

현금흐름 추정기간 또는 기술의 수명 (n)

기술가치평가

수익접근법

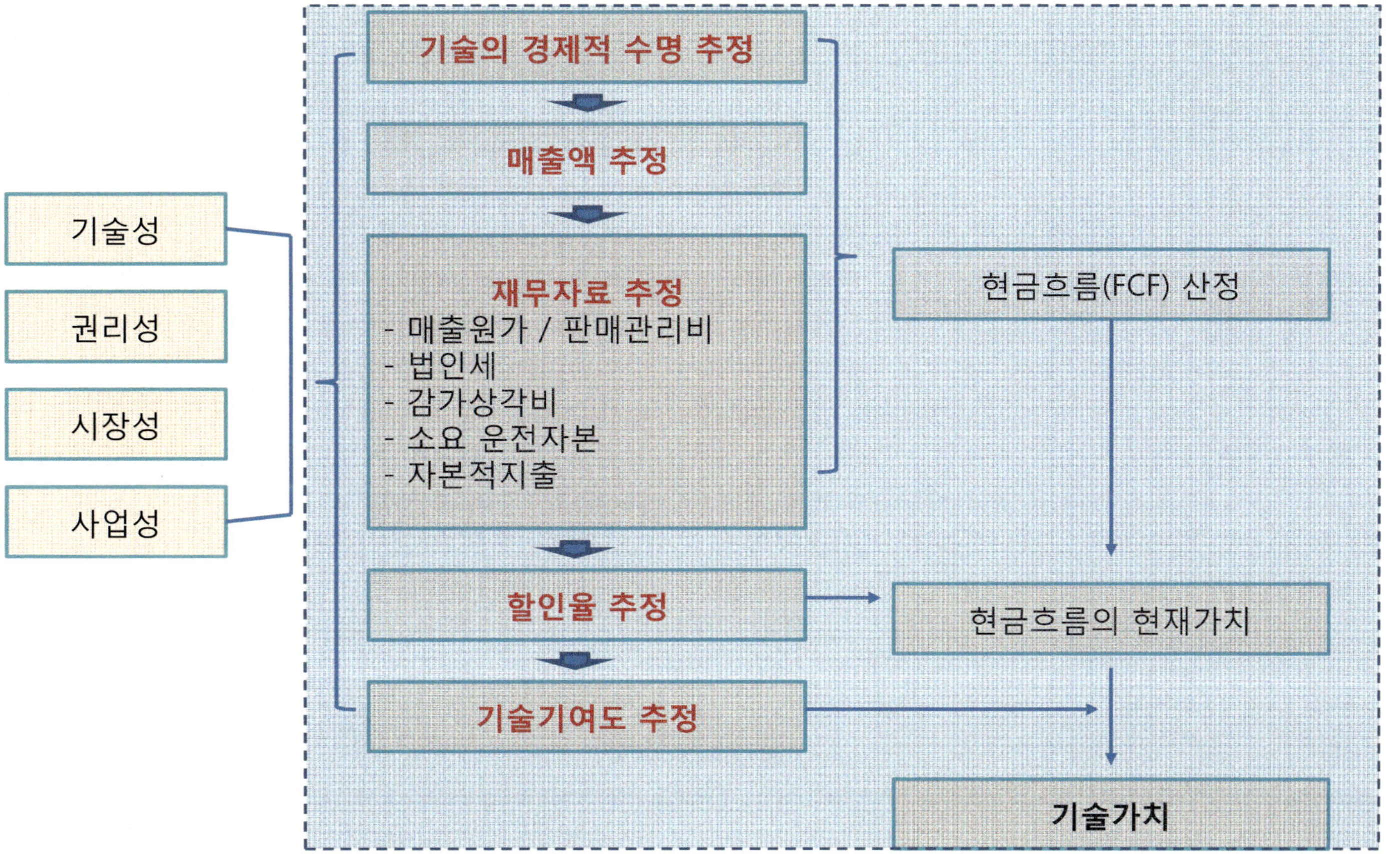

기술가치평가

수익접근법

가. 기술의 경제적 수명

1) 의미
- 특정 기술자산을 이용한 사업이 경쟁우위를 확보할 수 있는 기간
- 기술의 수명은 기술의 수명에 부정적 영향을 미치는 요인들이 발생하여 기술이 시장에서 경쟁우위를 잃게 되는 미래의 평균시점까지의 기간
- 기술의 법적 보호기간, 내용년수 뿐만 아니라 제반 환경요인을 고려하여 결정

2) 목적 : 현금흐름 추정기간 결정

3) 추정방식
- 특허인용수명 지수(Technology Cycle Time: TCT)을 기초로 추정

* TCT란 당해 특허의 등록년도와 그것이 인용하고 있는 특허(backward citation)들의 등록년도 간의 기간을 산출한 것으로 당해 특허기술이 속한 기술군의 변화속도를 알 수 있음

① 기술수명 영향요인에 의한 정량화 모델 I
② 기술수명 영향요인에 의한 정량화 모델 II

- TCT 외에 기술의 로드맵, 생존분석을 통한 기술의 잔존수명 추정, 전문가 합의방식 등 다양한 방식 활용 가능
- 보고서에 기술수명 추정과정을 상세히 기재

수익접근법

대상기술 : 태양광발전제어장치

- 특허권의 잔존 권리기간 15년, 사업화기간 2년
- 영향요인 획득값 61.5일 경우
- 경제적 수명 = 7년+(14년-7년)*(61.5-60)/(100-60) = 7년
- 수익추정기간 : 특허권의 잔존 권리기간 15년이므로 수익추정기간 = 7년
- 현금흐름 추정기간 : 사업화기간 2년 + 7년 = 9년

IPC	기술명	평균	Q1	중앙값(Q2)	Q3
D01D 5/00	Electrical transmission or interconnection systems	9.9	4	7	14

대상기술 : 목재 처리 염료

- Q1(5년), Q2(11년), Q3(21년), 특허권의 잔존 권리기간 16년, 사업화기간 1년
- 영향요인 획득값 64.4일 경우
- 경제적 수명 = 11년+(21년-11년)*(64.4-60)/(100-60) = 12 년
- 수익추정기간 : 특허권의 잔존 권리기간 16년이므로 수익추정기간 = 12년
- 현금흐름 추정기간 : 사업화기간 1년 + 12년 = 13년

IPC	기술명	평균	Q1	중앙값(Q2)	Q3
B27K 3/08	Chemistry of inorganic compounds	15.6	5	11	21

기술가치평가

수익접근법

나. 현금흐름

- 현금흐름은 총 현금유입에서 총 현금유출을 차감한 순 현금유입으로 기업이 영업활동을 유지 또는 확대하면서도 자유롭게 사용이 가능한 현금을 의미
- 현금흐름할인법(DCF, Discounted Cash Flow Method)에서 기술가치를 구하기 위한 기본금액

$$기술의\ 가치 = \sum_{t=1}^{n} \frac{CF_t}{(1+r)^t} * 기술기여도$$

- CF_t: 현금흐름
- r: 할인율
- n: 현금흐름 추정기간 또는 기술의 수명

현금흐름 = 세후 영업이익(매출액 - 매출원가 - 판관비 - 법인세)
+ 감가상각비 - 자본적 지출 - 순 운전자본 증감

수익접근법

1) 매출액 추정

□ 매출액 추정방법

① 평가대상기술 제품이 사업화된 경우 과거 실적 및 전망을 토대로 직접 추정

② 평가대상기술 제품과 유사한 제품을 사업화하고 있는 기업의 자료를 참고로 추정

- 매출액, 시장점유율 등 참조 : 동업종 평균비율

③ 시정점유율에 의한 매출액 추정

- 시장규모는 '시장성 분석'에서 국내외 시장추이 및 수요전망 등을 통해 전망

- 예상 시장점유율은 시장 현황(경쟁상황, 시장구조 등)과 기업의 사업화 능력 및 계획을 토대로 추정

- 추정매출액 = 목표시장의 규모 * 예상 시장점유율

기술가치평가

수익접근법

□ 과거 실적 및 전망을 통한 매출액 추정 사례

과거실적	2010	2011	2012	2013	연평균 성장율
국내시장(백만원)	650	754	911	1400	29.1%
해외시장(백만원)	120	250	270	380	46.8%
합계	770	1004	1181	1780	32.2%

- 추정결과(동일한 성장율, 50% 성장율 적용)

추정매출액	2014	2015	2016	2017	2018
국내시장(백만원)	1,808	2,335	2,335	3,015	3,015
해외시장(백만원)	558	712	819	1,012	1,203
합계	2,366	2,337	3,154	3,019	4,219

추정매출액	2014	2015	2016	2017	2018
국내시장(백만원)	1,604	1,838	2,106	2,412	2,764
해외시장(백만원)	469	579	714	882	1,088
합계	2,067	2,400	2,786	3,235	3,757

수익접근법

□ 유사기업의 매출액 또는 시장점유율에 의한 매출액 추정 사례

구분	사업1차년	사업2차년	사업3차년	사업4차년	연평균 성장율
유사기업A	1280	2581	2371	3592	1.411
유사기업B	2954	2120	3260	2780	0.980
유사기업C	3500	4877	6200	6700	1.242
평균	2,578	3,193	3,944	4,357	1.211

- 유사기업의 사업초기에서 4~5년까지의 매출액 참조
- 평균 또는 대표기업 자료 사용
- 목표시장의 규모 및 유사기업의 시장점유율을 통해 향후 평가대상기술 제품의 시장점유율 추정
- 초기 매출액을 어떻게 설정할 것인가?
- 매출액 성장율을 어떻게 설정할 것인가? 단기, 중기, 장기에 걸쳐 매출액 성장율을 어떻게 설정할 것인가? (동일하게, 체증적으로, 체감적으로....) : 제품수명주기와 연계
- 얼마만큼의 시장을 점유할 수 있을 것인가?

기술가치평가

수익접근법

2) 매출원가 및 판매관리비 추정

□ 매출원가 및 판매관리비 추정원칙

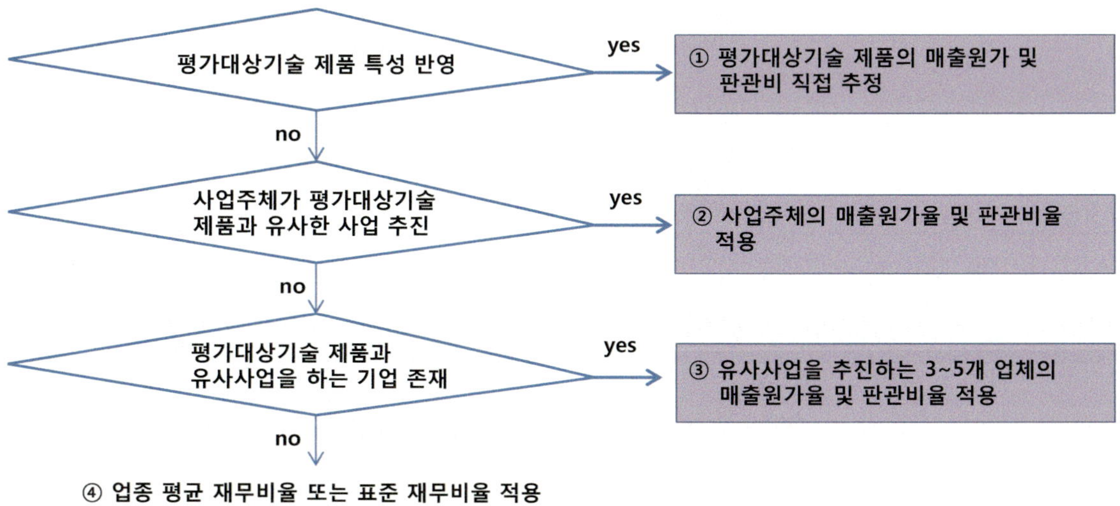

수익접근법

3) 법인세

□ 2013년말 기준 영업이익 2억원 미만 10%, 2억원~200억원 미만 20%, 200억원 이상 22%

- 법인세율의 10%에 해당하는 주민세

과세 표준 영업이익	세율	비고
2억원 이하	10%	과세표준의 10%
2억원~200억원 이하	20%	2천만원 + (2억원을 초과하는 금액의 20%)
200억원 이상	22%	39억 8천만원 + (200억원을 초과하는 금액의 22%)

기술가치평가

수익접근법

4) 자본적 지출

- 영업활동에 필요한 유형 및 무형자산에 대한 투자액
- 유형자산 : 토지, 건물, 기계장치, 비품, 구축물 등
- 무형자산 : 영업권, 산업재산권, 라이선스와 프랜차이즈, 저작권, 소프트웨어, 개발비, 임차권리금, 광업권 및 어업권 등
- 기술제품의 시장규모 및 기업의 시장점유율, 공급시기, 기업의 생산능력, 기술의 경제적 수명 등을 고려하여 결정

- **직접추정이 원칙**
- 직접추정이 어려울 경우,

자본적 지출$_t$ = (유형자산$_t$ - 유형자산$_{t-1}$) + (무형자산$_t$ - 무형자산$_{t-1}$) + 감가상각비$_t$

또는 자본적 지출$_t$ = (추정매출액$_t$ - 추정매출액$_{t-1}$)/유형자산회전율$_t$ + 감가상각비$_t$

수익접근법

5) 감가상각비

- 감가상각비는 손익계산서상의 비용(제조원가, 판매관리비)
- 실제 현금으로 유출되지 않지만 비용으로 처리되어 영업이익을 감소시킴
- 따라서 현금흐름인 초과이익을 산정할 경우에는 유무형자산의 감가상각비를 다시 가산하여야 함

◦ 정액법 : (취득원가 - 잔존가약)/내용연수
◦ 정률법 : 장부가액 × 상각률
여기서, 장부가액 = 취득원가 - 감가상각 누계액,

$$상각률 = 1-\sqrt[n]{\frac{잔존가액}{취득원가}}$$, 여기서 n은 감가상각계산의 횟수

* 표준 재무비율을 사용하는 경우의 감가상각비 추정

감가상각비(판관비)/매출액 비율	0.14%
무형자산상각비(판관비)/매출액 비율	0.03%
감가상각비(경비)/매출액 비율	2.92%
감가상각비등/매출액 비율	3.10%

기술가치평가

수익접근법

6) 순 운전자본 증감액

- 운전자본(WC; Working Capital)은 매출채권, 재고자산, 매입채무 등 영업 활동과정에서 발생하는 채권, 채무 등으로 현금흐름 계산에서 매출채권, 재고자산 등은 차감하고, 매입채무, 미지급금 등은 가산함.
- 순 운전자본 증감 = (추정매출액$_t$ - 추정매출액$_{t-1}$) × 운전자본 소요율

$$운전자본소요율 = \frac{1}{매출채권회전율} + \frac{1}{재고자산회전율} - \frac{1}{매입채무회전율}$$

= (매출채권 + 재고자산 - 매입채무) / 매출액

= (매출채권 회전기간 + 재고자산 회전기간 - 매입채무 회전기간)/365

- 운전자본 소요율 계산 예시

구분	회전율	회전기간(365일 기준)	운전자본소요율
매출채권	4.0	91.25	0.225
재고자산	10.0	36.50	
매입채무	8.0	45.63	

구분	2010	2011	2012	평균
재고자산회전율	17.76%	26.74%	16.06%	20.18%
매출채권회전율	33.00%	21.45%	20.48%	24.98%
매입채무회전율	42.22%	47.99%	56.34%	48.85%
운전자본 소요율	6.29%	6.32%	9.34%	7.32%

수익접근법

7) 투자액 회수

- 현금흐름 추정기간 동안 투자되었던 금액의 회수
- 자본적 지출 중 감가상각 후의 잔액과 운전자본 증감 누계액은 현금흐름 추정 마지막 년도에 회수함
- 그러나 가치금액이 과대평가될 수 있으므로 전액회수를 기준으로 평가자가 합리적으로 조정
- 유형자산은 회계적 감가상각 후 잔액을 전액 회수한다고 가정하며, 감가상각 후의 유형자산이 판매될 수 있는 경우에는 시장가액을 예측하여 조정할 수 있음
- 무형자산은 거래가능성이 낮기 때문에 회수액이 없는 것으로 가정할 수 있으며, 각종 허가권, 면허권 등은 평가시점의 시장가격을 최종 추정년도의 회수액으로 할 수 있음

투자액 회수 = (자본적지출 누계액 – 감가상각비 누계액) + 운전자본 증감 누계액

기술가치평가

수익접근법

- **현금흐름 예시**

구분	1차년도	2차년도	·	·	n차년도 (최종년도)	내용
세후영업이익(A)	401	524	-	-	1,182	영업이익율×(1-법인세율)
감가상각비등(B)	10	13	-	-	30	직접 추정
자본적 지출 (C)	8	19	-	-	28	직접 추정
운전자본 증감(D)	(14)	31	-	-	(9)	당기와 전기의 매출차액에 운전자본소요율을 곱하여 산출
투자액 회수(E)	-	-	-	-	395	투하자본(C+D) 총액에 감가상각비 총액을 차감하여 산출
현금흐름(F)	401	472	-	-	1,581	현금흐름(F)=A+B-C-D+E

수익접근법

다. 할인율

- 기술가치평가의 할인율은 미래의 현금흐름을 현재가치로 전환할 때 사용되는 환원율로서 기술사업과 연관된 사업위험을 정량화한 것이기 때문에 대상기술의 사업위험을 분석한 결과가 할인율에 반영되어야 함.
- 기업가치평가의 할인율로 사용되는 가중평균자본비용(WACC)은 자기자본비용과 타인자본비용의 가중평균으로 구성되고, 기업의 전반적인 영업활동(다수의 제품과 서비스)으로 인한 다양한 위험수준을 반영한 것임
- 상장기업의 WACC은 자본시장에서 수집된 최근 시계열 정보에 의하여 산출이 가능하나, 중소기업의 경우 WACC 산출이 불가능하므로 대용 값을 사용함

$$\text{할인율} = WACC = [k_d \times (1-\tau) \times (\frac{D}{E+D}) + k_e \times (\frac{E}{E+D})]$$

- kd : 타인자본비용, ke : 자기자본비용
- R : 한계법인 소득세율
- E : 목표자기자본, D : 부채
- D/(E+D) : 목표 타인자본구성비
- E/(E+D) : 목표 자기자본구성비

기술가치평가

수익접근법

산업		자기자본비용						자기자본비율(비상장)	세전 타인자본비용*				
		상장 CAPM	비상장기업 규모프리미엄				기술사업화 위험프리미엄		상장	대	중	소	창업
			대	중	소	창업							
A	01	10.96	1.15	2.37	3.81	5.80		72.59	3.13	6.66	8.02	9.47	13.27
A	02	10.96	1.15	2.37	3.81	5.80		58.57	3.13	6.66	8.02	9.47	13.27
A	03	10.96	1.15	2.37	3.81	5.80		63.52	1.53	5.06	6.42	7.87	11.67
B	05	10.96	1.15	2.37	3.81	5.80		14.13	3.13	6.66	8.02	9.47	13.27
B	06	10.96	1.15	2.37	3.81	5.80		58.57	3.13	6.66	8.02	9.47	13.27
B	07	10.96	1.15	2.37	3.81	5.80		60.59	3.13	6.66	8.02	9.47	13.27
B	08	10.96	1.15	2.37	3.81	5.80		58.57	3.13	6.66	8.02	9.47	13.27
C	10	9.05	0.80	1.66	2.66	4.05		71.75	2.44	5.97	7.33	8.77	12.57
C	11	10.96	1.15	2.37	3.81	5.80		61.23	2.13	5.66	7.02	8.47	12.27
C	13	7.90	1.02	2.12	3.40	5.18		67.40	2.75	6.28	7.64	9.08	12.88
C	14	9.98	1.19	2.46	3.94	6.00		77.07	4.24	7.77	9.13	10.57	14.37
C	15	10.96	1.15	2.37	3.81	5.80		67.61	4.25	7.78	9.14	10.59	14.39
C	16	10.96	1.15	2.37	3.81	5.80		62.23	3.13	6.66	8.02	9.47	13.27
C	17	8.04	0.78	1.62	2.60	3.96		63.67	3.83	7.36	8.72	10.17	13.97
C	18	10.96	1.15	2.37	3.81	5.80		65.82	3.13	6.66	8.02	9.47	13.27
C	19	10.96	1.15	2.37	3.81	5.80		83.18	2.55	6.08	7.44	8.89	12.69
C	20	11.28	1.12	2.32	3.73	5.68		68.51	3.53	7.06	8.42	9.87	13.67

수익접근법

가중평균자본비용(WACC)

중소기업 할인율 WACC = 자기자본비용* 자기자본비율 + 타인자본비용* 타인자본비율(1 법인세율)

* 여기서 법인세율은 대상기업의 실효법인세율 적용이 원칙

자기자본비용	CAPM	기술사업화 위험프리미엄	규모 프리미엄(소)	합계
	10.21%	3.51%	3.30%	17.02%
자기자본비율	60.81%			
타인자본비용	9.83%			
타인자본비율	39.19%			
WACC	13.35% = [17.02×0.6081 + (9.83×0.3919)×(1-0.22)]			

기술가치평가

수익접근법

라. 기술기여도

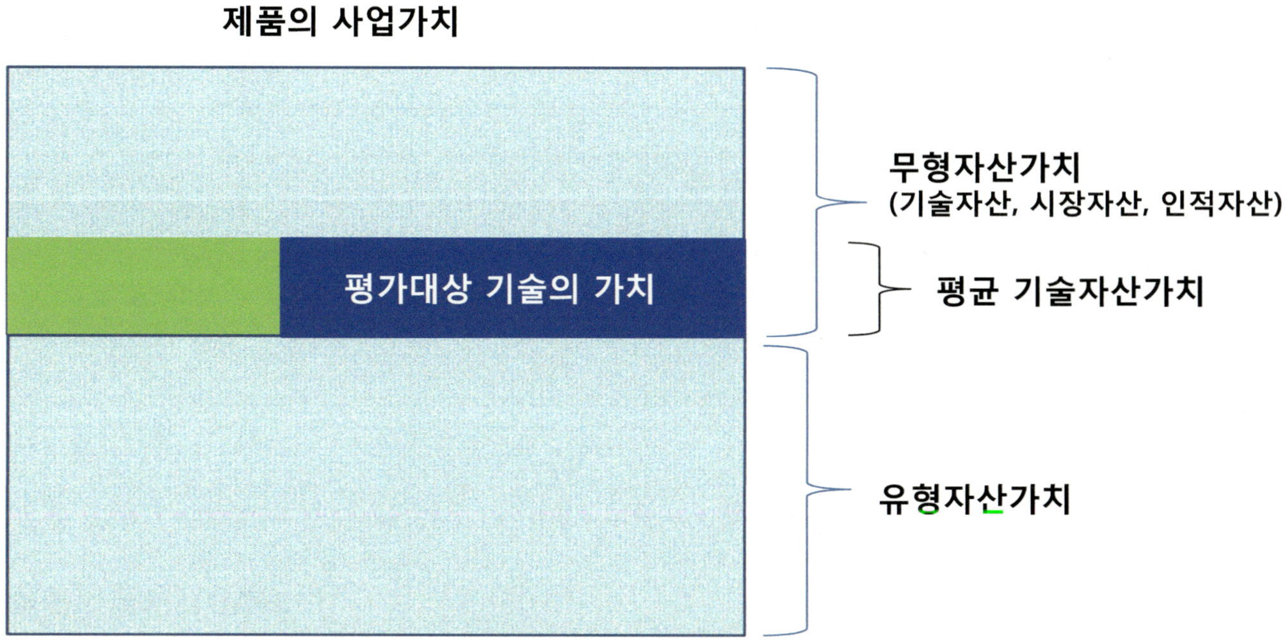

사업가치 ⇒ 무형자산의 가치 및 평균 기술자산의 가치(산업기술요소)

⇒ 평가대상기술의 가치(개별기술강도)

수익접근법

1) 정의

- 기술기여도는 기술의 도입 또는 사용에 따른 경제적 이익의 창출에 기여한 유무형자산 중 기술자산이 이익 창출에 기여한 상대적인 비중
- 기술가치는 기술사업화를 전제로 창출되는 것으로, 먼저 기술 사업에 의해 발생될 것으로 예상되는 미래 순 현금흐름의 현재가치를 산정한 다음 여기에 기술기여도를 곱하여 얻어짐
- 기술기여도 추정방법은 경험측(25% Rule), 기술요소법 등을 적용하여 산정할 수 있으며, 평가참여 전문가들의 합의에 의해 최종 값을 제시할 것을 권고함.

2) 경험측 방법(25% rule)

- 기술시장에서 관행적으로 기술자산에 대해 적용하는 비율

기술가치평가

수익접근법

$$기술의\ 가치 = \sum_{t=1}^{n} \frac{FCF_t}{(1+r)^t} \times 기술기여도$$

= 여유현금흐름 현재가치 합(사업가치) × 기술기여도

= 875 백만 원 × 37.00%

= 324 백만 원

주요 변수	추정치 또는 결과
기술의 경제적 수명	8년
할인율	15.85%
여유현금흐름의 현재가치 합	875 백만원
기술기여도	37.00%
기술의 가치	324 백만원

수익접근법

구 분	1차년도	2차년도	3차년도	4차년도	5차년도	6차년도	7차년도	합계
	2014년	2015년	2016년	2017년	2018년	2019년	2020년	
매출액	0	98.0	152.0	359.0	801.0	1,396.0	3,168.0	
매출원가	0	73.8	114.4	270.3	603.0	1,050.9	2,384.9	
판관비	0	10.3	16.0	37.7	84.0	146.6	332.6	
법인세 등	0	1.5	2.4	5.6	12.5	21.8	77.1	
세후영업이익	0.0	12.4	19.2	45.4	101.4	176.7	373.4	
감가상각비	0.0	6.5	24.2	67.8	90.7	74.1	60.9	
자본적지출	0.0	50	100	270	20	20	20	
운전자본증분	0.0	14.5	8.0	30.5	65.2	87.8	261.4	
투자액회수							622	
여유현금흐름	0.0	-45.6	-64.5	-187.3	106.9	143.0	776.1	
현가계수	0.8391	0.7042	0.5909	0.4958	0.4161	0.3491	0.2930	
현재가치	0.0	-32.1	-38.1	-92.9	44.5	49.9	227.4	158
기술기여도	32.82%							
기술가치	52							

Part 02

자금조달

목 차

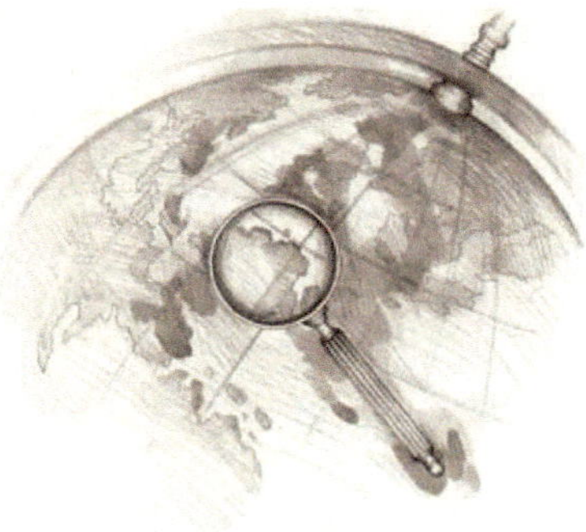

Chapter 1. 은행여신 프로세스

Chapter 1. 은행여신 프로세스

Ⅰ. 여신 (Credit)이란?

사업화 단계

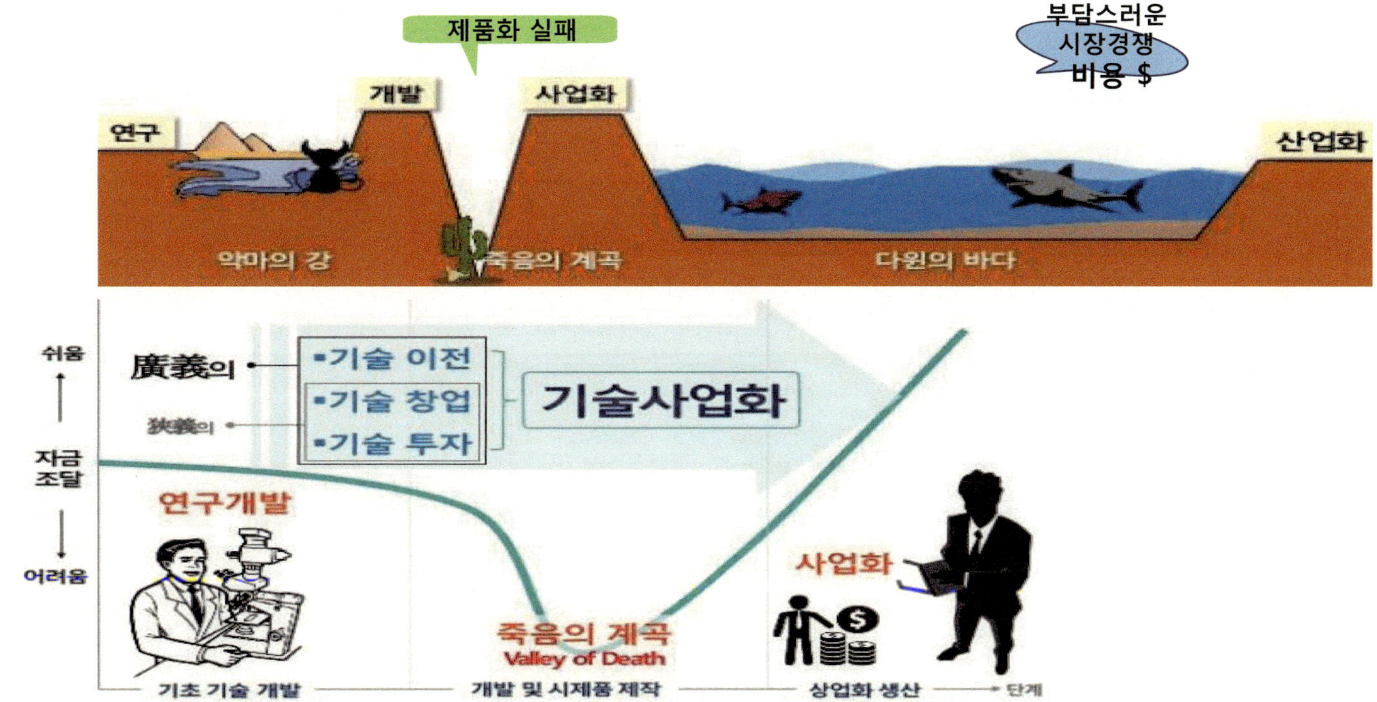

출처: 창조경제연구회

은행여신 프로세스

I. 여신 (Credit)이란?

우리나라 경제발전과 금융의 발전

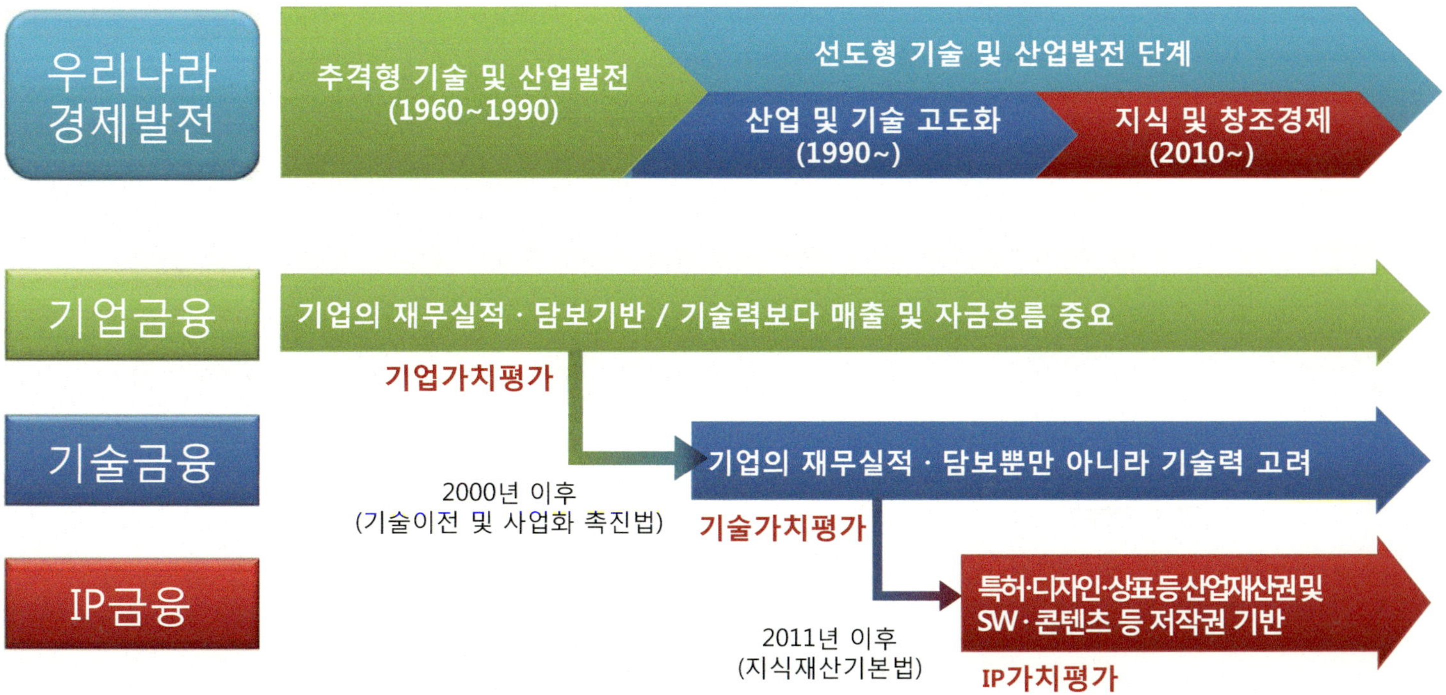

출처: IP금융의 현황과 발전방안(산업은행 조경칠) 금융연수원, '은행의 IP금융 활성화 방안' 세미나, 2013.7

은행여신 프로세스

Ⅰ. 여신 (Credit)이란?

① 은행과 여신 (與信)

은행은 예금 등을 통하여 조달한 자금을 대출 등으로 운용하면서 조달비용과 운용수익의 차이에 의하여 영리를 추구하는 주식회사

◆ 자금의 조달과 운용에 의하여 은행경영에 필요한 수익을 얻음
  ⇒ 영리(수익성)만을 추구하는 것이 아니라 국가경제를 위한 공적기능(공공성)도 수행
◆ 여신업무는 수신업무, 외국환업무와 더불어 은행의 가장 기본적이고 중요한 업무임
  ⇒ 최근에는 전통적인 여신 외에도 다양한 방법의 자금운용이 그 의미를 더해가고 있음
◆ 여신운용의 기본원칙 및 검토사항

영리를 추구하는 사기업적인 측면

여신운용

공공적인 측면을 충족시키면서 은행 및 국민경제의 건전 성장에 이바지

은행여신 프로세스

Ⅰ. 여신 (Credit)이란?

1 은행과 여신(與信)

◆ 여신운용의 기본원칙 및 검토사항

1. 안정성의 원칙

- 은행조달의 상당부분이 일반 예금자의 예금으로 조달되고 있으므로 예금자 보호의 입장에서도 여신은 채권보전에 지장이 없이 안전하고 확실하게 회수되어야 한다는 원칙
  - 채무자의 대출원리금 상환능력과 상환의지
  - 담보의 적정성 및 보증인의 신용
  - 채무자별, 업종별, 지역별 대출 집중 정도
  - 대출의 회전기간 등 유동성

2. 수익성의 원칙

- 여신의 운용은 수익을 효율적으로 증대시키는 방향으로 운용하여야 한다는 원칙 (영리법인이기 때문)
  - 대출금리와 조달비용 등 운용수익
  - 수수료 수입
  - 예수금, 기타 거래 기여도
  - 대출금, 그 관리비용

I. 여신 (Credit)이란?

1 은행과 여신(與信)

◆ 여신운용의 기본원칙 및 검토사항

3. 성장성의 원칙

- 수익성을 고려할 때는 장기적인 안목으로 판단해야 한다는 원칙
  - 여신거래처가 성장산업군인지, 사양사업군인지 여부
  - 기업의 입지조건
  - 경영자의 능력 및 의지
  - 제품 등의 시장성과 수익성

4. 공공성의 원칙

- 여신은 예금의 운용이란 의미 외에 국민경제적 견지에서 볼 때 자원배분이라는 기능이 있으므로 국민경제의 균형있는 발전과 성장 및 안정에 기여하도록 운용되어야 한다는 원칙

☞ 간접금융(間接金融, indirect financing) : 자금의 공급자와 수요자 사이에 은행 등 금융기관이 개재(介在)하는 금융방식으로, 금융기관이 대중으로부터 예금을 받아 이를 자신의 명의로 필요한 사람에게 대출해 주는 방식

☞ 직접금융(直接金融, direct financing) : 자금조달과정에 있어서 금융기관을 개입시키지 않고 금융시장에서 주식 또는 사채를 발행함으로써 투자자로부터 직접 자금을 조달하는 방식

은행여신 프로세스

Ⅰ. 여신 (Credit)이란?

2 여신의 범위

좁은 의미의 여신 (Loan)

은행이 직접 자금을 부담하는 금전에 의한 신용공여 = 대출(Loan)

일반자금대출

주택담보대출

할인어음

넓은 의미의 여신(Credit)

은행이 직접적으로 자금을 공급하거나 직접적인 자금공급을 수반하지 아니하는 지급보증 등의 신용(信用)을 제공하는 일체의 업무

⇒ 좁은 의미의 여신 + 자금부담이 없는 지급보증 등

자금공급

신용 공여

지분투자, 투자은행 업무

☞ 은행이 직접 자금을 부담하는 금전에 의한 신용공여 즉, 대출뿐 아니라 자금 부담이 없는 지급보증, 지급보증대지급금, 유가증권대여, 여신성 유가증권(CP,사모사채 인수 등), 파생금융상품, 외환관련여신, 국외영업점여신, 국제금융여신, 종합금융관련 여신 등을 포함한 것을 여신이라고 한다.

Ⅰ. 여신 (Credit)이란?

3 여신의 종류

대출재원에 따라 / 채무자에 따라 / 자금용도에 따라 / 대출과목에 따라

- 여신
  - 원화자금대출 (은행계정)
    - 기업자금대출
      - 운전자금대출
        - 일반자금대출
        - 당좌대출
        - 할인어음
        - 종합통장대출
        - 무역어음대출
        - 기타대출
      - 시설자금대출
        - 일반자금대출
        - 기타시설대출
    - 공공 및 기타 자금대출
    - 가계자금대출
  - 신탁자금대출 (신탁계정)
  - 외화대출 (환율변동 Risk)
  - 지급보증 (이행통화에 따라)
    - 원화지급보증
    - 외화지급보증 (환율변동 Risk)

☞ 신탁(信託, Trust) : 한 사람이 타인을 위해 그 재산을 관리할 목적으로 그 재산의 소유권을 가지게 되는 관계

은행여신 프로세스

I. 여신 (Credit)이란?

4 여신의 분류

담보 유무에 따른 분류

- 담보여신 : 유효담보가액 범위내에서 취급한 여신
- 보증여신 : 담보가 없거나 유효담보가액을 초과하는 여신으로서 보증인을 세우고 취급하는 여신
- 신용여신 : 담보가 없거나 유효담보가액을 초과하는 여신으로서 보증인을 세우지 않고 채무자 자신의 신용에 의해 취급하는 여신

☞ 유효담보가액 : 담보인정가액에서 선순위채권을 차감한 금액과 근담보권 설정최고액을 비교하여 작은 금액

거래방식에 따른 분류

- 건별거래 : 해당 대출과목별로 대출이 발생하되 상환한 금액을 재사용할 수 없는 방식의 거래
- 한도거래
  - ► 건별 한도거래 : 여신기한 및 한도금액을 약정하고 약정 범위내에서 수시로 실행과 상환을 반복할 수 있는 대출
  - ► 유동성 한도거래 : 여신기한 및 한도금액을 약정하고 약정 범위내에서 실행과 상환이 별도의 절차를 거치지 않고 유동성 모계좌를 통한 수시 인출과 입금에 의하여 자동적으로 이루어지는 대출

Ⅰ. 여신 (Credit)이란?

4 여신의 분류

대출재원에 따른 분류

- 은행계정대출 : 은행의 고유계정인 은행자금을 재원으로 하여 취급하는 대출
  → 일반자금대출, 주택자금대출, 예금담보대출 등이 해당
- 신탁계정대출 : 신탁자금을 재원으로 하여 취급하는 대출 (취급비중 감소 중)
  → 증서대출, 수익권담보대출 등이 해당

채무자에 따른 분류

-가계자금대출 : 개인에 대한 주택자금, 소비자금 등 비영리 목적을 위한 대출 및 사업자로 등록되지 않은 개인에 대한 부업자금 대출
- 기업자금대출 : 정부관리기업을 포함한 영리법인 및 기업자금 용도의 개인기업에 대한 모든 대출
- 공공 및 기타자금대출 : 지방자치단체, 정부기업 등 공공기관과 학교법인 등 비영리단체에 대한 대출

은행여신 프로세스

Ⅰ. 여신 (Credit)이란?

④ 여신의 분류

자금용도에 따른 분류

- 운전자금대출 : 기업의 생산, 판매활동에 소요되는 자금에 대한 대출
- 시설자금대출 : 기업설비의 취득, 신설, 확장, 복구 등 일체의 시설에 소요되는 자금에 대한 대출

☞ 운전자금 vs 시설자금 ≒ 유동자산 vs 고정자산 (대차대조표 상)

지급보증(支給保證)의 종류

- 보증 수혜자의 거주성에 따른 분류 : 대내(對內)지급보증, 대외(對外)지급보증
- 보증채무 이행통화에 따른 분류 : 원화지급보증, 외화지급보증

전결권자(專決權者)에 따른 분류

- 전행여신 : 여신 직무전결규정상 영업점장 이하 전결여신
- 승인여신 : 여신 직무전결규정상 심사역 이상 전결여신

☞ 본부시스템 승인 여신도 승인 여신으로 분류

Ⅰ. 여신 (Credit)이란?

5 대출의 상환방법

대출의 상환은 기일에 일시상환하거나 대출기간 중에 분할상환하는 방법이 있으며, 분할상환방법은 원금균등분할상환, 원리금균등분할상환, 원금불균등분할상환으로 구분

- 원금균등분할상환 : 여신기간 중 거치기간을 제외한 기간동안 매 일정기간마다 원금을 균등분할상환
- 원리금균등분할상환 : 여신기간 동안 다음 산식에 의하여 산출된 원리금을 매월 상환

  분할상환 원리금 = $A * r \times (1 + r)^n / \{(1 + r)^n - 1\}$ [A : 대출원금, r : 월이율(= 연이율/12), n : 기간(개월수)]

-원금불균등분할상환 : 여신기간 중 상환금액 또는 상환기간이 불균등하게 상환

(가) 체증식 분할상환 : 연도별 분할상환금액이 체증되는 방식의 상환

(나) 체감식 분할상환 : 연도별 분할상환금액이 체감되는 방식의 상환

(다) 기타 불균등 분할상환 : 차주의 미래현금흐름과 연계하여 상환기간과 상환금액을 불균등하게 약정하는 경우 사용

은행여신 프로세스

II. 여신거래의 흐름

1 여신거래의 처음과 끝

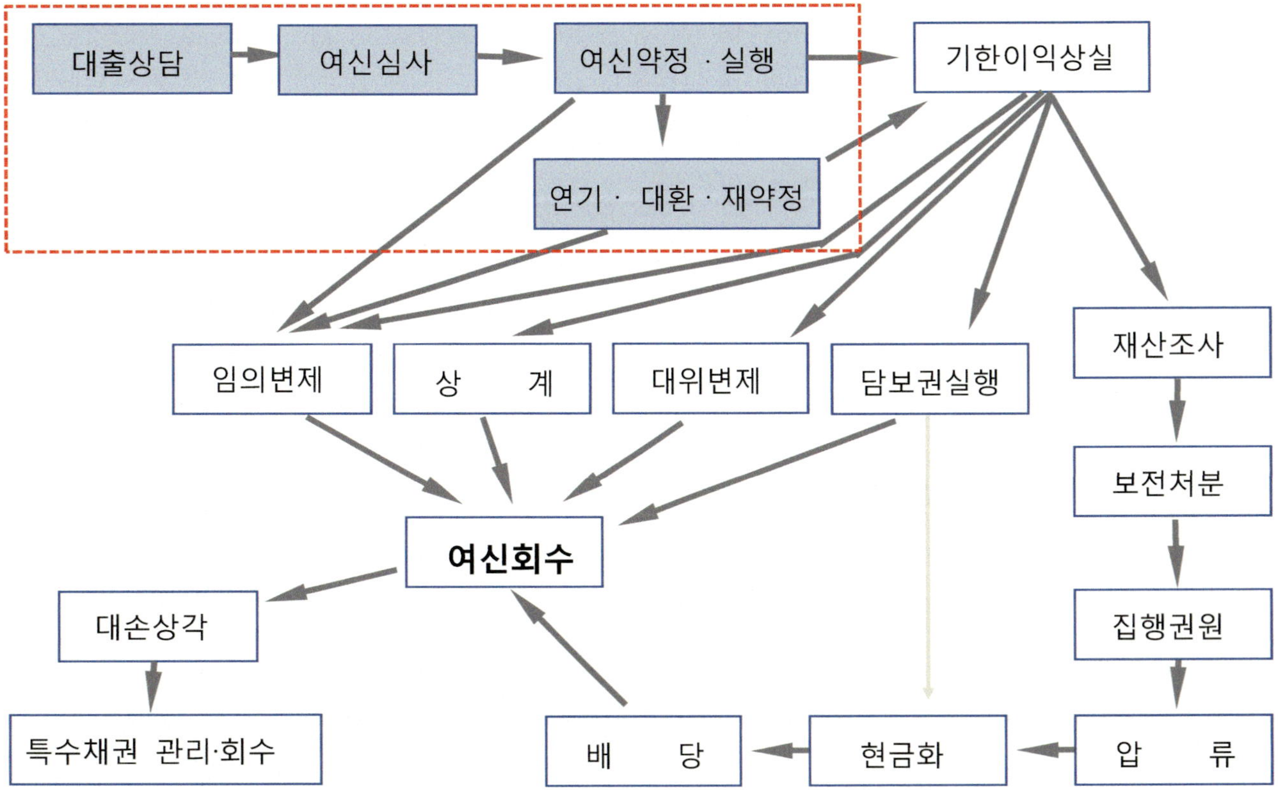

Ⅱ. 여신거래의 흐름

② 여신 Process

대출상담 및 신청접수	▶ 대출상담 - 본인여부 확인 - 대출취급의 적정성 확인 : 자금용도, 상환계획 - 대출신청내용 협의 : 대출상품, 거래방식, 상환방식, 대출금액, 금리, 담보물감정 등 - 대출상담은 신청서 접수 전 유선상으로도 가능함 - 기술금융차주 TCB 평가 신청 ▶ 신청 접수 - 부채현황표 : 차주(연대보증인과 담보제공자는 필요시 징구)
신청내용 전산입력	▶ System 등록 - TCB평가서 내용 전산 등록

은행여신 프로세스

Ⅱ. 여신거래의 흐름

2 여신 Process

대출심사	▶ 심사업무 구분 - 신용 심사업무 : 신용평점심사, 기타항목심사 (거래현황, 신용정보 등) - 대출한도 심사업무 : 동일인 한도, 동일인 신용대출한도 - 담보 심사업무 : 담보평가, 담보취득시 제반사항 검토 (권리분석, 담보취득 가능 여부 등) - TCB평가서 기술의견 대출심사에 활용
대출승인	▶ 승인 여부 결정주체에 따른 분류 - 영업점 심사업무 : "영업점 심사"대상으로 판정된 건에 대해 전결권자가 승인 여부 판정 - 본부 심사업무 : "본부심사"로 판정된 건 또는 영업점에서 특별심사 의뢰한 건에 대해 본부 심사역이 종합적으로 심사한 후 승인 여부 결정

Ⅱ. 여신거래의 흐름

2 여신 Process

약정서 징구

▶ 대출거래계약
- 여신(대출)거래약정서

▶ 담보권 설정계약
- 근저당권설정계약서 : 인감증명서, 위임장, 등기권리증 징구
- 근질권설정계약서 : 예금인감 날인
- 근보증서 등

▶ 주요 계약내용 설명
- 은행여신거래기본약관 설명 및 교부
- 계약의 주요내용 설명, 상품설명서 및 약정서 사본 교부
  : 대출금액, 금리, 대출기간, 중도상환수수료, 지연배상금율, 담보권의 종류, 채권최고액, 담보제공자(연대보증인)가 알아야 할 사항 등

은행여신 프로세스

Ⅱ. 여신거래의 흐름

2 여신 Process

담보권설정	▶ 부동산 - 근저당권설정 : 법무사 위임 ⇒ 근저당권 등기신청 (등기소 또는 Internet 접수) ⇒ 근저당권 등기완료 ⇒ 부동산 등기사항전부증명서 열람·확인 ▶ 예금 - 근질권설정계약서 징구, 전산등록 ⇒ 증서식 예금증서는 점유 (제3채무자 통지·승낙) ⇒ 근질권설정계약서(또는 승낙서)에 확정일자를 받음 (차주 본인명의 당행예금은 생략 가능)
대출실행	▶ 대출 실행 ▶ 건별대출의 경우 : 차주 계좌로 연동입금 ▶ 유동성한도대출의 경우 : 모계좌에 한도등록 ▶ 인지세 징수(고객 50%, 은행 50% 부담) ▶ 기타 제비용 정산 ☞ 대출실행시 비용을 지급하는 경우 지급에 대한 동의서를 징구

Ⅱ. 여신거래의 흐름

2 여신 Process

담보/보증인 등록	▶ 각종 담보는 대출실행 전에 감정하고, 감정담보시스템에서 예정등록하며 담보취득 후 확정등록 ▶ 보증인 전산등록
대출서류 편철 및 결재	▶ 차주, 보증인, 담보관련 순서로 편철
대출서류 보관	▶ BPR(Business Process Reengineering)시스템을 이용하여 업무지원센터로 발송

은행여신 프로세스

Ⅱ. 여신거래의 흐름

2 여신 Process

기일관리	▶ 기일통지 DM(본부) : 15일, 말일(익익월 1일~15일) ▶ 여신기일도래명세로 연기 또는 대환 대상 확인 ▶ System 등록, 심사, 실행
회수 및 사후관리	▶ 여신만기에 차주 및 채무관련인이 상환 ▶ 이자 또는 원금연체시 사후관리 : 영업점, Call Center
부실채권매각	▶ 본부 소관부서(여신관리부)로 매각 : 3개월 이상 연체여신, 당좌거래 정지, 회사정리 거래처 등 부실여신

Ⅲ. 여신거래의 당사자

채무관계인의 범위 및 능력

채무
관계인
(범위)

- 자연인
- 조합 및 단체
- 법인

- 차주
- 담보제공자
- 보증인

채무관계인은 법률상, 사실상 완전한 능력자 이어야 함

미성년자라도 그 능력이 보충 되었을 때에는
여신거래의 채무관계인이 될 수 있음

<u>주의: 행위 제한능력자</u>

제한능력자

- 미성년자 : 만 19세에 달하지 못한 자
- 피성년후견인 : 질병, 장애, 노령, 그 밖의 사유로 인한 정신적 제약으로 사무를 처리할 능력이 지속적으로 결여되어 법원으로부터 성년후견 개시 선고를 받은 자
- 피한정후견인 : 질병, 장애, 노령, 그 밖의 사유로 인한 정신적 제약으로 사무를 처리할 능력이 부족하여 법원으로부터 한정후견 개시 선고를 받은 자

Cf) 피특정후견인, 피임의후견인(후견계약) 은 "제한능력자"에 해당되지 않음.

은행여신 프로세스

Ⅲ. 여신거래의 당사자

◐ 법인과의 거래

권리능력 등의 확인	법인의 차입행위
• 법인격 취득의 근거 법규, 정관, 규약, 등기사항전부증명서, 사원총회결의서 등 징구 • 특별법에 의거 설립 또는 특별한 규제를 받는 법인과의 거래시 법인의 차입행위, 담보 또는 보증행위 등의 제한 여부 확인	• 차입행위 등에 관한 이사회 의사록 사본 (법인 인감으로 원본 대조한 사본) 또는 총사원의 결의서 징구

여신거래시 상대방

법인	상대방
주식회사	대표이사
유한회사 합명회사 합자회사	정관이나 총사원의 결의로서 정한 대표자 또는 업무집행자
사단 / 재단법인	이사장

* 공동대표인 경우 ➔ 공동대표 전원을 상대로 거래

Ⅲ. 여신거래의 당사자

주식회사

거래상대방

- 각자대표 : 은행거래를 담당할 실질적인 대표이사 1인을 정하여 거래
- 공동대표 : 공동대표이사 전원이 연서 날인하는 방법으로 거래

징구서류 및 확인사항

① 등기사항전부증명서 ➔ 권리능력 및 대표자, 각자대표 또는 공동대표 여부 등을 확인

② 정관 또는 규약 ➔ 법인의 목적범위내 행위인지 여부 확인

③ 대표이사의 법인 인감증명서 ➔ 여신관련 서류 등에 날인된 인감과 대조

④ 이사회의사록 사본 ➔ 법인의 여신차입 또는 타인에 대한 보증 및 담보 제공 행위의 적법한 의사결정 여부 확인 (대표이사의 법인인감으로 원본대조한 사본)

⑤ 사업자등록증 (원본 확인 후 사본 징구)

☞ 권리능력(權利能力) : 법률상 권리의무의 주체가 될 수 있는 능력 또는 자격

은행여신 프로세스

IV. 담 보

1 담보란 ?

• 채무자의 채무불이행에 대비하여 채권자에게 제공되어 채무변제의 확보수단으로 이용되는 것

2 담보의 구분

• **정규담보** : 당행 업무기준에서 정한 담보취득가능 대상물건으로서 관련 내규 등에서 정한 담보취득에 관한 모든 절차(감정평가, 담보권설정 등)를 충족하는 담보

• **견질담보** : 정규담보가 아닌 담보를 총칭하는 것으로, 당행 업무기준 등에서 정규담보 대상으로 인정하지 않는 물건 또는 정규담보 취득절차에 의하지 아니하고 취득한 담보

Ⅳ. 담 보

3 담보취득 방법

➢ 담보취득방법은 담보물건의 특성에 따라 다음의 6가지 방법에 의함

1. 근저당권설정계약에 의한 방법 : 등기
2. 근담보권설정계약에 의한 방법 : "동산·채권 등의 담보에 관한 법률" 에 의해 등기되는 동산 및 채권
3. 근질권설정계약에 의한 방법 : 통지 또는 승낙
4. 채권양도계약에 의한 방법 : 통지 또는 승낙
5. 배서양도에 의한 방법 (약속어음의 담보취득에 한함) : 점유
6. 양도담보계약에 의한 방법 (견질담보로 운용) : 계약 또는 점유

☞ 양도담보 : 채권담보를 목적으로 물건의 소유권 또는 재산권을 이전시킨 후, 채무를 변제하면 소유권 등을 반환하고, 변제하지 않으면 일정한 청산절차를 거쳐 환가하는 담보 형식 (담보 물권설, 신탁적 소유권 이전설(판례) → 대외적으로 양도담보권자가 소유자이므로 양도담보설정자의 일반채권자가 담보목적물 압류시 양도담보권자는 제3자 이의의 소를 제기할 수 있다.

은행여신 프로세스

V. 기술금융

1 S 은행의 기술금융 현황

- S은행은 기술신용대출 취급시 TCB 기술평가서 활용중
  - TCB 기술평가서 결과를 여신심사에 실질적으로 반영하기 위한 여신심사 프로세스 구축
  - 평가서 활용도의 실질적 제고를 위한 기술심사의견서 작성 의무화

【S 은행의 TCB 평가정보 활용 여신심사 프로세스】

대출신청	대출신청시 TCB 평가 정보 전산 입력 (TCB평가정보 활용 대출한도, 대출기간 산출)
영업점 여신심사	영업점 담당자는 TCB 평가정보에 대한 심사의견 전산 입력
본점 여신심사	본점 심사역은 영업점의 TCB 평가정보를 감안하여 여신심사
대출실행	최종 대출실행

1 S 은행의 TCB평가서 활용 현황 (계 속)

【승인여신 기술심사 심사역 의견서 표준양식】

<table>
<tr><td colspan="2" rowspan="3">TCB
(외부기술평가)</td><td>NICE</td><td>KED</td><td>이크레
더블</td></tr>
<tr><td>기술신용등급</td><td>신용등급
(기업평가등급)</td><td>기술등급
(기술평가등급)</td></tr>
<tr><td></td><td></td><td></td></tr>
<tr><td colspan="2" rowspan="2">STR
(당행기술평가)</td><td>기술평가등급</td><td>기술력
검토의견</td><td>매출상승
가능성의견</td></tr>
<tr><td></td><td></td><td></td></tr>
<tr><td colspan="2">기타</td><td colspan="3">- 특허보유 기업, 이노비즈 기업, 벤처기업 등
(부재 시 생략)</td></tr>
<tr><td rowspan="2">심사역
의견</td><td>기술개요</td><td colspan="3">심사의 대상이 되는 기술에 대한 개요(설명)를 제시</td></tr>
<tr><td>기술제품
경쟁력</td><td colspan="3">기술제품의 고유 경쟁력에 대한 설명을 제시함</td></tr>
</table>

【전행여신 기술심사 의견서 표준양식】

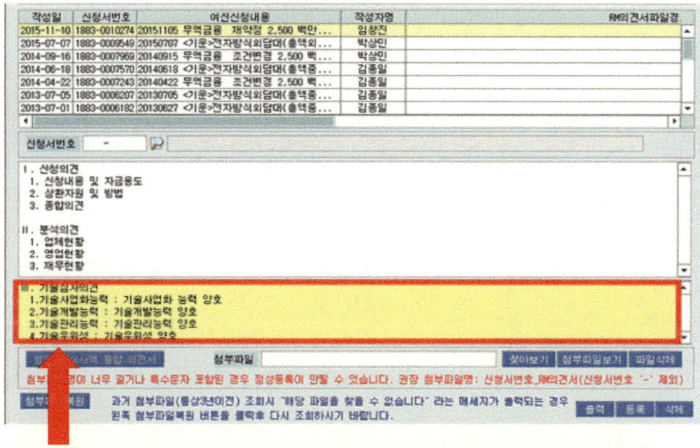

Ⅲ. 기술심사의견
1. 기술사업화 능력 :
2. 기술개발능력 :
3. 기술관리능력 :
4. 기술우위성 :

은행여신 프로세스

V. 기술금융

2 신용평가모형 반영 방안

- **기술등급 신용평가 시스템 內 반영**
  - 차주의 신용등급 산출시 기술등급을 체계적으로 반영하여 기술신용등급 산출
- **신용등급을 기술신용등급으로 대체**
  - 장기적인 관점에서 현재의 신용등급을 기술신용등급으로 대체함으로서 기술금융 내재화 시현

□ (기업)신용평가

- 신용평가는 여신거래의 근간으로 기업의 재무 및 비재무 정보를 종합적으로 판단하여 신용등급 산출
- 산출된 신용등급은 여신한도 및 여신금리를 결정하는데 이용

【기술신용등급 결정원칙】

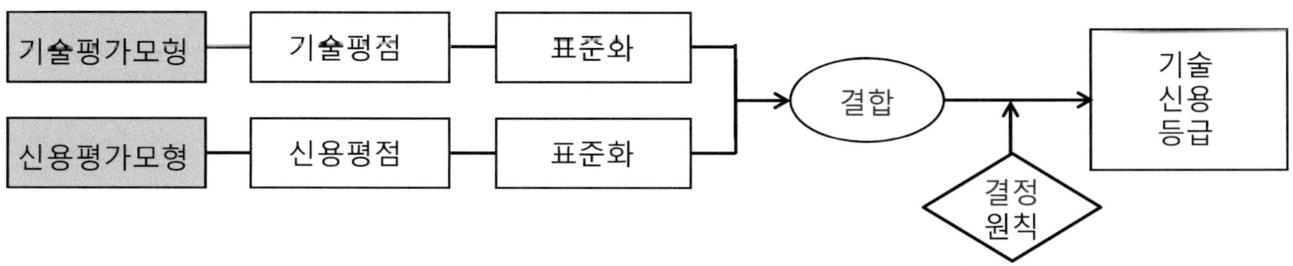

Chapter 2. 중소기업 여신실무 요약

Chapter 2. 중소기업 여신실무 요약

중소기업 여신

담보취득, 대출금리 운용 및 여신거래 약정

여신사후관리 및 중소기업관련 대출

중소기업 여신관련 대외규정 및 정책

신용분석의 개요 및 재무제표 해설

사업위험 분석

재무위험 분석

1. 중소기업 여신상담

채무자의 종류

- 채무자는 자연인, 법인 및 법인격 없는 단체로 구분할 수 있는데, 은행이 여신거래를 할 수 있는 채무자는 원칙적으로는 권리능력을 보유한 자연인 또는 법인을 말하며, 실체 확인이 가능하고 채권회수에 문제가 없는 경우에는 법인격 없는 단체도 포함함
- 채무자에는 은행에서 신용공여를 제공하는 상대방인 차주 본인 이외에도 차주와 연대하여 채무를 부담하는 연대보증인과 차주를 위해 법률행위를 대리하는 대리인이 있으며, 연대보증인과 대리인도 차주와 동일한 여신거래 자격을 유지하여야 함

채무자의 자격요건

- 개인의 경우에는 실명확인증표에 의해 본인임을 확인하여야 하며, 법인, 조합 및 단체의 경우에는 관계법령, 상업등기부등본, 정관 또는 규약 등을 통해 그 실체를 확인하여야 함
- 채무자는 유효한 법률행위를 할 수 있는 자격을 갖춘 자로서 여신거래를 할 수 있는 양호한 신용 상태를 유지하고 있는 자이어야 하며, 관계법령 등에 의해 여신거래에 대한 제한사항이 있는 경우에는 그 행위에 대한 허가 또는 인가를 받은 경우에 한하여 여신거래를 하여야 함

중소기업 여신

1. 중소기업 여신상담

<여신신청 상담 기본절차도>

① 신청인 본인 확인

↓

② 채무자 자격 확인

↓

③ 거래상황 및 신용정보 조회 확인

↓

④ 자금용도 · 소요자금 확인

↓

⑤ 여신취급조건 상담
(금리, 기간, 담보, 특약 등)

↓

⑥ 신청서류 접수

여신상담 기본자세

- 여신취급자는 은행의 자산을 건전하게 유지하고 수익성을 극대화하기 위하여 여신운용을 최적의 상태로 유지하도록 노력하여야 하며, 한국은행의 통화신용정책에서 정하고 있는 안정성의 원칙, 수익성의 원칙, 성장성의 원칙 및 공공성의 원칙을 준수하여야 함
- 여신취급자는 관계법령이나 금융감독당국의 각종 규제사항 등과 은행 내부의 총 신용공여한도에 관한 기준과 금리정책, 담보정책, 여신자산의 구성방침 등 여신운용정책을 준수하여야 함

여신상담 절차

- 여신신청인의 본인 여부를 확인하고, 채무자의 여신 거래 자격 여부를 확인한 후 여신 거래에 필요한 거래상황 및 신용정보 조회를 통하여 과거의 거래실적 기여 및 양호한 신용상태 유지 여부를 확인하여야 함
- 신청여신의 종류 등에 따라 자금용도 · 소요자금의 적정성 여부를 확인하고 적용금리, 기간, 담보, 특약 등 여신취급조건을 상담한 후 내규에 의해 정해진 바에 따라 여신신청 서류를 접수하는 절차를 이행하여야 함

1. 중소기업 여신상담

중소기업의 특성

- 중소기업은 대기업에 비하여 상대적으로 자본과 설비의 규모가 작은 기업으로서, 『중소기업기본법』 및 동 시행령에서 정하고 있는 업종의 특성, 상시근로자수, 자산규모, 매출액 등이 일정 규모 이하 또는 미만에 해당하는 기업을 말하여, 그 규모에 따라 중기업과 소기업으로 구분
- 중소기업에 대한 금융우대정책으로 한국은행이 각 은행의 중소기업대출 실적에 따라 저리자금을 배정하는 총액한도대출제도, 중소기업청 및 지방자치단체 등이 중소기업 육성 및 안정을 도모하기 위하여 지원하는 정책자금지원제도, 그리고 성장가능성이 있는 업체를 집중지원하여, 전체 중소기업의 육성을 촉진하고자 하는 유망중소기업제도 등 있음

중소기업 여신

2. 중소기업 여신의 구분

여신의 분류

- 여신은 고객의 특성 및 자금용도에 따라 크게 가계자금대출, 기업자금대출, 공공 및 기타자금대출로 분류하고, 이 중 기업자금대출과 공공 및 기타자금대출은 자금용도에 따라 운전자금대출과 시설자금대출로 세분
- 여신은 거래방식에 따라 개별거래여신과 한도거래여신으로 분류하고, 여신의 상환방법에 따라 만기일시상환과 분할상환으로 분류하며, 분할상환은 다시 원금균등과 원리금균등으로 세분

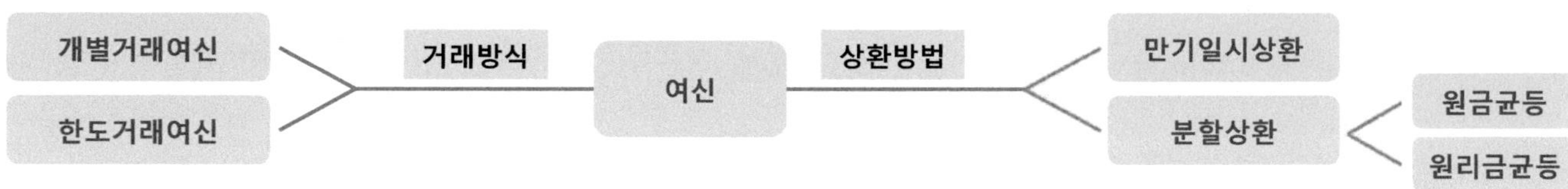

여신의 형식

- 제3자발행 상업어음 및 자기발행어음 등을 매입하는 할인어음, 당좌거래 고객에게 제공하는 당좌대출, 기업운전자금 등을 대상으로 하는 어음대출, 기업시설자금 및 가계자금 등을 대상으로 하는 증서대출 등으로 구분

2. 중소기업 여신의 구분

여신의 기간

- 고객의 신청기간과 고객의 신용도, 상환능력, 자금회전기간, 상환방법 및 자금용도 등을 종합적으로 고려하여 적정하게 산정하여야 함
- 만기도래 여신에 대하여 당초 여신기간을 포함하여 해당 여신의 최장기간 범위 내에서 연장할 수 있음. 그러나 분할상환 여신과 기업구매자금대출 등은 원칙적으로 여신기간을 연장할 수 없음
- 여신의 기간을 월 또는 연으로 정하는 경우에는 기간 만료월의 여신취급 응당일을, 일로 정한 경우에는 여신취급일부터 기산하여 그 일수가 만료되는 당일을 여신의 기일로 함. 그러나 여신기일이 법정공휴일, 토요일 및 근로자의 날 등 은행휴무일인 경우에는 그 은행 휴무일에 이은 익영업일로 함

여신의 상환방법

- 고객의 상환계획, 상환능력 및 자금회전기간 등을 감안하여 고객과 약정을 통하여 결정하여야 함
- 여신의 약정기일에 여신금액을 전액 상환하는 만기일시상환과 여신금액을 약정내용에 따라 분할하여 상환하는 분할상환으로 구분

중소기업 여신

3. 신용분석 및 평가

신용분석

- 신용분석은 은행의 여신운용전략에 부합하는 여신고객을 선택하기 위하여 여신고객의 신용상태를 분석하고 상환능력을 판단하는 절차로서, 분석방법은 정량적 분석과 정성적 분석으로 구분
- 신용분석은 여신고객의 객관적 자료에 근거하여 조사하고 분석함으로써 분석내용의 신뢰성과 객관성을 확보하여야 하며, 상환능력을 판단할 수 있는 핵심적이고 변별력 있는 내용이나 지표를 분석대상으로 선정

< 기업 · 가계의 신용평가모형 특성 비교 >

구분	기업	가계
평가방법	- 정량적 및 정성적 평가 - 개별 차주의 특성을 평가	- 대량데이터를 기반으로 한 정량적 평가 - 그룹(pool)특성을 반영
평가모형체계	- 재무평가 및 비재무평가 - 행동평점(BSS) 미반영	- 신청평점(Application Scoring) - 행동평점(Behavior Scoring)
재량권	일정 부분 조정권한 부려	재량권 불인정 또는 최소한 인정
허용불량률	불량률의 최소화	일정 수준의 불량률 인정

3. 신용분석 및 평가

신용평가모형의 구축 및 신용등급 부여

- 은행은 차주의 채무상환능력에 대한 평가의 종합적 관리 및 일관성 유지를 위해 채무상환능력을 평가할 수 있는 신용평가모형을 개발하고, 금융 · 경제여건의 변동이나 은행의 리스크 관리정책의 변화에 부합될 수 있도록 신용평가모형을 적절히 조정 · 관리하여야 함
- 신용평가등급은 업종별 · 기업규모별로 구분하고 평점이나 부도확률 등에 따라 부여함. 신용등급을 10등급으로 운용하는 경우, 6등급까지는 정상등급으로 분류하고, 7등급 이상은 요주의 등급으로 분류

신용평가등급의 활용

- 신용평가등급은 여신거래고객의 상환능력을 표현하는 대표적인 기준이므로 신용등급별로 여신전결권한을 부여하고 여신금리를 결정하는 기준으로 운용
- 자산건전성은 신용평가등급을 기준으로 자산건전성을 정상, 요주의, 고정, 회수의문, 추정손실의 5단계로 분류함.
  동 건전성 분류단계를 대손충당금 적립기준으로 활용하고 있으며, 신용등급별 · 산업별 · 차주별 및 상품별 등 편중리스크의 방지를 위한 포트폴리오 관리에도 활용하고 있음

담보취득, 대출금리 운용 및 여신거래 약정

1. 담보평가 및 취득

- **담보의 종류는 토지 · 건물 등의 부동산담보, 동산담보, 주식 · 채권 등의 유가증권담보, 예금 등 담보, 지급보증서 · 신용보증서의 보증서담보로 구분할 수 있음**

- **담보평가방법**
  - 부동산 : 거래사례비교법, 복성식평가법, 수익환원법과 공시지가를 이용한 방법으로 담보가격을 평가함
  - 유가증권 : 상장 및 등록 유가증권은 대용가격을 기준으로 평가하고, 비상장 및 대용가격 미공시 유가증권은 평가하지 않는 것을 원칙으로 함
  - 예금 등 : 거치식은 예금액, 적립식은 적립합계액, 양도성예금 및 금전신탁수익권은 중도해지평가액, 환매조건부채권은 채권매도가격이 담보가격임
  - 보증서 : 지급보증서 및 신용보증서의 보증금액이 담보가격임

1. 담보평가 및 취득

담보취득방법

- 질권 : 동산, 채권, 유가증권, 무체재산권 등
- 저당권 : 등기등록에 의하여 공시되는 부동산(토지, 건물), 지상권 · 전세권, 등기선박 · 등기중인 선박, 입목, 공장재단, 자동차, 항공기, 중기, 광업권 등
- 양도담보 : 양도 가능한 일체 재산권(질권 및 저당권 대상을 모두 포함)

담보관리

- 부동산 : 원칙적으로 연 1회 이상 물건의 변화, 가격변동, 지상권 침해 여부 등을 점검하고 그 조사일자를 관리함
- 동산 : 월 1회 이상 상태변화, 가격변동 등을 점검하여야 함
- 유가증권 : 원칙적으로 매 3개월마다 시세변동, 채권회수 가능성 등을 점검함
- 보증서 : 지급보증 및 신용보증 약관에서 정한 보증유지요건을 관리함

담보취득, 대출금리 운용 및 여신거래 약정

2. 여신금리 및 수수료

여신금리 운용기준

- 여신금리는 자금대차의 당사자, 자금의 용도, 대출기간의 차이 등에 따라 종류가 다양하며, 자금조달의 대가로 지급되는 예금금리보다는 대출금리가 높게 운용되는 것이 대출금리 결정의 기본적인 체계라 할 수 있음
- 대출금리는 자금조달비용, 대출취급에 수반되어 발생하는 필요비용 및 업무원가, 그리고 신용리스크 프리미엄, 자본비용과 목표이익 등으로 구성되며, 지급보증요율은 자금 조달비용을 제외한 나머지 요소로 구성됨

< 대출이자 및 보증료 산식>

대출이자(보증료) = 원금 * 이율(연이율) * 대출(보증)일수 / 365

- 여신관련 수수료는 여신업무와 관련하여 발생한 비용을 보전하거나 벌칙성 부과를 목적으로 징구하게 되는데, 그 종류로는 중도상환수수료, 지급보증서발급수수료, 담보조사수수료, 채무인수수료 및 조건변경수수료 등이 있음

연체여신 금리

- 은행이 연체여신에 대하여 정상여신에 대한 대출이자율과 달리 높은 이자율을 적용하는 실질적인 목적은 연체여신에 대하여 높은 이자율을 적용하겠다는 약정을 통하여 연체발생을 억제하는 효과를 얻고자 하는데 있음
- 연체이자율은 각 은행이 기준금리를 감안하고 각종 법규에서 정하고 있는 대출금리에 대한 이자율 제한, 차주의 신용등급, 연체기간 등을 감안하여 차등적용하고 있음

3. 여신거래 약정

여신거래기본약관

- 기본약관의 해석은 약관해석의 원칙에 입각해서 해석하여야 하며, 고객에게 유리하게 해석하고, 약정을 맺기 전에 사전적으로 운용하여야 하며, 약정을 담당하는 직원의 약관에 대한 이해가 선행되어야 함
- 약관은 당사자간의 합의에 의하여 구속력을 갖게 되는데, 약관이 계약에 포함되어 계약의 일부로 구성되는 것을 말하며, 편입요건은 형식적 요건과 실질적 요건이 있음
- 여신거래기본약관의 주요 조항에는 비용부담, 자금사용, 기한 전의 채무변제의무, 할인어음의 환매회수, 은행으로부터의 상계 및 변제 등의 충당지정 등의 조항이 있음

여신거래약정서 및 담보관계약정서

- 여신거래기본약관의 부족약정서에는 여신거래약정서, 담보 및 보증관계약정서, 채무인수 및 근저당권변경관련약정서 등이 있음
- 담보 및 보증계약은 담보제공자(연대보증인)의 의사와 여신의 종류 및 거래형태에 따라 특정채무담보(특정채무보증) 또는 근담보(근보증)로 구분하여 운용하여야 함

담보취득, 대출금리 운용 및 여신거래 약정

3. 여신거래 약정

특별약정

- 특별약정은 약정서의 기본양식에 규정되지 아니한 사항을 채무관련인과 추가적으로 약정하는 경우에 운용하는 약정을 말하며, 약정서 조항 중 준비된 공란이나 기타 특약사항 조항 등을 통하여 운용할 수 있고, 그 내용이 많은 경우에는 별지를 이용하여 운용할 수도 있음
- 특별약정의 종류로는 차주의 담보제공을 제한하는 채권보전 특별약정, 상환능력 유지를 위한 재무구조 건전유지 특별약정 및 시설자금대출 취급과 관련하여 후취담보취득에 관한 의무를 부여하는 특별약정 등이 있음

*** 특별약정 미이행시 단계적 사후관리방법 : 특별약정을 채무자가 이행하지 않은 경우에는 다음과 같이 이행**

1. **채권보전조치 강화**
2. **신용등급 조정**
3. **여신금리조정**
4. **여신 회수조치**

4. 여신신청 및 실행

여신신청시 징구서류

- 여신신청시에는 신규, 연기, 갱신, 증대 등 여신신청 구분에 따라 은행 내규에 의해 정해진 신청서류를 필수서류와 필요시 징구서류로 구분하여 징구하여야 함
- 여신신청시 주민등록증, 운전면허증 등으로 본인 여부를 확인하고 차입신청서, 명판제출증, 인감증명서, 이사회의사록 사본, 신용정보 활용동의서 및 개인신용정보의 제공 · 활용동의서 등을 징구

소요자금 한도산정

- 기업으로부터 운전자금에 대한 여신신청이 있는 경우에는 자금용도의 적정성을 확인한 후 여신신청금액의 적정성을 확인하기 위하여 소요운전한도를 산출하여 동 범위 내에서 여신을 제공하여야 함
- 소요운전자금 산정

소요운전자금 = (연간추정매출액 – 감가상각비) + 회전기간 / 365

(회전기간 = [(매출채권 + 재고자산 + 선급금) – (매입채무 + 선수금)] / 연간매출액 * 365)

- 시설자금한도 산정

시설자금한도 = [(자기자본 + 고정부채) * 고정장기적합률의 동업계 평균비용] - 고정자산

담보취득, 대출금리 운용 및 여신거래 약정

4. 여신신청 및 실행

- 기업여신에 대한 여신전결권 한도는 총 익스포져금액, 예상 손실금액 및 부도시 익스포져금액 등을 기준으로 신용등급별로 차등화하여 부여하고 있음

- 여신실행시 필수서류로는 여신거래약정서 등 부속약정서와 근저당권설정계약서, 근보증서 등 담보관계약정서가 있으며, 필요시 징구서류에는 추가약정서, 채무관계자 인감증명서 등이 있음

<기업여신신청서 작성절차>

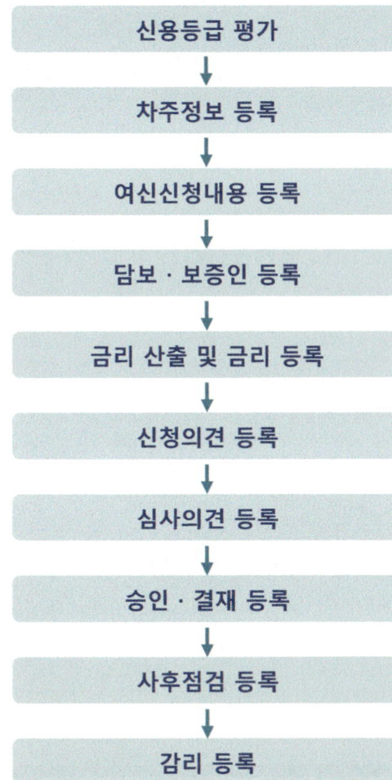

여신사후관리 및 중소기업관련 대출

1. 여신관리

- 여신의 부실화를 방지하고 은행 자산의 건전성을 유지하기 위하여 은행의 취급된 여신에 대한 이자수입일 및 여신기일 사전적으로 관리하고 채무자 앞으로 통지하여야 함
- 차주의 신용등급은 현재의 재무상태 등을 기준으로 미래상환능력을 예측하고 이를 바탕으로 부여된 등급이므로 항상 관리하여야 하며, 차주의 신용상태에 영향을 미칠 수 있는 내적 또는 외적 변화가 발생하는 경우에는 즉시 이를 분석하고 필요한 경우 적기에 차주의 신용등급을 변경하여야 함
- 승인조건이 부여된 여신에 대하여 차주와 협의하여 승인조건 이행방안을 강구 또는 제시하고 승인조건이 이행될 수 있도록 차주에게 독촉하는 등 철저히 관리하여야 함
- 조기경보시스템은 부실징후의 조기발견 및 효율적 관리를 위하여 운용하는 시스템으로, 선정기준에 의거 단계별 대상기업을 산정하고 단계별 관리방법에 따라 관리하여 정상화 또는 부실규모의 최소화를 도모하는데, 그 목적이 있음
- 채무자 변경이 수반되는 채무자 관리에는 계약에 의한 채무인수, 법률에 의한 채무인수와 법인채무자의 분할 · 합병 등이 있음
- 은행은 자산건전성 분류대상자산에 대하여 정기적으로 차주의 채무상환능력과 금융거래내용 등을 감안하여 건전성을 "정상", "요주의", "고정", "회수의문", "추정손실"의 5단계로 분류하고, 한국채택회계기준 및 금융감독규정상 최소적립기준 등에 따라 대손충당금을 적립하여야 함
- 신용보증서 담보관련 대출이 부실화된 경우에는 해당 신용보증서를 근거로 신용보증기금에 대위변제를 청구하여 관련 여신을 회수하여야 함

여신사후관리 및 중소기업관련 대출

2. 무역관리금융

무역금융

- 일반수출입금융의 신용장기준금융 융자대상은 수출신용장 또는 지급인도(D/P)와 인수인도(D/A)조건 및 기타 수출관련계약서에 의하여 물품을 수출하거나 국내에 공급하고자 하는 자 등이며, 실적기준금융 융자대상은 수출신용장, 지급인도(D/P)와 인수인도(D/A)조건 및 기타 수출관련계약서, 외화표시물품공급계약서, 내국신용장방식에 의한 수출 또는 공급실적이 있는 자로서 동 수출실적을 기준으로 융자를 받고자 하는 자 등
- 평균원자재의존율 및 평균가득률은 실적기준 생산자금 및 원자재자금을 이용하고자 하는 업체, 신용장기준금액 이용업체로서 신용장별 소요 원자재액 또는 외화가득액을 평균원자재의존율 및 평균가득률에 의해 산출하고자 하는 업체 등에 대하여 무역금융을 최초로 이용하는 시기 등에 산출

- 평균가득률 산출

100 - 평균원자재의존율

2. 무역관리금융

매입외환

- 수출환어음은 주로 신용장방식과 무신용장방식으로 구분하고, 신용장방식은 매입서류상 하자 유무를 구분하여 매입
- 하자있는 수출환어음의 매입은 하자내용이 경미하고 대금회수가 확실시 되는 경우에는 보증부매입으로 처리하며, 매입서류와 일치되도록 신용장조건의 변경이나 전신으로 개설은행에 하자매입을 통보하고 매입동의를 받아 처리하는 전신조회 후 매입으로 처리하고, 그 외는 은행이 서류를 매입하지 아니하고 추심에 회부하여 대금이 결제되면 지급하는 추심 후 지급방식으로 처리

*** 관계사간 거래(Related Party Transaction)**

1. 관계사는 동일그룹에 속하는 회사 혹은 소유주가 같은 회사들이 포함

2. 관계사간 거래에 대해 금융을 제공하는 경우 이는 자금 융통을 목적으로 하는 거래일 수 있기 때문에 위험이 높음

지급보증

- 거래처의 의뢰에 따라 동 거래처가 제3자에게 부담하고 있는 채무(확정채무)나 장래에 부담하게 될지도 모르는 채무(우발채무)에 대하여 그 지급을 보증하는 것
- 원화지급보증에는 대출보증, 사채보증 등이 있고, 외화지급보증은 인수, 차관인수, 수입신용장관련보증 등이 있음

여신사후관리 및 중소기업관련 대출

3. 정책자금대출

특수법인 등의 지원자금 대출

- 산업기반자금대출 : 중소기업진흥공단과 기금대여 및 운용에 관한 약정을 체결하고 동 공단으로부터 자금을 차입하여 취급하는 대출
- 산업재해예방시설자금대출 : 한국산업안전보건공단의 융자추천을 받은 실수요자에 대하여 동 공단으로부터 기금을 대여받아 취급하는 대출
- 에너지이용합리화자금대출 : 에너지관리공단의 융자추천을 받은 실수요자에 대하여 동 공단으로부터 자금을 대여받아 차주에게 대출하는 제도
- 정보화촉진기금대출 : 정보통신연구진흥원의 융자추천을 받은 실수요자에게 기업은행으로부터 정보통신진흥기금을 대여받아 취급하는 대출
- 원화표시외화대출(중소기업진흥기금대출 중) : 중소기업진흥공단의 융자추천을 받은 실수요자에게 공단으로부터 기금을 대여받아 취급하는 대출
- 중소기업 창업 및 구조고도화자금대출 : 중소기업진흥공단으로부터 중소기업 창업 및 구조고도화자금을 대여받아 자동화 및 정보화, 기술개발사업화, 경영정상화 등을 추진하고자 하는 중소기업에 대하여 취급하는 대출

3. 정책자금대출

기타 정책성자금 대출

- 산업기술자금대출은 지식경제부가 제정한 『산업기술개발 융자사업 운용요령』 및 『동 지원지침』에 의거 기업은행과 산업기술자금 대여약정을 체결하고 기업은행으로부터 자금을 차입받아 지원하는 대출
- 무역(해외시장개척)기금대출은 수출기업, 특히 자금과 인력이 부족한 중소기업의 해외마케팅 활동 지원을 위한 융자사업을 실시하기 위하여 한국무역협회 내에 조성된 무역(해외시장개척)기금을 대여받아 취급하는 대출

중소기업 여신관련 대외규정 및 정책

1. 중소기업 여신관련 규정

은행업감독규정 및 감독업무 시행세칙 해설

- 신용공여의 범위에서 제외되는 주요 항목은 확정지급보증 중 입찰보증, 위험가중치 0% 적용 국가의 중앙정부 및 중앙은행에 대한 신용공여, 동 기관이 보증한 신용공여, 동 기관이 발행 또는 보증한 증권에 의해 담보된 신용공여, 자행예금에 의해 담보된 신용공여, 내국신용장어음매입, L/C발행에 의한 환어음매입 등
- 신용공여금액은 재무상태표 해당 항목에 계상된 금액으로 함. 그러나 난외항목의 경우에는 재무상태표 난외에 계상된 금액에서 신용공여 제외항목 해당 금액을 차감한 금액에 해당 신용환산율을 곱한 금액으로 함
- 은행은 차주의 리스크 특성, 재무상태, 미래채무상환능력 등에 대한 분석을 통한 철저한 신용리스크의 평가와 건전한 여신심사, 승인업무 시스템 및 여신사후관리업무 시스템을 운영하여야 함.
- 주채권은행은 담당 주채무계열 또는 대상기업체에 관한 여신관리업무를 통할하며 경영 지도하고 자문에 응함으로써 선진경영과 재무구조 개선을 적극 유도하여야 함.
- 은행은 신의성실의 원칙에 따라 공정하여야 하고, 은행이용자의 권익을 최대한 보호하여야 하며, 건전한 금융거래질서가 유지될 수 있도록 약관을 운용하여야 함.

1. 중소기업 여신관련 규정

기업여신 취급시 유의사항

- 차주 또는 제3자로부터 담보(보증)를 취득할 경우 원칙적으로 포괄근담보(포괄근보증)를 요구해서는 아니되며, 여신거래처 고용임원에 대하여 연대입보를 요구하는 행위는 불공정 영업행위로 봄
- 은행은 업무취급에 있어 이용자를 보호하고 금융분쟁의 발생을 방지하기 위하여 도시계획저촉부동산 및 집단입주건물에 대한 담보취득시 유의해야 하며, 장외 파생상품 거래시 거래상대방의 영업속성 · 재무상황 · 금융거래 수준 등을 고려하여 적합하다고 판단되는 거래를 제안하여야 함

구속성예금과 금지업무

- 여신거래와 관련하여 차주의 의사에 반하여 예금 가입 등을 강요하는 행위를 해서는 아니됨
- 예금의 구속행위와 관련된 "여신"이란 원화대출금, 원화지급보증 중 융자담보용 지급보증, 사채발행지급보증, 외화대출 등을 말하여, 인터넷뱅킹 등 비대면대출도 포함
- 예금의 구속행위와 관련된 "예금 등"의 종류는 예 · 적금, 상호부금, 금전신탁, 공제, 양도성예금증서, 금융채, 환매조건부채권, 보험, 집합투자증권 등으로 모든 은행상품을 대상으로 하며, 인터넷가입도 포함. 그러나 보통예금, 기업자유예금 등 입출금이 자유로운 예금, 초단기예금 등은 제외

중소기업 여신관련 대외규정 및 정책

1. 중소기업 여신관련 규정

중소기업 규모 판정기준

- 중소기업은 해당 기업이 영위하는 주된 사업의 업종과 해당 기업의 상시근로자수, 자본금 또는 매출액의 규모가 다음에 해당하는 기업 중 아래 2)에 해당하는 기업을 제외한 기업을 말함
  - 가. 제조업 : 상시근로자수 300명 미만 또는 자본금 80억원 이하
  - 나. 건설업, 운수업 등 : 상시근로자수 300명 미만 또는 자본금 30억원 이하
  - 다. 도매 및 소매업, 숙박 및 음식점업, 금융 및 보험업 등 : 상시 근로자수 200명 미만 또는 매출액 200억원 이하
  - 라. 교육서비스업 등 : 상시근로자수 100명 미만 또는 매출액 100억원 이하
  - 마. 부동산업 및 임대업 : 상시근로자수 50명 미만 또는 매출액 50억원 이하
- 제외대상 기업
  - 가. 상시근로자수가 1천명 이상인 기업
  - 나. 직전 사업연도 말 자산총액이 5천억원 이상인 법인
  - 다. 자기자본이 5백억원 이상인 기업
  - 라. 직전 3개 사업연도의 평균매출액이 1천5백억원 이상인 기업

2. 기타 중소기업 관련 정책

중소기업 외환리스크의 관리 및 평가

- 적용대상기업은 주식회사 외부감사에 관한 법률의 적용대산기업 중 은행별 총여신 10억원 이상의 중소기업으로 함
- 금융회사 및 외화자산 또는 부채가 미화 1백만달러 상당액 이하이고 총자산 대비 외화자산 또는 부채가 10% 이하인 업체는 적용제외 대상으로 함

중소기업 유동성지원 프로그램(Fast Track Program)

- 국내외 금융시장 불안 등으로 인해 일시적 유동성 부족에 직면해 경영상 어려움을 겪고 있는 정상 주소기업에 유동성을 지원함으로써 거래기업의 경영정상화를 도모하고 채권은행의 자산건전성을 제고시키는 것을 목적으로 함
- Fast-Track 프로그램 대상으로 선정된 기업에 대하여는 신규자금 지원, 상환유예, 이자율 인하, 출자전환 등의 방법으로 지원
- 평가대상기업은 다음과 같이 분류
  - A등급 : 정상적인 영업이 가능한 기업
  - B등급 : KIKO 등 통화옵션거래 손실 또는 일시적인 유동성 부족 등의 사유로 부실징후기업이 될 가능성이 큰 기업
  - C등급 : 부실징후기업에 해당하며 경영정상화 가능성이 있는 기업
  - D등급 : 부실징후기업에 해당하며 경영정상화 가능성이 없는 기업

중소기업 여신관련 대외규정 및 정책

2. 기타 중소기업 관련 정책

기업신용위험 상시평가제도

- 예방적 감시체제 구축을 통해 기업부실의 확대를 조기에 차단하고 부실 발생시 신속 · 효과적으로 처리함으로써 금융기관의 건정성 강화 및 시장기능에 의한 상시 기업 구조조정의 활성화를 도모하기 위한 제도
- 채권은행은 정기(매반기) 또는 수시로 부실화 가능성이 있다고 판단되는 기업의 신용위험을 평가하여 다음의 4단계로 분류(세부평가)

정상영업가능기업 (A등급)	→	정상영업이 가능토록 정상적인 금융지원
부실징후기업이 될 가능성이 큰 기업 (B등급)	→	경영개선 권고 및 신용공여 심사 등에 반영
부실징후기업 (C등급)	→	주채권은행앞 관련법 제12조(제1항)에 의한 조치*의 요구
경영정상화 가능성이 없는 기업 (D등급)	→	청산, 파산 등을 통해 신속정리 추진

- * 주채권은행관리, 채권은행공동관리, 채권금융기관공동관리, 회사정리, 화의신청 등

1. 신용분석의 개요

- 신용 : 기업이 채무를 변제할 수 있는 경제적인 능력. 즉, 채무상환능력.
- 신용평가 : 신용을 분석한 결과 채무상환능력의 수준을 등급으로 나타낸 것
- 채무상환능력의 판단기준 : 채무에 대한 상환재원인 유동성의 크기를 의미하며, 이러한 유동성은 신용분석 시점에서의 유동성의 크기도 중요하지만 채무를 상환하여야 하는 시점에서의 예상되는 유동성의 크기. 즉, 미래현금창출능력이 더 중요함
- 신용분석은 다양한 재무적인 척도에 대한 분석에만 국한되지 않음. 채무상환능력을 적절하게 평가하기 위해서는 사업의 본질에 대한 철저한 검토, 기업 경쟁력 위상에 대한 판단 및 경영자와 경영전략에 대한 평가 등과 같은 구조적인 문제에 대한 폭넓은 분석이 이루어져야 함
- 신용분석은 주관적일 수 밖에 없으나, 이러한 주관성이야말로 모든 신용평가의 핵심이라고 할 수 있음. 특히 기업의 조직과 규모가 영세하고 업력이 일천한 중소기업일수록 재무 외적인 평가요소들에 대한 정확한, 그리고 합리적인 근거하에 내려지는 주관적인 판단이 중소기업 신용분석에 있어서 중요한 접근방법임
- 대기업이나 상장기업과는 달리 비상장 중소기업의 신용분석은 접근방법이 달라야 함. 영위업종에 따라 평가방법이 다르듯이 기업의 규모와 정보 공개 수준 등의 차이에 따라서도 접근방법이 다르기 때문임

신용분석의 개요 및 재무제표 해설

2. 차주조사

중소기업 차주조사

- 중소기업의 실태를 조사하는 데 필요한 정보로는 기업이 작성한 사업현황서, 결산명세서, 사업계획서, 감사보고서 등

사업현황서

- 사업현황서에 기재되는 기업정보는 설립일자, 결산일자, 대표이사, 상시종업원수, 기업형태, 업종, 취급품목, 상표명, 소재지, 연혁, 경영진현황, 주요 주주, 사업구조 또는 제품구성, 주요 구매처, 구매방법, 구매조건, 평균 외상구매기간, 매입채무회전율, 가동률, 생산수율, 특허보유 현황, 기술제휴 현황, 주요 거래처, 판매시장, 판매방법, 판매조건, 매출채권회전율, 평균 외상판매기간, 관계회사 현황, 관계회사와의 거래내용 등

*** 대표이사(경영자)로서의 자질**

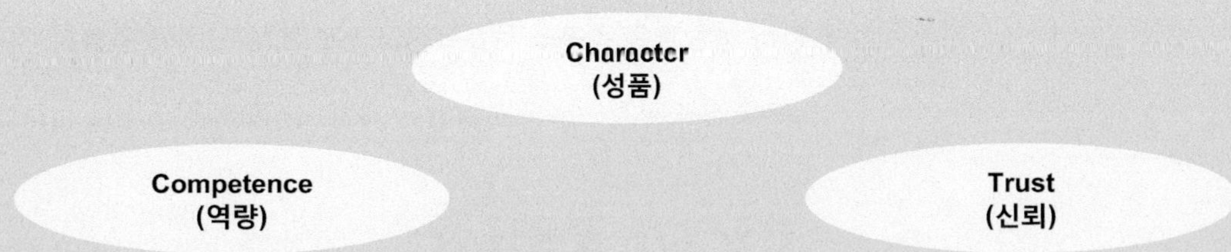

2. 차주조사

▪ 종업원의 수와 부도율

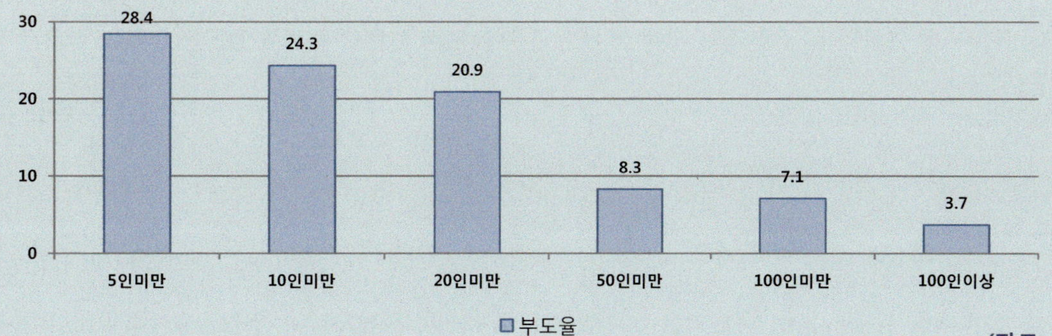

(자료 : 중소기업청)

▪ 매입채무회전율과 매입채무회전기간 산식

지 표	산 식
매입채무회전율(회)	매출액 / [(전기 매입채무 잔액 + 당기 매입채무 잔액) / 2]
매입채무회전기간(일)	365일 / 매입채무회전율

신용분석의 개요 및 재무제표 해설

2. 차주조사

감사보고서

- 감사보고서에 기재되는 내용은 감사의견(적정의견, 한정의견, 부정적의견, 의견거절), 외부감사인, 재무제표, 주석 등이며, 주석 중에서 중요한 내용은 회사의 개요, 중요한 회계처리 방침, 사용이 제한된 금융자산, 외화자산 및 외화부채, 장기투자증권, 지분법적용투자주식, 유형자산, 연구개발비, 차입금과 담보제공, 약정사항 및 불확실성, 특수관계자와의 거래, 보고기간 후 사건 등

기업탐방자료

- 기업을 탐방하여 대표이사를 포함한 기업의 담당자와 면담을 할 때 유의할 점은 상대방의 이야기를 경청하는 것. 대표이사에게 질문할 사항은 주로 차기연도를 비롯한 향후의 경영비전과 전략, 매출전망, 경영방침, 종업원 신규채용계획, 임금인상계획, 생산설비 확충 또는 자동화 계획, 자금관리를 포함한 재무관리 전략, 시장동향, 신규시장 개척에 관한 내용 등

3. 제무제표 해설

- 신용분석의 목적 : 재무제표를 읽을 경우에 최근 3년간의 재무비율을 먼저 살펴본 다음에 각 재무제표를 읽어야 효과적
- 재무상태표 : 기업의 자산과 부채, 그리고 자본의 구성을 나타냄. 유동성, 자본구조, 차입구조, 재무안정성 등을 평가
- 손익계산서 : 매출액 성장성, 비용구조, 수익성을 평가. 기업경영의 지속 가능성은 매출부터 출발하기 때문에 매출액에 대한 분석은 가장 중요한 신용평가 항목 중의 하나. 물가가 상승하고 경제가 성장하기 때문에 매출액은 매년 증가하여야 함
- 영업이익 : 기업의 수익성을 판단할 때 가장 중요하게 다루는 지표. 기업의 수익창출의 원천은 본업인 영업활동을 통한 수익창출과 영업 외적인 경영활동을 통한 수입창출로 구분할 수 있음. 영업활동을 통하여 창출된 수익은 영업이익이라고 하고, 영업외적인 경영활동을 통하여 창출된 수익은 영업외수익이라고 함. 신용평가의 관점에서 볼 때 바람직한 수익 창출의 원천은 영업외수익 보다는 영업이익이 되어야 함
- 대손상각비

대손율 = 손익계산서 상의 대손상각비 / 매출액 * 100

- 현금흐름표 : 기업의 활동을 영업활동, 투자활동, 재무활동으로 구분하여 각 활동별로 현금의 유입과 유출을 정리한 재무제표

현금당기순이익 = 당기순이익 + 현금의 유출이 없는 비용 – 현금의 유입이 없는 수익

신용분석의 개요 및 재무제표 해설

3. 제무제표 해설

- 영업활동으로 인한 현금흐름은 플러스(+) 상태를 보이면서 최근 연도로 올수록 증가세를 보이는 모습이 가장 바람직. 투자현금흐름을 평가한다는 것은 적절한 투자 여부와 투자에 사용된 현금이 영업활동에서 창출된 현금으로 충당 가능하였는지를 평가하는 것.
- 그리고 가장 바람직한 현금의 조달은 유상증자를 통한 조달이고, 차선책은 장기성 차입금임. 가장 부적절한 자금조달은 단기차입금에 의존하는 방법

현금흐름의 구분		사용한 현금의 재원 및 현금의 적절한 사용처
영업현금흐름	현금당기순이익	영업자금, 투자자산, 유형자산 취득에 사용
	영업자금 투입	현금당기순이익 또는 단기차입금으로 충당
투자현금흐름	투자자산 취득	현금당기순이익, 유상증자대금 등으로 충당
	유형자산 취득	현금당기순이익, 유상증자대금, 장기차입금으로 충당
재무현금흐름	유상증자대금	투자자산, 유형자산 취득에 사용
	장기차입금	투자자산, 유형자산 취득에 사용
	단기차입금	영업자금 투입에 사용

사업위험 분석

1. 경영위험 분석

- 중소기업의 경영조직을 평가할 때 유의할 점은 주요 직원과 대표이사와의 관계. 대표이사가 사망하거나 건강상의 문제로 장기간 입원 하는 등 경영공백이 발생하게 되면 쉽게 도산할 가능성이 높기 때문에 경영후계자 유무를 확인해야 함
- 경영시스템 점검항목은 사규의 유무, 업무규정 유무, 전결권의 하부 위양수준 등. 경영시스템은 실질적으로 작동되는지 여부를 보고 평가
- 경영목표는 과거 수년간의 목표 매출액이나 이익금을 실제 매출액이나 이익금과 비교하여 합리적인 목표 설정 여부를 평가
- 경영전략은 경영목표 달성과 지속가능경영을 위하여 필요한 것. 경영전략은 크게 신규사업 추진전략과 기존사업 강화전략, 신제품 개발전략과 기존제품 강화전략으로 구분하여 평가
- 경영의 연속성이란 기업의 장기적인 경영비전이나 경영목표가 쉽게 바뀌지 않음으로써 종업원을 포함한 조직 구성원 전체를 한 방향으로 인도하여 조직의 효율성을 높이는 역할을 함. 경영의 연속성이 단절되면 나타나기 쉬운 현상으로서 금전사고, 회사정보 유출, 종업원의 근무기강 해이, 경영목표 달성의 실패 등을 예상 할 수 있음
- 중소기업은 대부분 비상장기업이기 때문에 주주 구성이 단순하여 대부분의 소유지분을 대표이사가 보유하고 있는 경우가 많음. 그러나 가끔 지분율이 50 대 50으로 구분되어 있는 기업의 경우 경영위기에 봉착하게 되면 서로 책임을 전가하는 일이 벌어질 수 있으며, 반대로 기업이 번창하게 되면 서로 기업을 성장시키는 데 본인의 공로가 가장 크다는 점을 내세워 경영권 분쟁이 일어날 가능성이 높아지므로 유의

사업위험 분석

2. 시장위험 분석(1)

- 경기변동과 중소기업의 경영성과는 밀접한 상관관계를 가지고 있음. 중소기업이 경기변동에 더욱 민감하게 반응하는 이유는 경기가 후퇴하거나 침체될 경우 대기업이 원가절감을 위해 거래하는 중소기업에게 납품단가를 인하토록 강요하는 것이 관행처럼 굳어져 있기 때문
- 중소기업의 환율변동위험에는 수출 및 수입거래에 따른 거래리스크 및 영업리스크와 외화자산 및 외화부채를 보유하고 있을 경우 환산리스크가 있음
- 중소기업 환리스크 관리기업에는 환율변동보험(한국무역보험공사), 선물환계약 등 대외적 관리기법과, 환차손준비금 적립, Leading 또는 Lagging, Matching과 Marrying, Pricing Policy 등 대내적 관리기법이 있음
- 기업의 규모를 불문하고 금리가 상승하게 되면 기업의 경영성과에는 부정적인 용인으로 작용됨
- 유가의 상승은 기업이 제품생산에 사용하는 각종 원재료 및 부재료의 가격을 상승시켜 제품원가를 상승시키게 되며, 기업의 제조경비를 상승시키는 요인으로도 작용. 그리고 유지관리비 및 운반비 등 영업비용을 증가시키는 요인이 됨
- 정부의 정책이 바뀔 때마다 경영성과에 유리하게 작용하는 기업도 있지만 반대로 불리하게 작용하는 기업도 있게 마련. 기업신용분석과 관련하여 참고하여야 할 대표적인 정부정책의 변화는 자유무역협정(FTA) 체결, 법률적 규제, 가격통제, 세율인상, 산업구조조정 등

2. 시장위험 분석(2)

▪ 경기변동과 중소기업의 영향

경기변동	중소기업의 경영에 미치는 영향
회복기	- 매출 증가 추세 및 가동률 상승 - 수익성 개선
황황기	- 매출이 많이 증가하고 가동률도 상승 - 매출 증가 및 가동률 상승으로 인한 고정비부담 완화로 수익성 향상 - 경기회복에 따라 원자재 가격도 상승하여 업체별로 수익성이 차별화 됨
후퇴기	- 매출감소 추세 및 가동률 하락 - 고정비부담 등으로 수익성 하락
침체기	- 매출 감소로 인한 수익성 악화 - 공장가동시간 단축 또는 중단 - 유동성이 부족하거나 부채가 많은 한계기업이 도산하기 시작

사업위험 분석

2. 시장위험 분석(3)

- 환율변동보험의 보상방법

거래구분	조 건	보험보상방법
수출거래	**보장환율 > 결제환율**	한국무역보험공사가 보험가입 기업의 환차익을 보상
	보장환율 < 결제환율	한국무역보험공사가 보험가입 기업의 환차익을 환수
수입거래	**보장환율 < 결제환율**	한국무역보험공사가 보험가입 기업의 환차익을 보상
	보장환율 > 결제환율	한국무역보험공사가 보험가입 기업의 환차익을 환수

- 금리변동과 기업경영성과

금리변동	기업의 경영성과에 미치는 영향
금리 상승	- 차입금 과다보유 기업의 금융비용 증가로 인한 수익성 악화 - 수익성 악화 지속에 따른 재무구조 악화 - 수요 감소로 인한 매출감소 가능성 - 한계기업의 도산확률 증가
금리 하락	- 수요 증가로 인한 매출증가 가능성 - 설비투자 증가로 기업의 차입금 수요 증가 - 한계기업의 도산 지연

3. 산업위험 분석

■ 산업분석의 일반적인 절차

(1) 산업의 분류	- 분석할 산업을 구체적으로 세분화
(2) 산업분석자료 수집	- 산업분석에 필요한 자료 및 정보 수집
(3) 산업의 특성 파악	- 해당 산업의 특성과 평가시 유의사항을 정리 - 산업 및 개별기업 분석의 효율성 제고 목적
(4) 산업의 경쟁구조 분석	- 전체 경쟁업체수를 파악 - 대상기업의 시장지위와 시장점유율 파악 - 경쟁업체별 강 · 약점 분석 - 경쟁업체별 경영성과 파악
(5) 제품의 수급상황 분석	- 최근 5년간 수요와 공급상황 분석 - 수요 변동의 원인분석 - 공급 변동의 원인분석 - 향후 1년간 수급상황 전망
(6) 잠재위험 평가	- 대체재 출현, 환경위험 발생가능성 유무 - 정부정책의 변화가능성 여부 등
(7) 성장성과 수익성 전망	- 원재료 수급상황과 가격전망 - 수요산업의 전망을 통해 산업의 성장성과 수익성 전망

사업위험 분석

3. 산업위험 분석

산업의 특성과 체크포인트

산업의 특성	개별기업에 대한 체크포인트	산업의 예시
도입기 산업	- 충분한 자금 확보 여부 - 시장성과 마케팅능력 등	녹색성장산업 등에 필요한 부품업체
쇠퇴기 산업	- 신규제품 출시계획 유무 - 신규 사업계획의 유무 및 사업성	유선전화기
수출비중이 높은 산업	- 환율의 변동성과 향후 전망 - 주력 수출지역의 경기전망 - 환리스크 관리방법 등	각종 전자제품
경기민감도가 높은 산업	- 경제성장률(GDP증가율) 전망 - 경기침체기 대처능력 유무	고가의 내구재, 사치품 등
계절성이 뚜렷한 산업	- 비수기의 재고 및 자금관리 능력	의류, 청량음료
영업의존도가 높은 산업	- 거래처의 업황전망 - 거래관계의 지속가능성	협력업체, 하청업체, 자영업 등
시장생산방식의 산업	- 시장점유율 및 브랜드 인지도 - 마케팅능력 및 유통망 등	대부분의 제조업(대부분의 대기업)
주문생산방식의 산업	- 수주능력, 수주실적, 수주잔고 - 거래처의 업황전망 - 거래관계의 지속가능성	자동차 부품, 서비스, 골판지상자 등 (대부분의 중소기업)
기술변화가 빠른 산업	- 기술개발조직 및 인력의 수준 - 연간R&D 투입비중, 기술개발 실적	IT, 전자제품 등

3. 산업위험 분석

산업의 경쟁구조 분석(Michael E. Porter's 5Forces Model)

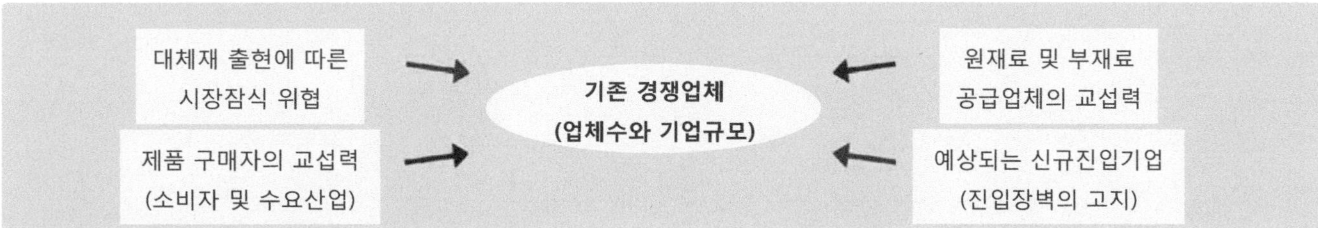

▪ 산업의 경쟁강도 평가방법

5Forces	평가방법
기존 기업들 간의 경쟁	- 경쟁업체의 수가 많을수록 경쟁은 심화된다. - 공급이 넘치거나 수요가 감소해도 경쟁은 심화된다.
신규진입기업의 위협	- 진입장벽의 고저로 평가한다. - 진입장벽이 낮을수록 진입기업이 증가하여 불리하다. - 진입기업이 증가할수록 경쟁이 심화된다.
대체품의 시장잠식 위협	- 기존 대체재의 시장잠식이 심화될수록 불리하다. - 신규 대체재의 출현가능성도 산업위험요소이다.
원재료 공급업체의 교섭력	- 공급업체의 힘(교섭력)이 더 클수록 불리하다.
제품 구매자의 교섭력	- 소비자 또는 수요산업의 힘(교섭력)이 더 클수록 불리하다.

사업위험 분석

3. 산업위험 분석

- **수급상황 분석 : 제품의 수요와 공급을 분석하여 향후 산업의 성장성과 수익성을 전망하는 것을 말하며, 분석대상기업의 매출과 수익성을 전망하는 데 매우 중요한 정보를 제공**

▪ 기업의 매출액과 수익성 전망

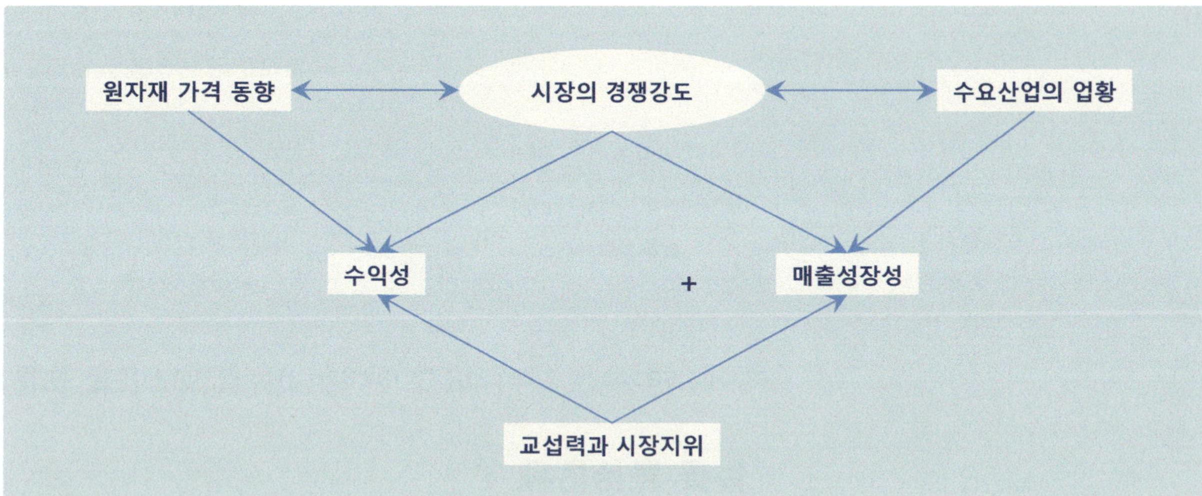

4. 영업위험 분석

▪ 제품구성

▪ 제품의 수명 주기별 현금흐름과 사업위험

구분	도입기	성장기	성숙기	쇠퇴기
투입비용	급증	증가	현상유지	감소
매출 성장성	부진	급성장	성장세 둔화	정체 또는 감소
수익성	불량	양호	수익성 저하	악화
현금흐름	불량	개선	양호	악화
사업위험	높음	낮음	낮음	상승

▪ 기업의 사업구조 또는 제품구성을 검토하는 목적은 사업부별 또는 제품별로 경쟁력과 매출기여도는 분석하여 향후 지속적인 성장가능성을 판단하고자 함. 대기업은 사업분야가 다양한 경우가 많기 때문에 사업구조를 분석하여야 하지만, 중소기업은 단일사업부가 대부분이기 때문에 제품별로 분석하여야 함

▪ 바람직한 사업구조 또는 제품구성은 성장기와 성숙기 제품의 구성비중이 높은 것. 도입기 제품도 있어야 하지만 전체 매출액에 대한 비중은 낮아야 하며, 쇠퇴기 제품이나 사업부는 없어야 함

사업위험 분석

4. 영업위험 분석

영업전략

- 경영목표와 경영전략과의 연계성을 평가하여야 함. 그리고 실천가능성과 매출증거로 연결되는 영업전략인지의 여부가 신용평가의 중요 포인트

구매활동

- 구매효율성은 원재료의 종류를 파악한 다음에 원재료의 수급상황과 전망, 원재료 가격동향과 전망, 원재료 구매방법과 구매조건 등을 검토하는 식으로 평가가 진행되어야 함

생산활동

- 생산효율성에 대한 평가는 생산설비를 얼마나 효율적으로 가동하여 제품을 생산하고 있는지, 생산비용의 최소화를 통하여 제품 제조원가를 얼마나 낮추고 있는지를 점검하는 일. 생산활동의 효율성은 판매활동과 연계시켜 적절한 재고관리도 포함됨
- 중소기업의 성장의 장벽

출처 : 중소기업진흥공단 허범도 전 이사장의 TPM이론

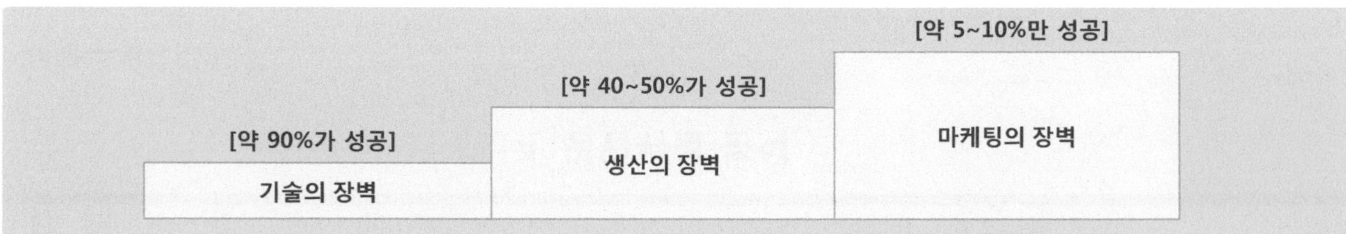

4. 영업위험 분석

▪ 기술력을 간접적으로 평가하는 방법

평가항목	평가방법
기술연구소 또는 기술개발 담당조직의 유무	- 연구소의 환경과 규모로 평가 - 연구소가 없을 경우 연구조직 유무로 평가
기술인력의 수와 구성원들의 기술개발능력	- 기술개발인력의 수가 많을수록 높이 평가 - 기술인력의 전문성으로 평가 - 박사, 석사 등 구성원의 학력으로도 평가 - 과거 기술개발실적과 명성으로도 평가
연구개발비 투입 규모	- 매출액 개비 R&D비용 투입비율로 평가 - 경쟁업체와 R&D비용의 비교를 통하여 평가
기술개발실적	- 기술관련 특허 등록건수와 내용으로 평가 - 외부와의 기술제휴실적도 포함
상품화 실적	- 기술개발을 통한 상품화 실석 - 실제 매출 기여도 등으로 평가

사업위험 분석

4. 영업위험 분석

- 노동력 평가항목과 평가방법

평가항목	평가방법
노동숙련도	- 평균근무연수 2년 이하 : 숙련도가 낮은 수준 - 평균근무연수 5년 이하 : 숙련도가 보통 수준 - 평균근무연수 10년 이상 : 숙련도가 높은 수준
외국인 근로자 비중	- 비중이 높을수록 노무관리 등 생산성이 저하됨
인건비 수준	- 매출액이 유사한 경쟁기업 평균과 비교 - 동업계 평균인건비 수준과 비료
대체인력 확보의 용이성	- 대체인력 조달방법과 과거사례를 듣고 평가
노사분규	- 노사분규 발생건수가 없어야 함 - 노사분규가 발생한 사실이 있다면 사유를 확인

- 재고자산회전율의 산식과 평가기준

비율	산식	평가기준
재고자산회전율(회)	**매출액 / 평균재고자산**	- 회전율이 상승하여야 바람직하다. - 동업계 평균보다 높아야 바람직하다.

4. 영업위험 분석

판매활동

- 판매효율성에 대한 평가는 얼마나 효과적인 영업전략을 수립하였으며, 그 전략에 따라 최소의 영업비용으로 최대의 매출을 달성하고 있는지의 여부를 점검하는 일

대손위험

- 판매대금에 대한 대손가능성은 협력업체와 같이 거래처가 소수인 경우에는 납품 거래처의 신용도에 의해 매출채권의 대손가능성을 평가하며, 거래처가 불특정 다수로 구성 되어 있는 시장판매방식의 영업을 하고 있는 기업인 경우에는 과거 약 3년간의 평균대손율을 산출하여 대손가능성을 평가함

- 평균대손율

평균대손율 = (전전기대손율 + 전기대손율 + 당기대손율) / 3

재무위험 분석

1. 재무상태 분석

자본구조

- 일반기업회계기준상의 재무상태표 구조

<table>
<tr><th colspan="2">자산(차변)</th><th colspan="2">자본(대변)</th></tr>
<tr><td rowspan="3">유동자산</td><td rowspan="2">당좌자산</td><td rowspan="2">유동부채</td><td>일반채무</td></tr>
<tr><td>단기금융채무</td></tr>
<tr><td>재고자산</td><td rowspan="2">비유동부채</td><td>일반채무</td></tr>
<tr><td rowspan="8">비유동자산</td><td rowspan="2">투자자산</td><td>장기금융채무</td></tr>
<tr><td colspan="2">부채총계(타인자본)</td></tr>
<tr><td rowspan="2">유형자산</td><td colspan="2">자본금</td></tr>
<tr><td colspan="2">자본잉여금</td></tr>
<tr><td rowspan="2">무형자산</td><td colspan="2">자본조정</td></tr>
<tr><td colspan="2">기타포괄손익누계액</td></tr>
<tr><td rowspan="2">기타유동자산</td><td colspan="2">이익잉여금</td></tr>
<tr><td colspan="2">자본총계(자기자본)</td></tr>
<tr><td colspan="2">자산총계</td><td colspan="2">부채와 자본총계</td></tr>
</table>

재무위험 분석

1. 재무상태 분석

▪ 자본구조 관련 재무비율

구분	산식	재무비율	평가방법
부채비율	**부채총계 / 자본총계 * 100**	50% 이하	매우 양호
		50 ~ 100%	양호
		100 ~ 200%	보통
		200 ~ 400%	불량
		400% 이상	매우 불량
자기자본비율	**자본총계 / 자산총계 * 100**	66% 이상	매우 양호
		50 ~ 66%	양호
		33 ~ 50%	보통
		20 ~ 33%	불량
		20% 이하	매우 불량

재무위험 분석

1. 재무상태 분석

- 부채비율 수정방법

구분	가산할 항목	차감할 항목
부채총계	- 제3자를 위한 지급보증 - 제3자를 위한 담보제공 - 소송에 피소된 금액	- 대주주로부터의 장단기 차입금
자본총계	- 토지의 장부가액과 공시지가와의 차액	- 무형자산 - 장기매출채권 - 장기미수금 - 대주주앞 장단기 대여금 - 기타 가치없는 자산 등

- 자기자본 형성의 건전성 평가

이익잉여금 대 자기자본 비율 = 이익잉여금 / 자기자본(자본총계) * 100

1. 재무상태 분석

차입구조

- 차입구조 평가방법

평가항목	평가방법
총차입금	- 총차입금의 규모는 작을수록 바람직 - 차입금의존도, 차입금 대 매출액 비율 등으로 평가
순차입금	- 순차입금 규모도 작을수록 바람직 - 현금 및 현금등가물, 단기금융상품 등을 차감한 차입금 - 차입금의존도, 차입금 대 매출액 비율 등으로 평가
단기성차입금비중	- 총차입금에서 단기성차입금이 차지하는 비중 - 비중이 낮을수록 바람직
외화차입금	- 외화차입금은 없어야 바람직 - 외화차입금이 있을 경우 환율상승에 따른 상환부담이 높아짐
비은행차입금	- 비은행차입금은 대부분 고금리로 운용되기 때문에 없어야 함 - 비은행차입금을 보유한 기업은 신용위험이 높은 기업으로 간주
금리수준	- 평균적으로 낮아야 바람직 - 금리수준이 평균 이상인 경우 신용위험이 높은 기업임
상환기일 분포	- 연도별로 골고루 분산되어 있는 것이 바람직

재무위험 분석

1. 재무상태 분석

- 차입구조 관련 재무비율

구분	산식	재무비율	평가방법
차입금의존도	**총차입금 / 자산총계 * 100**	40% 이상	차입금 과다
		30 ~ 40%	요주의 기업
		30% 미만	정상적인 수준
차입금 대 매출액비율	**총차입금 / 매출액 * 100**	40% 이상	차입금 과다
		30 ~ 40%	요주의 기업
		30% 미만	정상적인 수준

- 차입금의존도 수정방법

구분	가산할 항목	차감할 항목
총차입금	- 없음	- 대주주로부터의 장단기차입금 - 현금성자산
자산총계	- 토지의 장부가액과 공시지가와의 차액	- 무형자산 - 장기매출채권 - 장기미수금 - 대주주앞 장단기대여금 - 기타 가치없는 자산 등

재무위험 분석

1. 재무상태 분석

유동성

▪ 유동성 평가 관련 재무비율

유동비율	산식	재무비율	평가방법
유동비율	유동자산 / 유동부채 * 100	150% 이상	양호
		100 ~ 150%	보통
		100% 미만	불량
당좌비율	당좌자산 / 유동부채 * 100	100% 이상	양호
		80 ~ 100%	보통
		80% 미만	불량
매출채권 대 매입채무 비율	매출채권 / 매입채무 * 100	100% 이상	양호
		100% 미만	불량

▪ 유동비율 수정방법

구분	가산할 항목	차감할 항목
유동자산	- 인출에 제한이 없는 장기금융상품	- 인출에 제한이 없는 장기금융상품 - 인출에 제한된 단기금융상품 - 담보로 제공된 유가증권 - 대주주 앞 단기대여금 - 판매 불가능한 재고자산 - 시장성이 전혀 없는 비상장주식
유동부채	- 없음	- 대주주로부터의 단기차입금

재무위험 분석

1. 재무상태 분석

자산구성

- 자본배분의 안정성 관련 재무비율

구분	산식	재무비율	평가방법
고정비율	비유동자산 / 자기자본 * 100	100% 이상	양호
		100% 미만	불량
고정장기적합률	비유동자산 / (비유동부채 + 자기자본) * 100	100% 이상	양호
		100% 미만	불량

- 기업의 부채가 물가의 상승으로 인해 변동하지 않지만 자산은 가치가 변동하기 때문에 결산기말 현재 또는 자산을 취득한 시점을 기준으로 평가한 기업의 자산이 시간이 경과함에 따라 가치의 변동이 크게 발생하였다면 이를 평가에 반영할 필요가 있음
- 신용분석을 할 때는 기업이 보유하고 있는 자산의 현재가치 평가도 필요

2. 영업성과 분석

매출액

- 일반기업회계기준상의 손익계산서 구조와 경영성과 평가

<table>
<tr><th>계정과목</th><th>평가방법</th></tr>
<tr><td>1. 매출액</td><td rowspan="5">- 영업상의 수익성을 의미
- 고비용구조 여부를 평가</td></tr>
<tr><td>매출원가(-)</td></tr>
<tr><td>2. 매출총이익</td></tr>
<tr><td>판매관리비(-)</td></tr>
<tr><td>3. 영업이익</td></tr>
<tr><td>영업외수익</td><td rowspan="3">- 영업외적인 수익성을 의미
- 투자자산의 질적인 특성, 차입금 규모와 금리 수준, 환위험에 따라 수익성이 변동</td></tr>
<tr><td>영업외비용(-)</td></tr>
<tr><td>(금융비용)</td></tr>
<tr><td>4. 법인세 차감 전 당기순이익</td><td rowspan="3">- 경영성과(영업수익성 + 영업외수익성)
- 영업수익성에 기반을 둔 당기순이익</td></tr>
<tr><td>법인세(-)</td></tr>
<tr><td>5. 당기순이익</td></tr>
</table>

재무위험 분석

2. 영업성과 분석

▪ 매출액 증가율 평가

구분	매출액 증감 원인	평가방법
매출액 증가	판매수량의 증가와 판매단가의 상승	양호한 성장
	판매수량은 감소하였지만 판매단가가 상승	바람직하지 못한 성장
매출액 감소	판매수량의 감소와 판매단가의 하락	심각한 상황
	판매수량은 증가하였지만 판매단가가 하락	불량하나 심각하지는 않음

▪ 매출액 증가율 평가방법

구분	참고지표	예시	근거
판매수량(①)	당해 산업의 성장률 또는 경제성장률(GDP)	5%	시장규모가 성장한 만큼 판매수량도 증가하여야 현상유지가 됨
판매단가(②)	물가상승률	3%	원재료가격, 제조경비, 노무비 등이 상승하는 정도의 제품원가가 상승
매출액(① * ②)		8%	최소 요구 매출액 증가율

2. 영업성과 분석

비용구조

- 기업의 주요 비용으로는 매출원가와 판매관리비, 그리고 금융비용 등 신용분석을 할 때 매출액을 분석한 다음에 비용구조를 분석하는 것은 분석대상기업의 비용구조가 고비용구조인지 아니면 저비용구조인지를 파악하기 위함
- 어떤 기업의 비용구조를 분석해 본 결과 고비용구조라면 동 기업은 매출액이 큰 폭으로 증가하지 않으면 수익성이 개선될 가능성이 낮아짐. 반면에 저비용구조를 가진 기업은 매출액이 조금만 증가하여도 수익성이 큰 폭으로 개선될 가능성이 높음
- 바람직한 비용구조는 매출원가율과 판매관리비 부담률, 금융비용 부담률이 경쟁기업이나 동업계 평균보다 낮은 것.

수익성

- 매출액총이익률과 매출액영업이익률, 그리고 당기순이익률로 판단하는데 이들 세 가지 수익성 지표가 모두 고르게 높은 수준을 보여야 수익성이 양호하다고 평가
- 기업의 수익은 영업을 통하여 창출한 수익과 영업외적인 요인들에 의해 발생하는 수익으로 구분할 수 있음. 바람직한 것은 영업외적인 수익보다는 영업을 통하여 창출한 수익이 확대되는 것. 그 이유는 영업외적인 수익은 대부분 실현 되지 않은 수익이거나 일시적으로 발생하는 것이 많기 때문

재무위험 분석

3. 현금흐름 분석

현금흐름

- 자금의 사용과 바람직한 자금의 조달방법

자금의 사용처	바람직한 자금조달 방법
영업활동에 사용한 운전자금	단기성 차입금
투자활동에 사용한 설비자금	장기성 차입금 또는 유상증자 자금

대기업과 중소기업의 현금흐름의 특징

- 대기업의 현금흐름은 수심이 깊어 외부의 충격에 의해서 중소기업의 현금흐름은 수심이 얕아서 조그만 충격에 의 작스러운 경기침체나 거래기업의 도산 등을 의미

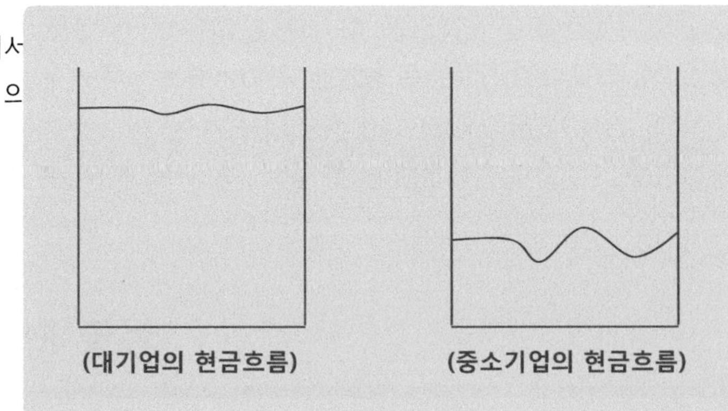

Chapter 3. 신용보증기금

신용보증

전자상거래보증

지식재산보증

신용보증

1. 개요

▪ 신용보증이란?

- 담보능력이 부족한 기업에 대하여 신용보증기금이 기업의 신용도를 심사하여 신용보증서를 제공함으로써 금융회사로부터 대출을 받을 수 있도록 하는 제도

▪ 흐름도

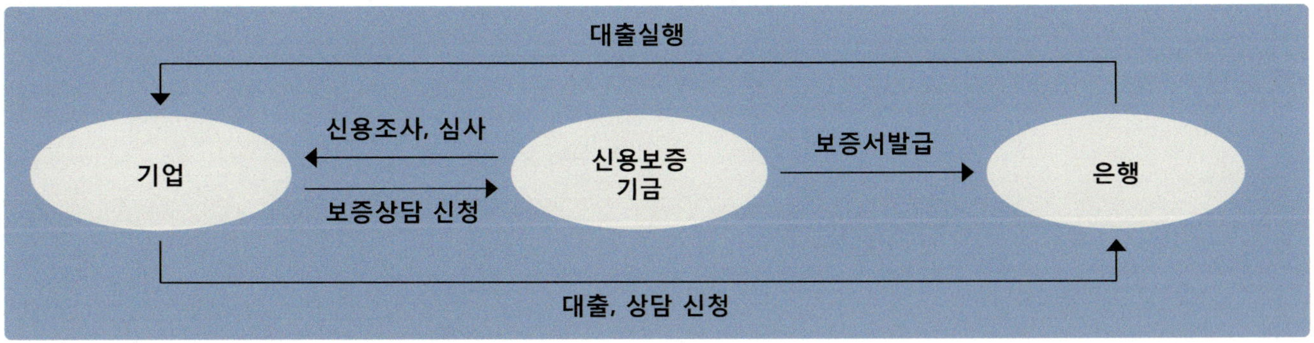

신용보증

개요

부분보증

- 보증부대출에 대한 책임을 보증기관과 금융기관이 일정비율로 분담하는 보증제도
- 기업의 신용등급, 보증이용기간에 따라 기준보증비율을 차등하여 적용

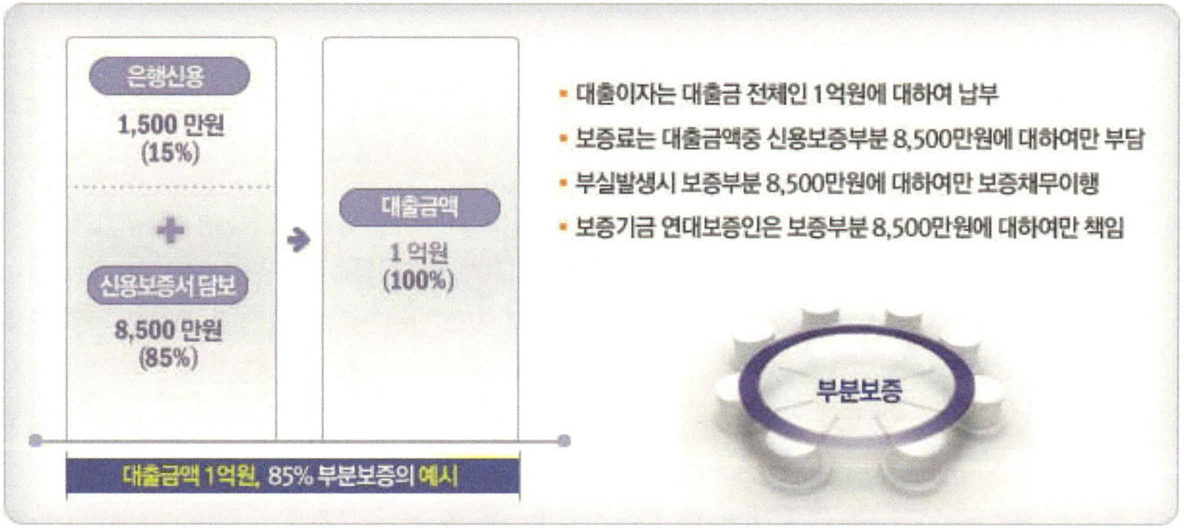

- 자료 : 신용보증기금

신용보증

2. 신용보증 대상기업 및 대상업종

신용보증 대상기업

- 개인기업 : 영리를 목적으로 사업을 영위하는 개인사업자
- 법인기업 : 영리를 목적으로 사업을 영위하는 법인
- 기업단체 : 중소기업 협동조합법에 의한 중소기업협동조합
  - 대기업 제한, 상장기업은 특정자금에 한하여 제한적 허용

신용보증 대상업종

- 신용보증은 업종별 제한없이 보증취급이 가능. 단, 도박 및 게임, 사치, 향락, 부동산 관련 등의 업종에 대해서는 보증지원 제한

신용보증 관할구역

- 보증기업의 주된 사업장 소재지를 담당하는 영업점에서 취급
- 같은 기업에 대한 보증취급은 1개의 영업점에서 담당

[참고] 연대보증인 – 기존

아래의 연대보증 대상자는 연대보증을 하여야 함

- 대표자 및 실제 경영자, 과점주주인 이사
- 배우자, 직계 존,비속으로 기업경영에 직접 참여하는 자
- 사실상 동일기업인 관계기업

기업형태	연대보증 대상자
개인기업	- 실제경영자 * 대표자로 등재하여 주채무자 자격으로 채무부담
법인기업	- 실제경영자 (다음 각호의 요건 중 어느 하나 충족) 1. 대표이사, 무한책임사원 2. 최대주주 또는 최다출자자 3. 본인과 특수관계인 포함 주식지분 30%이상 보유자 * 복수의 실제경영자가 존재하는 경우 대표이사 또는 무한책임 사원으로 등재하며 보증채무를 1/N로 분담
공통	- 채무관계자가 운영하는 기업에 대한 회생지원보증의 경우 기존 구상권기업 채무관계자

신용보증

[참고] 연대보증인 – 개정(창업 5년이내 법인)

연대보증인

- 신용보증제도는 기업의 신용을 담보로 보증서를 발급하는 제도로써 기업의 실제경영자를 제외하고는 연대보증을 세우지않는 것을 원칙으로 합니다.

입보대상자

기업형태	연대보증 대상자
개인기업	· 연대보증 미운용
법인기업	· 실제경영자 · 「우수 창업기업 지원을 위한 업무처리방법」 및 「우수기업에 대한 연대보증 입보면제 업무처리방법」에 따라 보증을 지원 하는 경우, 실제경영자의 연대보증 입보면제
공통	· 채무관계자가 운영하는 기업에 대한 회생지원보증의 경우 기존 구상권기업 채무관계자

3. 보증운용

보증한도 - 정부정책별, 시기별, 상품별, 업종별, 업력별 상이함

일반보증한도 - 30억원

- 신용보증기금과 기술보증기금의 일반보증을 합하여 30억원
- 신용이 취약하거나 규정에서 따로 정하는 기업은 15억원 이내로 제한
  - 다만, 금융위원회가 국민경제상 특히 필요하다고 인정하는 자금 또는 기업의 경우, 일반한도를 초과하여 이용 가능

최고보증한도

- 이행보증, 무역금융보증, 전자상거래보증, 수출관련 L/C개설보증 : 70억원
- 시설자금보증 : 100억원

운전자금보증한도

- 매출액한도 : 당기 매출액의 1/6~1/3 이내
- 자기자본한도 : 자기자본의 3배 이내

신용보증

4. 신용보증절차

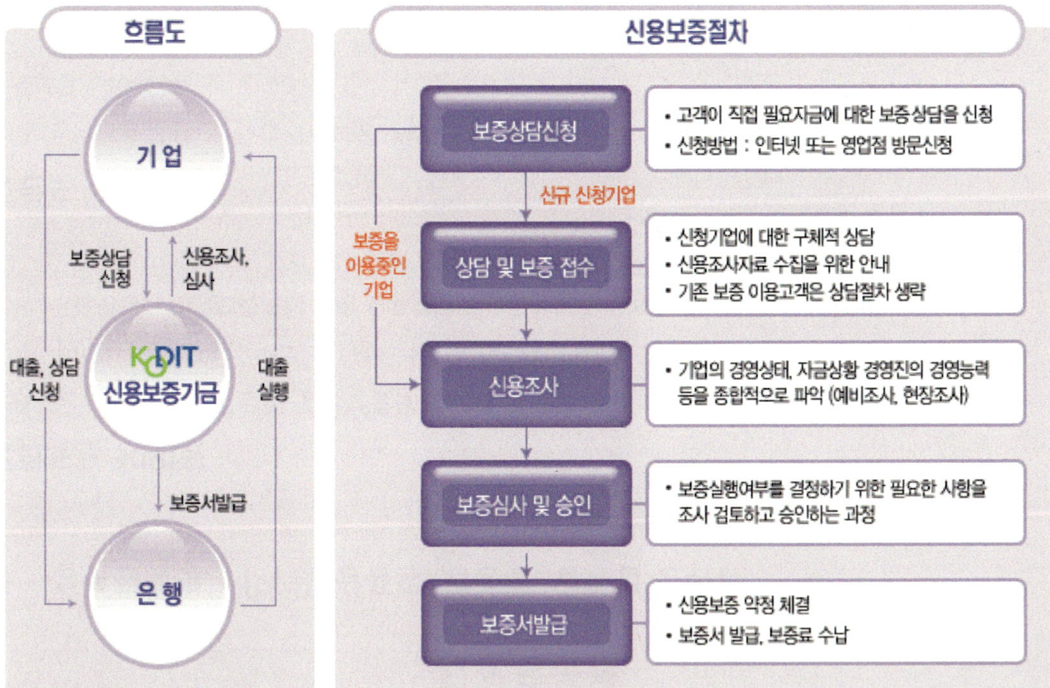

자료 : 신용보증기금

5. 절차 – (1)보증신청

보증신청방법

- 인터넷 보증신청 : 고객이 신용보증기금(이하 신보) 홈페이지 [사이버영업점]을 통해 신용보증 신청
- 방문 보증신청 : 고객이 영업점을 직접 방문하여 신용보증을 신청

보증신청의 처리

- 인터넷 보증신청 : 담당영업점 및 담당팀을 배정한 후, 신청한 기업체에 보증상담 예정일자 등을 SMS 또는 E-mail을 통해 통지
- 방문 보증신청 : 영업점에서 직접 상담 또는 기타 보증에 대해 안내

고객이 직접 신청등록 사유 입력

- 고객의 보증신청 내역을 투명하게 관리
- 신보 직원의 신청금액 조정 차단
- 고객이 자신의 보증신청 및 진행 내역을 실시간으로 조회

신용보증

5. 절차 – (2)보증상담

보증상담방법

- 기업의 영업점 방문상담 : 보증신청 기업이 신보의 영업점에 직접 방문하여 상담
- 직원의 기업체 방문상담 : 신보 직원이 보증신청 기업을 방문하여 상담
- 전화상담 : 영업점 방문없이 전화로 상담

보증상담 주요내용

- 상담자 : 대표자, 경영진, 실무책임자
- 상담시 확인서류
  - 내부자료 : 기업관련인 신용정보, 보증기관 거래정보 등
  - 제시자료 : 사업자등록증, 법인등기부등본, 주주명부, 부가세과세증명, 재무제표(3개년) 등 고객이 제시하는 경우
- 상담시 확인사항
  - 자금용도, 대표자의 경영능력, 차입금 규모의 적정성, 재무구조의 건전성, 주요 보증심사 항목의 저촉여부

5. 절차 – (3)자료수집

- 자료수집 원칙 변경 : 기업이 직접 제출 → 신보 직원이 직접 수집
- 신용보증에 필요한 서류

신용조사자료	고객협조사항	자료수집시스템
법인등기사항전부증명서 부동산등기부등본	소유부동산 소재지 사전 고지	대법원 인터넷 등기소
주민등록등・초본 지방세납세증명	대표자의 사전동의	행정정보 공동이용시스템
금융거래확인서	대표자의 사전동의	전자금융거래확인서
사업자등록증명 (국세)납세증명, 납세사실증명 부가가치세과세표준증명	홈택스 민원증명 발급번호 고지	국세청 홈택스서비스
매입・매출처별 세금계산서 합계표 재무제표	대표자의 사전동의	세무회계자료 전자수집시스템
주주명부, 임대차계약서사본 재무제표 부속명세서, 기업개요표	팩스 송부 또는 현장조사시 제시	-

신용보증

5. 절차 – (4)신용조사

예비조사 주요 항목

- 신용조사자료의 누락 및 위・변조여부 검토
- 조사 대상 기업의 개요 및 산업의 특성과 동향
- 보증심사항목 저촉 여부 사전 확인
- 주요 재무비율, 현금흐름 등 재무상황
- 현장조사에서 중점 조사할 사항 점검 등

현장조사 주요 항목

- 대표자 및 경영진의 경영능력
- 주요시설의 종류와 노후화 정도
- 매출채권의 건전성, 지급어음의 규모 및 결제재원
- 주요 판매처 및 수주 현황
- 급여, 임차료, 이자, 제세공과금의 체납 여부
- 예비조사에서 중점조사가 필요하다고 판단한 사항 등

5. 절차 – (5)보증심사

보증심사 내용

- 신용보증기금법령 및 관계규정상 보증대상 여부
- 신청기업의 권리능력이나 행위능력 여부
- 신청기업의 신용상태, 사업전망, 보증금액의 적정여부 등을 종합적으로 검토

보증심사 방법

심사구분	일반심사	표준심사	심층심사	창업보증심사
심사기준보증금액 / 대상	3억원 이하	3억원 초과 ~10억원 이하	10억원 초과	창업기업

신용보증

5. 절차 – (6)신용보증 약정체결 및 보증서 발급

신용보증 약정체결

- 신보와 보증신청기업간의 보증위탁계약
- 보증기업 및 연대보증인이 직접 신용보증약정서 자필 서명
- 고객편의 위해 현장조사시 미리 약정 가능

보증료

- 보증금액에 대하여 보증심사등급별 보증료율, 가산보증료율, 할인보증료율을 차례대로 적용하여 계산하며, 신용도 등의 변화에 연동하여 보증료 산정
- 보증료계산 : 보증금액 x 보증료율 x 보증기간 / 365일
- 보증료 납부 : 0.5~3.0% (대기업은 상한선 3.5%)
  - 적용 보증료율 = 신용등급별 기준보증료율 + 가산보증료율 - 차감보증료율

보증서 발급

- 채권은행에 전자보증서 전송 (고객편의와 위조방지)

6. 보증금지대상기업 및 보증제한대상기업

보증금지대상 - 신보에 손실을 끼친 기업과 그 채무관계자에 대하여는 보증취급 금지

- 제1호. 신보가 보증채무를 이행한 후 구상채권의 변제를 받지 못한 기업 중 최종 보증채무일로부터 3년 이내인 기업
- 제2호. 위 제1호 기업이 법인기업인 경우 그 기업의 이사 또는 업무집행사원 중 신보법 시행령 제25조의 각호에 해당하는 자
- 제3호. 위 제1호 기업이 개인기업인 경우 그 개인이 대표자로 되어 있는 기업
- 제4호. 위 제1호 기업의 실제경영자가 대표자로 되어있는 기업

보증제한대상 - 신용상태가 악화되어 기업의 계속적 유지가 어려울 것으로 판단되는 기업에 대해서는 보증취급 제한

- 제1호. 휴업중인 기업
- 제2호. 금융기관의 대출금을 빈번히 연체하고 있는 기업
- 제3호. 금융기관의 금융거래확인서 기준일 현재 연체중인 기업
- 제4호. 신용관리정보를 보유하고 있는 기업(대표자 및 실제경영자 포함)

신용보증

6. 보증금지대상기업 및 보증제한대상기업

- 제5호. 보증금지대상 제1호에 해당하는 기업의 연대보증인인 기업 및 제2호~4호의 어느 하나에 해당하는 사람 이외의 연대보증인이 대표자 또는 실제경영자인 기업
- 제6호. 보증금지대상 제2호~4호의 어느 하나에 해당하는 사람이 실제경영자인 기업
- 제7호. 다음 각목에 해당하는 기업
  - 가. 신보가 보증채무를 이행한 후 구상채권의 변제를 받지 못한 기업 중 최종 보증채무일로부터 3년 경과한 기업
  - 나. 기술보증기금, 신용보증재단, 산업기반신용보증기금이 보증채무를 이행한 후 채권을 회수하지 못한 기업
  - 다. 신보의 매출채권보험계정에서 보험금을 지급한 후 대위채권을 회수하지 못한 기업
- 제8호. 다음 각목의 어느 하나에 해당하는 사람이 대표자 또는 실제경영자로 되어 있는 기업
  - 가. 위 제7호의 기업이 법인기업인 경우 그 기업의 이사 또는 무한책임사원 중 신보법 시행령 제25조 각호에 해당 하는 자
  - 나. 위 제7호의 기업이 개인기업인 경우 그 개인
  - 다. 위 제7호의 기업의 실제 경영자
- 제9호. 위 제7호 가목, 나목에 해당하는 기업의 연대보증인인 기업 및 제8호 각 목에 해당하는 사람 이외의 연대보증인이 대표자 또는 실제경영자인 기업
- 제10호. 허위자료 제출기업
- 제11호. 신보, 기보, 보증재단 및 산업기반신용보증기금의 보증부실(사고)기업

지식재산보증

1. 시행배경

□ **지식재산에 기반한 새로운 성장동력 발굴 및 일자리 창출을 적극 뒷받침하여 창조경제 활동 견인**

- 창의적 아이디어와 수익모델의 "창출-거래-사업화-활용촉진"의 전 단계를 지원하는 맞춤형 보증프로그램 운용

□ **창업·중소기업이 중견기업으로 도약할 수 있는 성장사다리 구축**

- 우수 지식재산 창출기업에 대한 연구개발(R&D), 기술거래, 사업화 및 활용촉진을 위한 자금을 적극 지원함으로써 중소기업의 성장잠재력 제고

2. 보증종류

구분	내용
개발자금 보증	연구개발비, 기자재 구입비 또는 시제품 제작비 등 연구개발(R&D) 단계에서 소요되는 자금에 대한 보증
이전자금 보증	지식재산 보유자로부터 지식재산을 이전 받거나, 이전 받은 지식재산의 기술완성을 위한 추가연구개발에 소요되는 자금에 대한 보증
사업화자금 보증	R&D 성공과제, 이전 받은 지식재산 등을 바탕으로 사업화하는 과정에서 소요되는 자금에 대한 보증

지식재산보증

3. 지원프로그램

구 분	창출 단계	거래 단계	사업화 단계
	개발자금보증	이전자금보증	사업화자금보증
대상기업	▪ R&D 수행 기업	▪ IP 인수기업 ▪ 전용실시권 허락 기업	▪ R&D 성공 기업 ▪ IP 보유 및 인수기업
대상과제	▪ 자체 R&D 과제 ▪ 정부 R&D 과제	▪ 특허, 실용, 디자인권 등 이전과제	▪ R&D 성공, IP 보유과제 (사업화 以前과제에 한함)
대상자금	▪ 개발, 시제품제작, 시험시설 등	▪ 매입자금, 기술료, 추가 개발	▪ 생산, 마케팅, 생산시설 구축
보증한도	▪ 5억원	▪ 5억원	▪ 10억원
	15억원(지식재산 보증 통합한도)		
사업타당성	▪ 사업타당성평가표 60점↑(창업 55점↑)	▪ (좌동)	▪ (좌동)
보증비율	▪ 창업100%, 비창업95%	▪ 창업95%, 비창업90%	▪ (좌동)
보증료율	▪ 0.2%p차감	▪ (좌동)	▪ (좌동)
기타사항	▪ 운전자금 한도 사정시 대상금액에서 제외 ▪ 장기·고액보증의 기준이 되는 금융성 운전자금에서 제외		

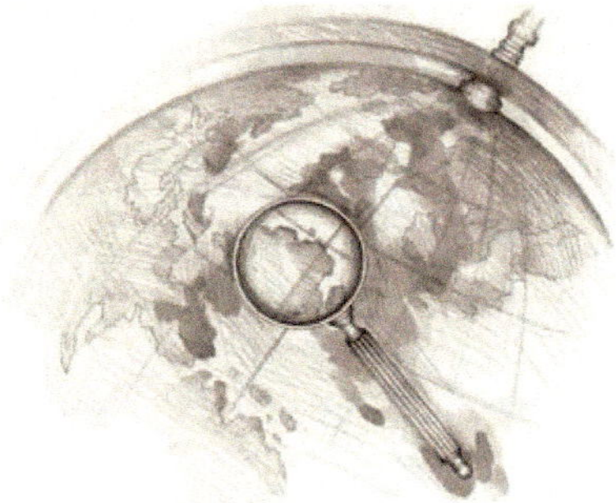

Chapter 4. 기술보증기금

Chapter 4. 기술보증기금

기술보증

기술평가

기술보증

1. 개요

▪ 주요 업무

보증지원

- 금융기관 등에 대해 부담하는 각종 채무에 대한 보증
- 주요 보증상품
  - 대출보증, 지급보증의 보증, 이행보증
  - 구매자금융보증, 전자상거래보증
  - 한도거래보증, 창업패키지보증 등

기술평가

- 기술성, 시장성, 사업성 등 미래가치를 평가
- 기술평가 분류
  - 기술가치평가
  - 기술사업타당성평가
  - 종합기술평가

창업지원 / 벤처 · 이노비즈 인증

- 창업보육기관 연계지원제도
- 벤처기업 확인제도
- 이노비즈 인증제도
- 경영혁신형 중소기업

기술거래장터

- 기술이전 · M&A안내
- 투 · 융자 지원
  (보증연계투자 / 기술평가인증서)

기술보증

[참고] 기술평가보증

기술평가보증이란?

- 기술력을 보유하고 있는 기업의 기술성, 사업성 등 미래가치 위주로 평가하여 보증서를 발급
- 금융기관 등으로부터 원활하게 자금을 지원받을 수 있는 제도

일반보증 VS 기술평가보증

일반보증	기술평가보증
경영전반 · 신용도 등 (과거실적 및 현재현황 위주 심사)	기술성 · 사업성 평가 (미래 성장가능성 위주 평가)
▪ 경영전반 ▪ 영업상황 ▪ 사업전망 ▪ 재무상황 및 신용도 등	▪ 기술 · 경영능력 ▪ 기술수준 ▪ 시장성 및 수익성 ▪ 사업계획의 타당성 등

2. 기술보증 대상기업

기술평가보증 대상기업

- 신기술사업을 영위하는 중소기업
- 중소기업 이외의 기업으로 신기술사업을 영위하는 상시종업원 1,000인 이하이고, 총자산액 1,000억원 이하인 기업
- 산업기술연구조합
  - 상기대상기업중 " 은행업감독규정"에 의한 주채무계열 소속기업은 보증대상에서 제외. 다만 기업구매자금대출, 기업구매전용카드대출 및 무역금융보증에 대하여는 상위 30대 계열기업군 소속기업만 제외

신기술사업이란?

- 제품개발 및 공정개발을 위한 연구사업
- 연구개발의 성과를 제품화하는 사업
- 기술도입 및 도입기술의 소화 개량사업
- 다른 법령에서 규정된 기술개발사업
- 기타 생산성향상, 품질향상, 제조원가절감, 에너지절약 등 현저한 경제적 성과를 올릴 수 있는 기술을 개발 또는 응용하여 기업화, 제품화하는 사업

※ 업종별 제한은 없으나 제조, IT, 연구 및 개발, 기술 서비스업종 등이 주로 해당되며, 여타업종 영위기업도 상기 신기술사업을 영위하는 경우 보증대상 해당

기술보증

2. 기술보증 대상기업

중점지원 대상기업

- 기술혁신선도형 중소기업
  - 기술력이 있고 미래 성장 가능성이 높은 차세대 핵심기업 및 신기술의 채택이나 기술혁신으로 경쟁력을 확보하여 기술 혁신을 선도, 파급하는 기업 또는 성장할 가능성이 높은 기업을 의미
  - 기술보증기금의 중점지원 대상기업으로 보증심사방법 등에서 우대하여 보다 손쉽게 보증지원 받을 수 있는 기업
- 대상기업
  - 벤처 · 이노비즈기업
  - 다음 업종 영위기업중 기술사업평가등급 B 이상인 기업
    - 가. 10대 차세대 성장동력산업
      1. ①디지털TV/방송 ②디스플레이 ③지능형 로봇 ④미래형 자동차 ⑤차세대 반도체 ⑥차세대 이동통신 ⑦지능형 홈네트워크 ⑧디지털콘텐츠/SW솔루션 ⑨차세대 전지 ⑩바이오 신약/장기
    - 나. 미래성장유망산업(6T)
    - 다. 조세특례제한법 시행령에 따른 기술집약 산업
    - 라. 신성장동력기획단 발굴 '신성장동력' 관련산업
    - 마. 산업통상자원부 발표 '그린에너지산업 발전전략' 관련산업
    - 바. 신에너지및재생에너지개발 · 이용 · 보급촉진법 등에서 정하고 있는 신· 재생에너지 관련산업
    - 사. 녹색성장산업
    - 아. 부품 · 소재전문기업등의 육성에 관한 특별조치법에 따른 부품 · 소재업종
    - 자. 혁신형 지식서비스산업 및 선도 콘텐츠 산업
    - 차. 기술인증 획득기업
    - 카. 기술개발사업 수행기업 또는 기술력 인정기업
    - 타. 기술관련상 수상기업

2. 기술보증 대상기업 - 사례

- **XX특수기업(기타 시설물 축조관련 전문공사업체) : 신보 B2B 7억5천 → 기보 B2B 33억**

■ 기업정보

기업체명	*** 특수기업(주)
대표자	이 **
본사주소	(110030) 서울특별시
전화번호	02-736- ****
사업자등록번호	102-81- *****
산업분류	기타 시설물 축조관련 전문공사업
설립일	1994년 07월 13일
재무결산기준일	2012년 12월 31일
신용등급유효기간	2013년 04월 25일~2014년 04월 24일

신용등급
BB-
등급평가일
2013년 10월 10일

■ 주요경영정보

주 요 제 품	경영지표		거래처(판매비중)		주요주주(지분율)	
지붕판금	종업원수	37 명	대림산업(주)	23%	이 **	32.6%
동판제작	기업규모	소기업	삼성물산(주)	12%	김 ** (처)	18.7%
	기업형태	외감	(주)대명건설	12%	***	20.0%

(단위 : 백만원)

결산기준일	총자산	부채총계	자본총계	매출액	영업이익	당기순이익
2012/12/31	29,046	23,525	5,521	54,434	924	79
2011/12/31	28,563	23,644	4,918	60,545	940	-279

기술보증

3. 보증한도 및 보증료

보증한도

- 기업당 보증을 받을 수 있는 최고한도는 30억원 이내
- 최고한도초과 대상보증은 최고한도를 초과하여 보증지원 가능하며, 기업의 신용도, 기술력, 사업성 등 기술보증기금의 심사내용을 감안하여 보증지원 가능금액을 결정

최고한도초과 보증대상

보증한도 50억원 대상보증	보증한도 70억원 대상보증	보증한도 100억원 대상보증
▪ 산업기술연구조합의 대출에 대한 보증 ▪ 기술평가센터에서 평가한 기술가치평가금액에 대한 보증 ▪ 기업구매자금대출 및 기업구매전용카드대출에 대한 보증 ▪ 기보가 따로 정하는 기술집약형 중소기업에 대한 보증	▪ 무역금융 및 중소기업의 한국수출입은행 수출자금관련대출에 대한 보증 ▪ 수출용 원자재 수입을 위한 수입신용장 발행에 대한 보증 ▪ 기보가 따로 정하는 기술집약형 중소기업에 대한 이행보증 및 전자상거래 담보보증 ▪ 수출환어음 담보대출과 수출환어음 매입에 대한 보증 ▪ 핵심분야 보증 중 우수기술기업과 녹색성장산업 영위기업에 대한 보증	▪ 중소기업에 대한 주담보 후취 후 보증 전액 또는 일부 해지조건의 시설자금 보증. 다만, 일부해지조건의 경우 일부 해지 후 기업당 보증금액이 최고한도 30억원 이내인 경우에 한함

3. 보증한도 및 보증료

등급에 따른 보증한도

- 같은 기업에 대한 보증한도는 기금보증금액을 기준으로 하되, 시설자금보증인 경우에는 전액 또는 일부해지 후 같은 기업당 보증금액으로 운용

구분	기술사업평가등급	보증한도
1	D	
2	CCC,CC,C	10억원
3	-	20억원
4	B	30억원
5	BB	40억원
6	BBB	50억원
7	A	60억원
8	AAA,AA	70억원

기술보증

4. 절차

단계별	취급자	주요내용
보증신청	신청기업	인터넷 (홈페이지 내 사이버영업점)에서 신청(영업점 방문신청도 가능) * 영업점 방문, 전화, 콜센터를 통해서도 신청 가능
예비검토	영업점 평가담당자	고객과의 면담을 통하여 기술사업내용, 보증금지 제한 해당여부 등을 검토하여 계속 진행 여부 결정 및 서류준비 안내 * 기술력사전점검 체크리스트를 통해 기술사업의 주요내용 파악
접수/조사자료 수집	영업점 평가담당자	기술사업계획서 등 제출 * 여타 필요서류는 고객의 협조를 받아 기금직원이 직접 수집 * 신속한 보증처리를 위하여 면담일로부터 보증처리과정 모니터링 실시
기술평가/조사	영업점 평가담당자	신청기업으로부터 수집한 자료 등을 예비검토 후 현장평가를 실시 * 기술개발능력, 제품화 능력, 생산 능력 및 경영상태, 자금상태 등을 확인
심사/승인	영업점 심사 및 평가담당자	기업의 기술력, 사업전망, 경영능력, 신용상태 등을 종합적으로 검토 후 승인
보증서 발급	영업점 평가담당자	보증약정 후 전자보증서를 채권기관에 전자발송

5. 연대보증인

입보대상자

기업의 건전한 책임경영을 유도하고 보증의 건전성을 도모하기 위하여 2012.5월 이후 신규보증에 대해서는 입보대상자를 "기업경영에 책임있는 자"로 제한하여 운영함.

대상기업	입보대상자
개인기업	▪ 사업자등록증상 공동대표인 실제경영자
법인기업	▪ 아래 각호의 어느 하나에 해당하는 실제경영자 1인 1. 대표이사, 무한책임사원 2. 최대주주 3. 본인 또는 특수관계인을 포함한 주식지분이 30%이상인 자 ▪ 다만, 대표자인 실제경영자가 2인 이상인 경우에는 전원 입보하되 보증채무를 1/n로 분담

※ **지하경제 양성화** 및 투명한 기래질서 확립을 위해 직함, 지분을 등을 통해 드러나지 않은
'실제경영자'에 대한 연대보증은 2013.7.1부터 전면 금지

기술평가

1. 개요

기술평가란?

- 대상기술의 기술성, 시장성, 사업타당성 등을 분석하고 결과를 금액, 등급, 의견 등으로 표현하는 기술보증기금의 대표적인 평가시스템

기술평가의 유형

평가구분	정의	세부평가종류
기술가치평가	당해 기술에 의하여 현재 시현되고 있거나 장래에 실현될 기술의 가치를 평가하여 평과결과를 금액으로 표시	- 벤처기업 현물출자 특례대상 산업재산권 등의 평가 - 외국인 출자 산업재산권 등의 평가 - 기술의 담보가치를 산정하기 위한 평가 - 기술이전 · 거래 기준가격 산정을 위한 평가 - 기술사업의 이전 · 양수도를 위한 평가 등
기술사업 타당성평가	기업이 특정기술 또는 아이디어를 신규를 사업화하거나 현재 추진중인 기술사업의 투자를 확대하고자 하는 때에 당해 사업의 기술성 및 사업타당성을 평가	- 정부, 지자체 또는 금융기관 등의 자금지원 대상자 선정을 위한 평가 - 금융기관 등의 여신심사용 기술평가 - 기술이전 · 거래 등을 위한 평가 - R&D 평가 - 보증지원을 위한 평가 등
종합기술평가	기업이 보유하고 있는 모든 기술을 경영환경, 사업전망 등 기업의 실체와 연계하여 종합적으로 평가	- 금융기관, 벤처캐피탈 또는 엔젤투자자 등의 투자용 평가 - 벤처기업으로 코스닥시장 상장을 위한 평가 - 주식가치평가 등

2. 기술평가활용

자금조달

- 보증대출
- 기술평가인증대출
- 투자유치 / 정책자금

인증취득

- 벤처기업 인증
- 이노비즈 인증
- 녹색인증

기술자산활용

- 현물출자
- 기술이전 · M&A
- 기타 가시평가

기술전략 컨설팅

- 기술사업타당성 분석
- 기술전략수립 지원
- 기타 평가

기술평가

3. 기술평가절차

■ 기술평가절차

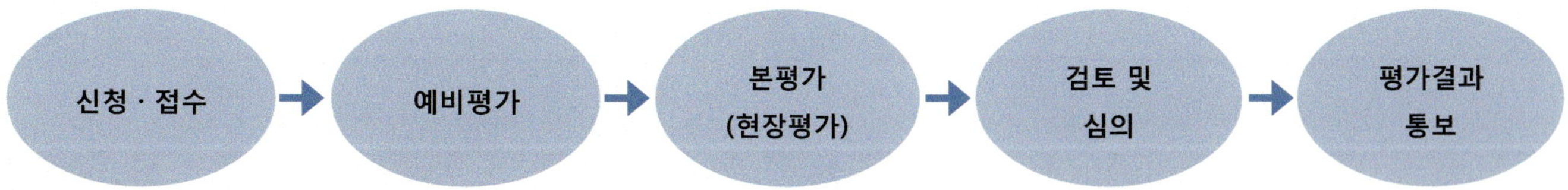

■ 기술평가 신청자료

- 기술평가 신청서
- 기술사업계획서 (기술가치평가용, 기술평가보증용, 기타 목적용)
- 기타 특허등록원부 등 기술의 권리관계를 증명할 수 있는 자료 등

4. 기술평가모형

기술평가

4. 기술평가모형

■ 경영주 기술경영능력

중 항 목	소 항 목	심사항목
기술경영능력	기술경험(지식) 수준	• 경영자의 기술경험수준 • 기술경영전략 • 경영자의 기술지식 수준 • 경영자의 기술 이해도
	관리능력	• 기술인력관리 • 위기대처능력 • 경영의지 및 사업수완
	경영진 인적구성 및 팀워크	• 경영진의 학력 및 경력 • 자본참여도 • 대표자와의 관계 및 팀워크

4. 기술평가모형

기술(제품)의 시장성

중 항 목	소 항 목	심사항목
기술(제품)의 시장성	경쟁상황	• 시장구조 • 동일사업 내 경쟁상황(경쟁강도) • 시장의 진입성
	시장상황	• 시장의 규모 • 시장의 성장성 • 법·규제 등 제약/장려요인
	제품의 경쟁력	• 인지도, 시장점유율 • 대체품과의 비교우위성

기술평가

4. 기술평가모형

■ 사업성 및 수익성

중 항 목	소 항 목	심사항목
기술(제품)의 생산성	기술의 제품화 능력 및 생산능력	• 생산시설, 생산인력 확보 용이성 • 재료 및 부품조달 용이성
운용능력	운용능력	• 자본조달 능력 • 부가가치 창출능력 • 투자규모의 적정성
기술(제품)의 영업능력	마케팅 능력	• 판매계획의 타당성 • 판매처의 다양성 및 안정성 • 마케팅 인력 확보
수익성	수익창출 능력	• 매출성장성 • 매출액·경상이익률
	수익전망	• 투자대비 회수가능성 • 투자이익률

4. 기술평가모형

기술성

중 항 목	소 항 목	심사항목
연구개발능력	기술개발추진 능력	• 개발전담조직 • 연구개발인력비율
	기술·연구개발 투자현황	• 기술개발 및 수상(인증)실력 • 핵심기술 보유현황 • 기술연구개발투자비율
기술(제품)의 우수성	기술혁신(선도)성	• 기술의 차별성, 모방어려움 • 기술의 수명주기상 위치
	기술완성도	• 기술의 완성도 • 기술의 자립도 • 사업전략과의 부합성
	기술확장성	• 기업 내·외의 기술파급 효과 • 기술의 응용 및 확장가능성

기술평가

5. 지식재산(IP) 인수보증

지식재산("Intellectual Property" 또는 "IP") 인수보증 개요

- 지식재산(IP)을 인수・사업화하는 기업을 지원하는 보증

인수보증 대상기업

- 지식재산(IP)의 사업화를 위하여, 매매, 실시권 허락 등의 방법으로 지식재산(IP)의 인수를 추진중인 기업

우대내용

- 부분보증 비율 : 95%
- 보증료 감면 : 0.3%

5. 지식재산(IP) 인수보증

대상자금

▪ 대상기업이 금융기관 등으로부터 융통하는 지식재산(IP) 인수부터 사업화까지 全단계에 소요되는 자금

	구분	지원대상 자금의 범위
1단계	지식재산(IP) 인수자금	착수금, 기술료 또는 기술매매대금
2단계	기술완성화자금	(기술개발자금) 기술인수후 추가 개발에 소요되는 개발자금 (시제품제작자금) 디자인, 금형(목형), 재료비, 성능인증에 소요되는 자금
3단계	양산자금	사업화 또는 제품양산에 소요되는 시설 또는 운전자금

▪ 지원절차

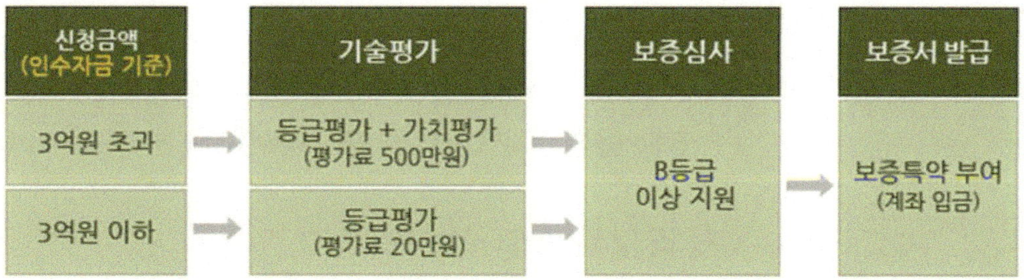

기술평가

6. 지식재산(IP) 평가보증

지식재산("Intellectual Property" 또는 "IP") 평가보증 개요

- 지식재산(IP)의 가치를 평가한 후, 가치금액 범위내에서 보증 지원해주는 상품 입니다.

지식재산(IP) 대상기술

- 특허권, 저작권 등 인간 창조활동으로 만들어낸 무형자산으로 재산적 가치가 실현될 수 있는 지식재산
  - 산업재산권(특허권,실용신안권,디자인권,상표권), 저작권(저작권,저작인접권), 신지식재산권(산업저작권,첨단산업재산권,정보재산권,신상표권) 등

우대내용

- 부분보증 비율 : 90% ~ 95%
- 보증료 감면 : 0.3% ~ 0.5%

담보설정

- 특허권, 실용신안권, 컴퓨터프로그램저작권은 지식재산의 타기업 이전방지를 위해 담보취득(근질권)

6. 지식재산(IP) 평가보증

기술평가료

- 5백만원 (신청금액 2억원이하인 경우 2백만원)

평가료 지원 연계상품

- 금융기관과의 '지식재산(IP) 협약보증'
  - 기금은 기술가치평가를 통해 보증서와 기술가치평가서를 제공하고, 은행은 평가료 지원 및 보증부대출 취급
    * 협약금융기관이 기금에 출연하여 협약보증에 수반되는 기술가치평가료(건당 5백만원)를 지원
- 특허청과의 '특허기술가치평가보증'
  - 등록된 특허기술의 사업화를 위해 기술가치평가를 거쳐 산출된 기술가치금액 이내에서 지원하는 보증
  - 기술평가료 5,000천원 중 특허청이 보증금액에 따라 3,500천원~4,5000천원까지 차등 지원

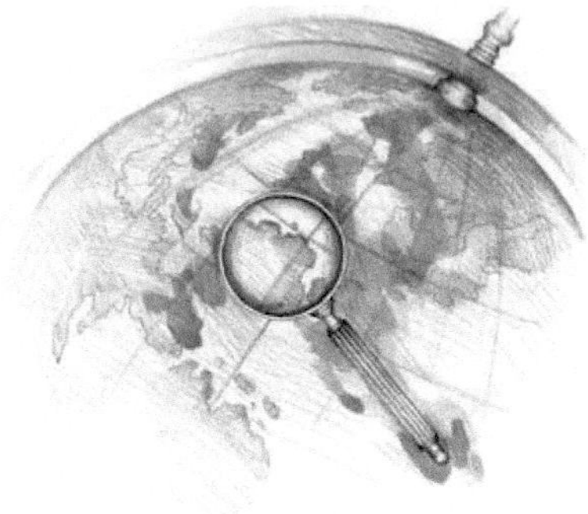

Chapter 5. 은행자금 실무

Chapter 5. 은행자금 실무

기업고객 분석

은행성향 분석

기술금융

은행자금 실무

은행자금 개요

은행자금 개요

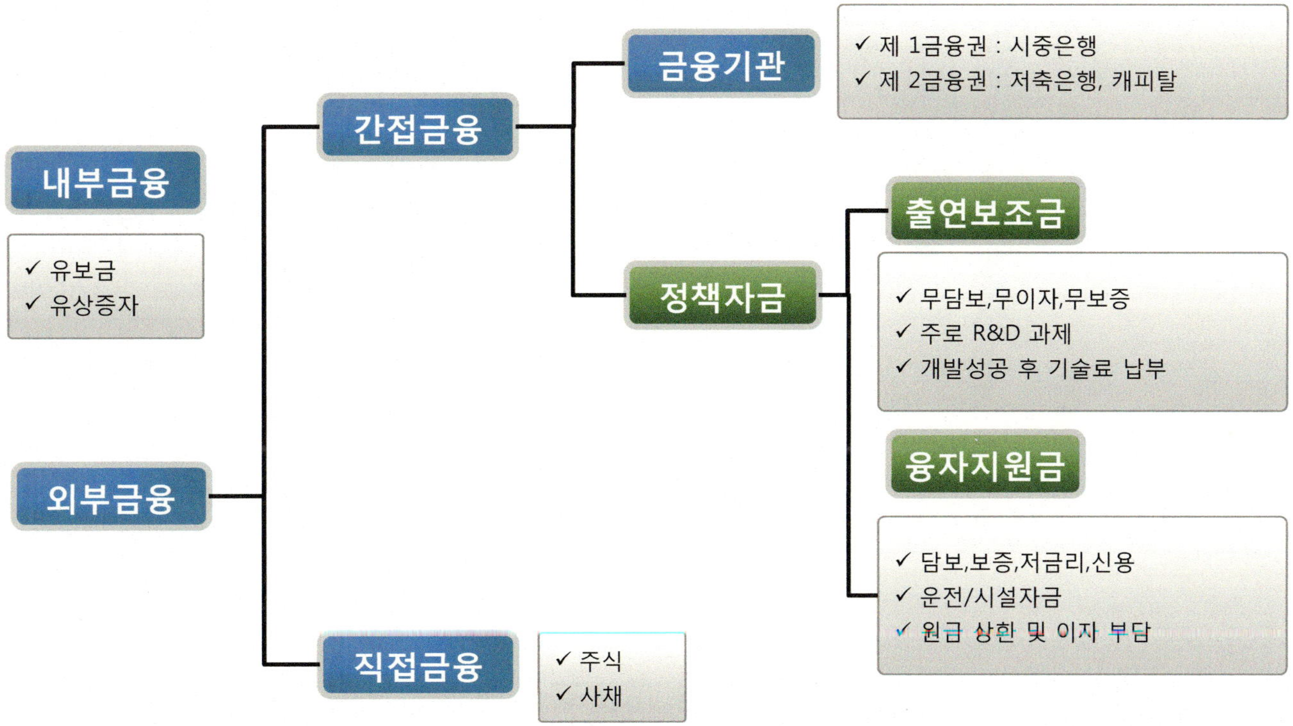
내부금융
✓ 유보금
✓ 유상증자
외부금융
간접금융
금융기관
✓ 제 1금융권 : 시중은행
✓ 제 2금융권 : 저축은행, 캐피탈
정책자금
출연보조금
✓ 무담보,무이자,무보증
✓ 주로 R&D 과제
✓ 개발성공 후 기술료 납부
융자지원금
✓ 담보,보증,저금리,신용
✓ 운전/시설자금
✓ 원금 상환 및 이자 부담
직접금융
✓ 주식
✓ 사채

은행 기업고객 분석

1. 중소기업 등급 현황

[평가기관별 등급분포]

등급	E사	D사	K사
AAA	0.01	0.14	0.00
AA	0.30	0.56	0.30
A	2.25	1.96	2.22
BBB	6.83	7.38	8.00
BB	23.87	37.94	28.80
B	58.81	48.95	49.94
CCC	7.34	2.95	10.06
CC	0.46	0.05	0.55
C	0.03	0.05	0.12
D	0.11	0.04	-
합계	100	100	100

(※ 2015년 공시 기준)

[평가 기관별 등급 분포도]

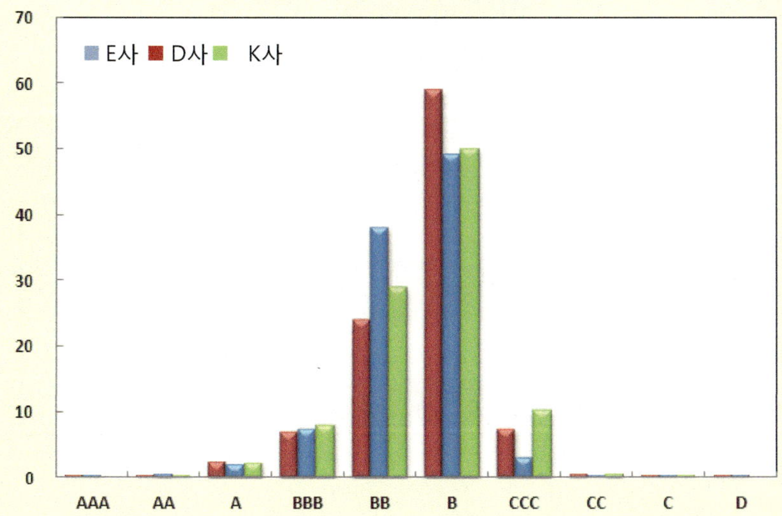

2. 재무제표

매출액

= 매출액

20억 이상업체 접근

매출액이 너무 낮은 업체는
금융권에서 취급을 꺼려함
투입대비 실적 미미
-보증서 예외-

부채비율

$$= \frac{\text{부채총계}}{\text{자기자본}} \times 100$$

200% 이하 업체 접근

부채비율은 금융권 순차입이
높은 경우는 좋지 않음
220% 혹은 그 이상의 경우도
기타 수익성 지표가 좋을 시
가능등급으로 해석

차입금의존도

$$= \frac{\text{총차입금}}{\text{총자산}} \times 100$$

50% 이하 업체 접근

통상 40% 이상일 경우
요주의업체로 봄
실제적용은 55% 이하까지 확대

은행 기업고객 분석

2. 재무제표

성장추이

수익성이 우상향하는 기업

매출추이는 견조하나
수익성이 감소 추세 혹은
갑자기 감소한 기업은 요주의 대상

결손업체

결손업체는 피하자

왜 결손이 났는지가 중요함
영업적 요인일 경우 민감
비영업적 요인(환차손 등)은
충분한 소명자료를 요함

3. 보증기관 이용 현황

매출액 대비 한도

직전년 매출액 대비 10%

매출액의 10%를 초과하여
보증서를 발급받고 있는 업체는
피하는 것이 좋음

신규공급 ↑
한도증액 ↓

보증이용유무

보증거래가 없는 기업

보증거래가 없는 기업이 좋다

하지만 역으로 생각하면
보증이 필요없거나(신용도우수)
보증기관 거래 불가 기업임

은행 기업고객 분석

4. 금융기관 이용 현황

주거래은행

주거래은행 비중이 높은 기업

차입금비중이 특정은행에 치중된 경우, 신규은행으로 분산 및 한도증액이 용이함

주거래은행만 거래하려는 특성으로 설득이 어려울 수 있음

복수은행거래

다수 은행에 차입이 있는 기업

다수의 금융기관과 거래중인 기업은 접근어려움

각 은행별 차입을 이미 많이 활용하고 있는 경우 추진 어려움

3-4개 은행까지 적정 은행 현상황 실시간 파악 후 실적부족, 공격적 성향 지점 진행

5. 신용등급 활용

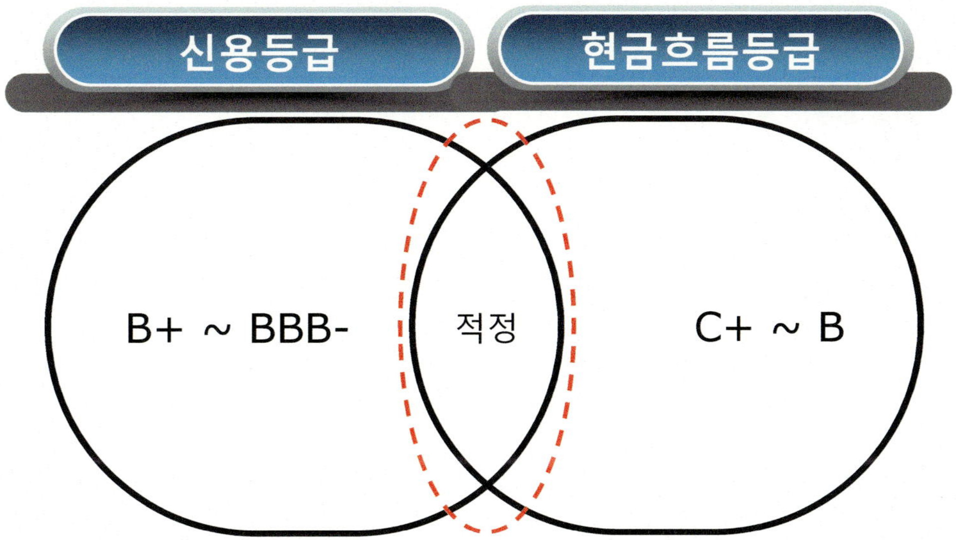

신용등급, 현금흐름등급이 높으면 좋은 기업이지만
대출을 필요로 하지 않는 경우가 많음
적정수준의 업체를 선정하기는 매우 어려움

은행 기업고객 분석

6. 업종 구분

민감업종

경기민감 업종(건설,조선, 철강등)

은행은 특정업종의 업황이
나빠지면 즉각 리스크 반영함

은행별로 2-3등급 상향 요함

은행마다 미세하게 다름

선호업종

제조업 선호 경향

제조업은 대부분 환영받음

은행실적 목표에 따라서
수출기업, 각종인증기업 선호

업력이 오래된(최소 5년이상)
제조업(수출,기술력 등)선호

7. 정책 활용

정부정책

창조경제, 융합 등 키워드 활용

정부정책에 부합하는 업체발굴
적용하기는 쉽지 않음

Ex) 지난 정부 "녹색경영"

은행정책

은행별 기사 검색 활용

연초에 각 은행장 기조연설 등을
참고하여 방향성 확인

외환은행의 경우 보증서 대비
최대 200%까지 대출 성향

은행 기업고객 분석

8. 금리 비교

기존금리

기존금리 유지업체 다수

중소기업 금리는 우하향 추세
기존 약정은행 금리는
평균보다 높게 형성 가능성 높음

외감기업은 공시자료로
금리확인 가능

신규금리

신규업체 우대금리 적용

신규고객사 유치시 영업점마진
최소화하여 대출 진행 가능

타 은행 대환의 경우는
금리 & 한도 메리트 제공으로
전환여부결정

8. 금리 비교

※ 출처 : 한국은행 경제통계시스템

은행 기업고객 분석

8. 금리 비교

전자공시시스템 활용 조회 (재무제표-차입금)

- 매출 약 1000억 제조,유통업 신용등급 B+ / 현금흐름등급 C- , 보증서 무, 담보 220억, 총 차입금 460억

12. 차입금

(1) 당기말 및 전기말 현재 단기차입금의 내용은 다음과 같습니다.

(단위 : 천원)

차입금 종류	차입처	이자율(%)	당기말	전기말
일반대출	신한은행 외	5.02 ~ 6.98	24,100,000	31,817,463
구매자금대출	신한은행 외	4.75~5.75	7,682,745	10,960,712
USANCE	신한은행 외	Libor + 0.8 ~ 1.3	306,094	231,805
기타	일반		6,072,480	545
합 계			38,161,319	43,010,525

12. 차입금 - 계속

(2) 당기말 및 전기말 현재 장기차입금의 내용은 다음과 같습니다.

(단위 : 천원)

차입금 종류	차 입 처	이자율(%)	당기말	전기말
일반자금대출	신한은행	5.30	257,400	351,000
중소기업진흥기금대출	신한은행	4.28	622,400	778,000
에너지이용합리화대출	신한은행	1.50	147,700	189,900
일반자금대출	산업은행	5.60	1,500,000	600,000
일반자금대출	외환은행	4.71	2,362,500	-
소 계			4,890,000	1,918,900
차감: 유동성대체			(1,066,400)	(291,400)
합 계			3,823,600	1,627,500

9. 업력 구분

창업초기

만 5년 이하

1.보증기관 활용

2.정책자금 활용

3.각종 인증제도 활용

성장기

5년 이상

1. 보증서 유지

2. 은행자금 활용

성숙기

10년 이상

1. 보증 종료시기

2. 은행자금 활용

은행 기업고객 분석

10. 기타

어음사용

어음(전자어음)사용업체의 경우 B2B구매카드(론)으로
전환시 할인금리 및 할인한도 상향이 가능함
- 어음 미사용시 등급상승 효과기대

할인비용

중소기업은 대기업의 B2B결제수단으로 인한
할인비용 부담이 많은 편임
할인비용이 많은 업체는 현금이 부족할 가능성이
높으므로 B2B구매카드(론)으로 전환시 유리함

매출급등

직전년도 매출이 급등한 업체는 자금이 많이 필요함
재무상태가 양호한 경우가 많지만
시설투자에 의한 차입(장기차입) 비중 고려

은행 성향 분석

1. 대출 프로세스

대출상담 → 심사 → 대출실행

대출상담	심사	대출실행
1. 대출가능여부? 2. 담보조건은? 3. 한도 문의	1. 서류제출 (사업현황서) 2. 각종 증빙자료	실행완료!

은행 성향 분석

2. 대출분류

구분	내용
운전자금	회사가 영업활동을 하는 데 필요한 소요자금을 의미하며 인건비, 원자재구매, 세금, 마케팅, 기타경비 등을 말함
시설자금	시설물 등의 매입, 신/증설 또는 개보수, 기계장치의 구입/설치 등에 필요한 자금을 말함
구매자금	기업간 상거래에 발생하는 구매대금을 은행으로부터 대출받는 자금

3. 은행등급

은행별로 고유의 등급 구분이 있음 숫자가 낮을수록 좋은 등급	등급부분의 차이는 있지만 등급의미는 거의 동일	담보, 보증서 대출의 경우 99% 대출가능 등급
중소기업이 신용으로 대출을 하려면 일정 등급이상 요구	주거래은행이라고 등급과 한도를 잘 주지는 않음	신용평가사 기준 B+등급 이상일 경우 가능선으로 판단

은행 성향 분석

4. 은행대출형태-담보유무

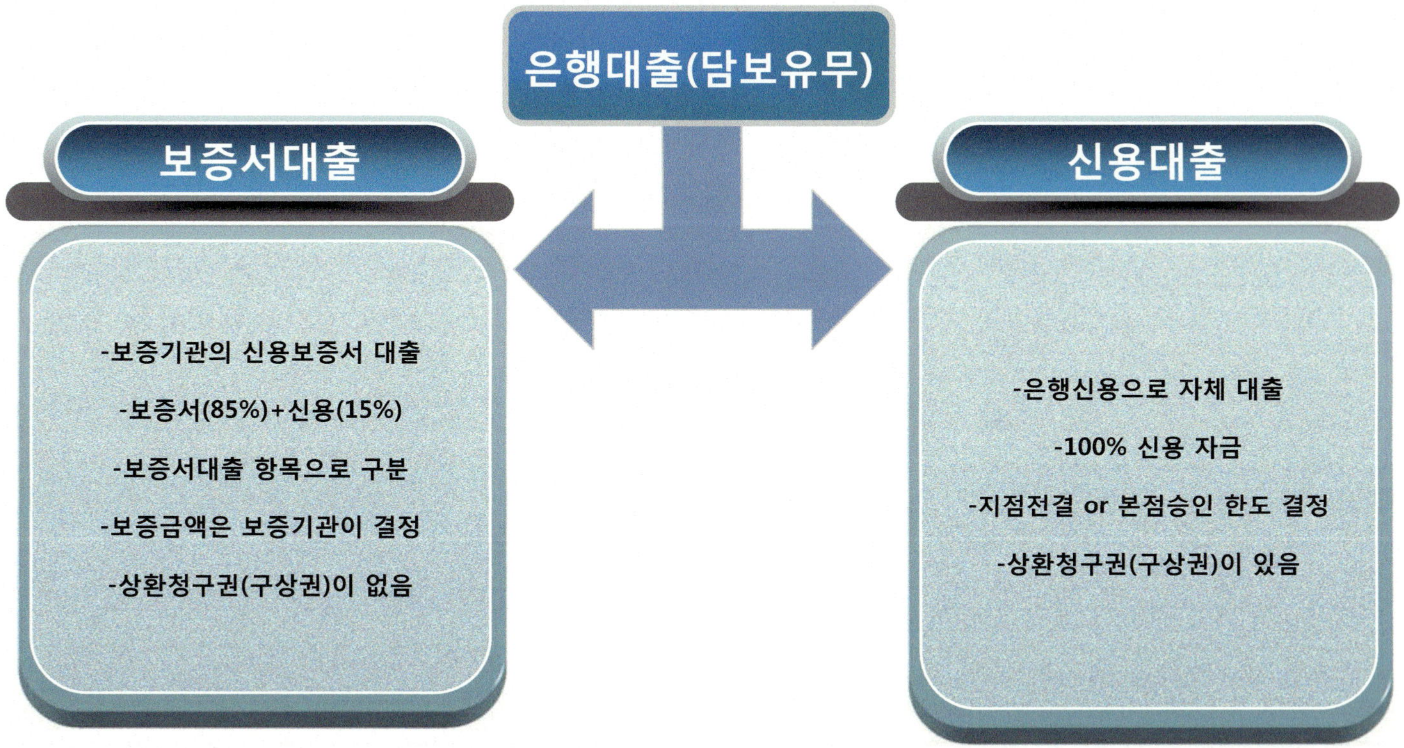

4. 은행대출형태-금리비교

은행대출(금리비교)

보증서

-보증서 금리 약 연 1%내외

-보증서적용 은행금리 연2-3%대

-보증서+은행금리 = 3-4%대

신용

-보증서 금리 없음

-은행금리 연 4-7%대

-적정신용등급 이상 요함

은행 성향 분석

5. 신용대출요건

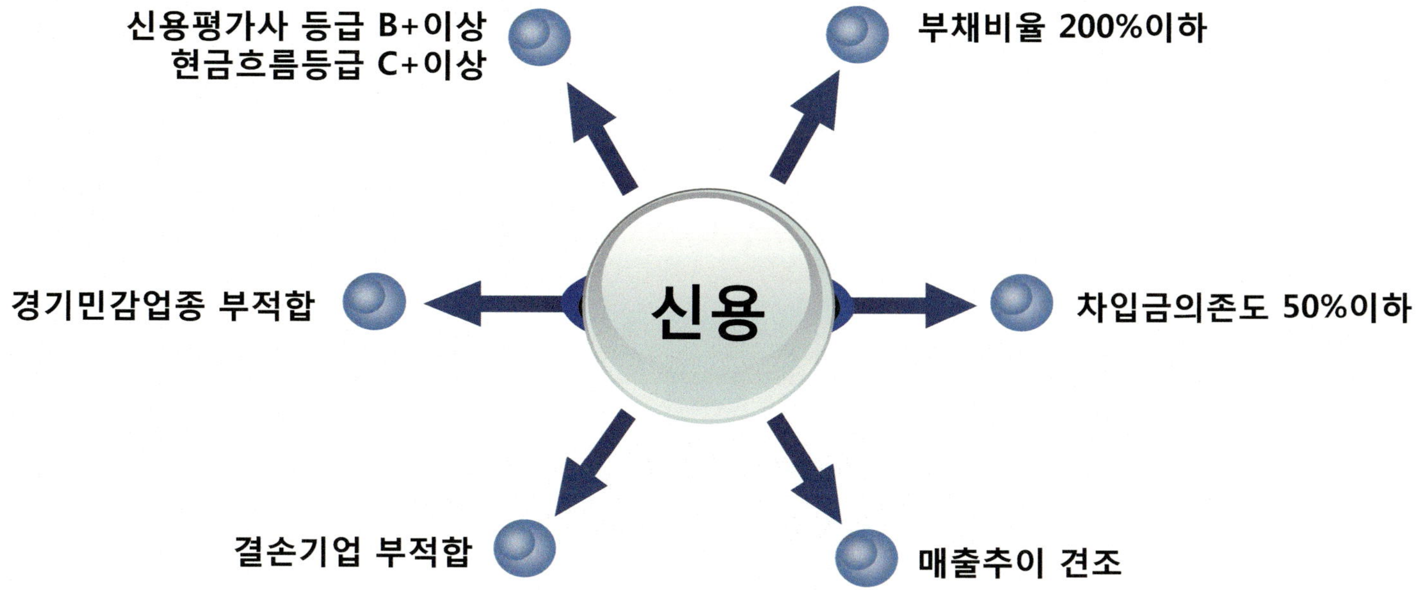

6. 대출한도 및 승인요건

영업점 전결

- 영업점(지점) 지점장 승인
- 대출승인 소요기간 단축 가능
- 대출한도 상대적으로 낮음
- 상담결과와 승인결과 거의 일치
- 관리업종의 경우 본점 승인원칙

본점승인

- 본점 심사부 승인
- 대출승인 소요 기간 긴 편
- 기업등급에 맞는 최대한도 부여
- 심사결과 등급거절 가능성 있음
- 본점승인 업종 주시 관리

활용방안

속전속결

✓ 지점승인 후 추후 한도 증액 추진

최대한도

✓ 최대한도 최대만족

은행 성향 분석

7. 신용평가모형

업종 구분

제조업, 건설업
도소매업, 서비스업

기업규모 구분

외감: 총자산 100억 이상
비외감: 총자산 10억이상 100억 미만
영세기업: 총자산 10억 미만

	재무 평가항목	비재무 평가항목	
		계량 비재무 평가항목	순수 비재무 평가항목
	재무제표의 주요 재무비율	매출추이, 수익전망 자금흐름 추정 등	산업, 영업, 경영, 기술평가
외감	70%	30%	
비외감	60%	40%	
영세	30%	대표이사 신용등급 70%	

8. 민감업종분류

경기민감업종(관리업종)	정상업종
건설업 도소매업 등, 은행대출시 관리가 필요하다고 판단되는 업종	관리업종을 제외한 전체 대출 가능 대상업종

주요시중은행 대출 성향 비교

- 정상업종 대비 2등급 하향
- 지점전결 어려움
- 본점승인 까다로움
- 관리업종 코드로 관리
- 외부공시는 안함

- 주로 제조업 우대
- 업력 오래된 업체 선호성향

기술금융

1. 기술금융이란?

기술

- 과학 이론을 실제로 적용하여 자연의 사물을 인간 생활에 유용하도록 가공하는 수단
- 사물을 잘 다룰 수 있는 방법이나 능력

금융

- 금전을 융통하는 일 (특히 이자를 붙여서 자금을 대차하는 일과 그 수급 관계)

기술금융

- 담보가 부족한 중소기업이 기술력을 담보로 돈을 빌릴 수 있는 제도
- 기업의 재무 상태가 아닌 보유한 기술을 평가해 자금을 지원하는 것
  (기술을 사업화하는 과정에서 필요한 자금을 지원하는 것도 포함)

2. 기술신용평가

- 기술사업화, R&D 등 기술혁신 과정에서 필요한 자금을 기술평가를 통해 공급하는 기업금융
- 기업의 기술경쟁력과 기술사업역량을 평가
- 기술신용평가등급과 기업의 미래성장 가능성에 대한 정보 제공

기술평가	신용평가	기술신용평가
지식재산권, 아이디어, 노하우 등 기업이 보유한 기술경쟁력과 기술사업역량 평가	기업의 신용과 재무상태 평가	기술·신용정보의 결합·평가

기술금융

4. TCB란?

TCB 제도 구조

- TCB(Tech Credit Bureau): 민간신용평가기관 및 기술보증기금
- 기술정보데이터베이스(TDB)의 정보를 활용하여 수요자 맞춤형 기술신용평가서 제공
- 은행은 평가정보를 활용하여 신용대출 여부 결정

TCB 제도 특징

- 평가·대출의 분리
  - ▶ 은행이 외부의 기술신용평가에 근거하여 대출을 결정
    - \- 평가주체와 대출주체 분리
- 수요자 중심
  - ▶ 기존 기술평가와 달리 기술정보와 신용정보를 결합
    - \- 은행의 기술기업 대출심사에 활용도 제고

5. TCB 개요

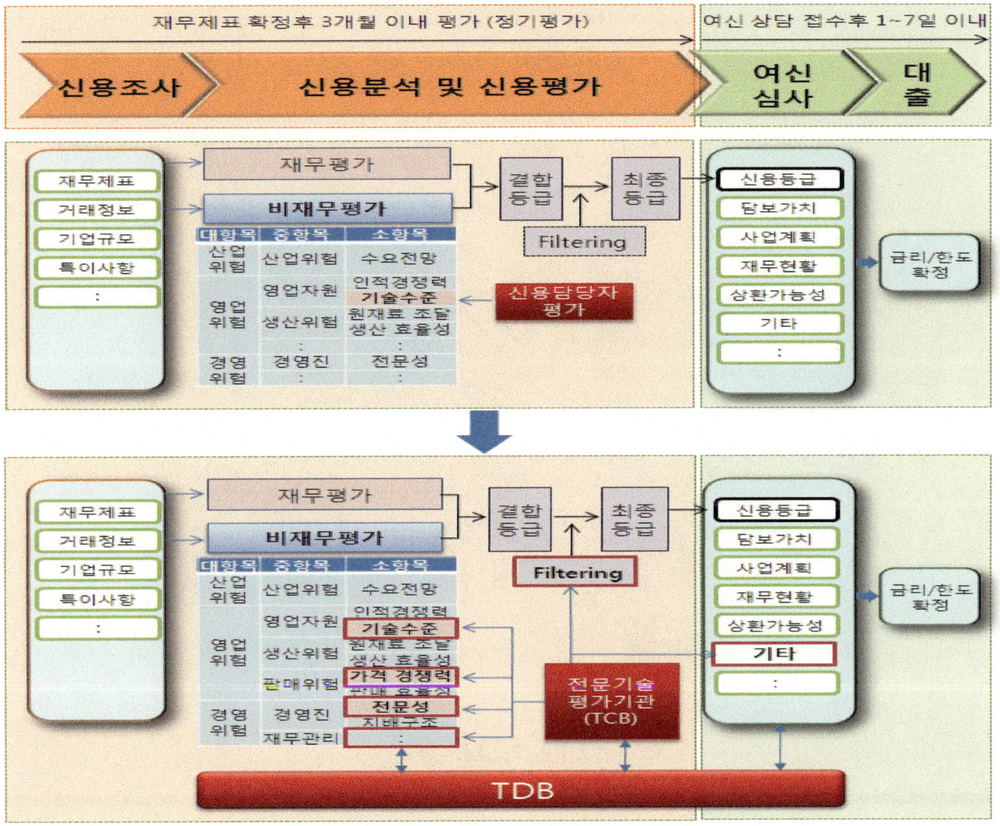

출처:금융위원회

기술금융 일반

6. TCB 절차

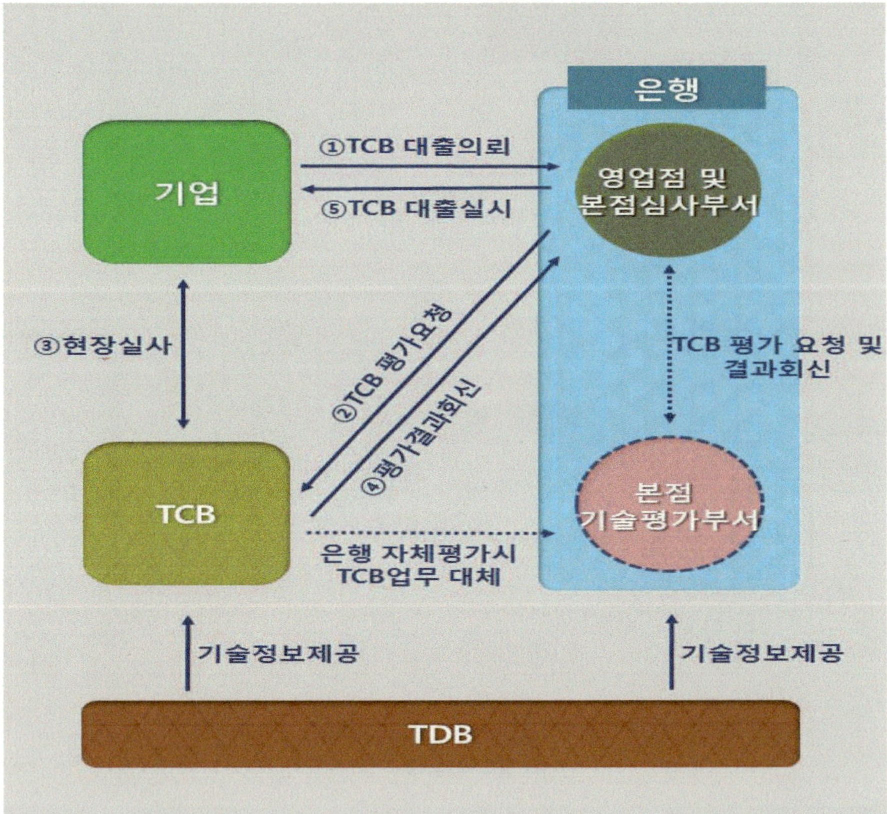

출처:금융위원회

Chapter 6. 기업신용평가

Chapter 6. 기업신용평가

신용평가 정의

신용평가 방법

신용평가 항목

신용등급 관리방안

INTRO

기업신용평가는 재무제표보다 더 중요한 요소가 있다

신용등급은

신용등급은
정부 및 공공기관 입찰,
대기업 협력업체 등록뿐
아니라 기업간의 신용
거래와 은행대출 조건의
결정, 심지어는 정책자금에
이르기까지 기업과
매우 밀접한 관계를
맺고 있다.

재무제표 만큼

흔히 신용평가등급을
잘 받으려면 재무제표가
좋으면 된다고 생각한다.
그리고 일부 업체들은
좋은 재무제표를 만들기
위한 각고의 노력을
하고, 많은 컨설팅 비용을 지
불한다. 그러나,
적어도 우리가 흔히
접하게 되는 비외감 중소기
업에 있어서는
재무제표가 절대적인
평가요소가 되지 않는다.

중요하다

비외감 중소기업의 경우,
비재무적인 요소의
비중이 최대 50%에
달할 정도로 비재무적인
요소가 큰 비중을
차지하고 있으며,
따라서 기업에서는
신용등급 향상을 위한
다양한 방법을 강구할
필요가 있다.

기업신용평가

INTRO

기업신용평가등급이 회사에 미치는 영향은 매우 크다

대출금리인하

- 신용등급이 상승되면 금융기관에 금리인하 요구가능(개인, 법인 공통)
  -> 은행마다 금리인하 요구권이 있지만 적극적인 홍보가 없음

- 정책자금 협약대출, 지급보증, B2B대출 모두 해당

-신용등급 상승은 회사의 자산이며 이익증가임

공공기관입찰

- 공공기관입찰용 적격심사 배점 30점
  -> 적격심사 0.5점은 큰 점수

1. 물품 납품이행실적
   납품실적 5점
   기술능력 10점
   신용평가등급 30점
2. 입찰가격 55점
3. 신인도 +3 ~ -2
   품질관리,
   계약이행 성실도
4. 결격사유 -30
   납품이행능력 결격

협력업체등록

- 지금까지는 대표자의 인맥을 통한 영업력으로 대기업 납품이 가능했으나

- 공정거래와 갑의 횡포를 막기 위해 객관적인 잣대로 협력업체를 평가하여 등록

우리회사 IR

- 위더스풀, 크레탑 등 기업정보조회서비스를 통해 우리회사를 조회함.
  -> 기업정보, 기업신용정보, 재무정보, 경영진정보

- 우리회사를 거래처로 선정하거나, 홍보, 자금대출, 투자를 하고자 하는 경우, 거래를 위한 의사결정 도구

기업신용평가

INTRO

개인신용 vs 기업신용

초기 (1950~1960)	중기 (1970~1980)	현재 (1980~)
상인 외상매출 → 금융기관 거래불량정보 → 금융거래정보	금융기관 네트워크 구축 관리 및 규제	불량정보 + 우량정보 개인정보, 금융정보, 공적정보
지역기반 거래정보 (펜실베니아, 델라웨어, 뉴저지)	**Credit Reporting Agency** (TRW, CBI, TU, Chilton, Pinger)	(Experion, Trans Union, Equifax, KCB, 나이스Info)

기업신용

초기 (1800~1900년)	중기 (1900~1990)	현재 (1990~)
채무자(상인)의 신용평가	은행, 보험, 증권, 채권 투자 등	투자 + 재무건전성 감독 + 상거래 + 입찰 + 신용정보+ ...
세계 3대 신용평가 (Moody's, S&P, Fitch)	**국내 3대 신용평가** (한국기업평가, 한국신용평가, 나이스신용평가)	**신용평가 및 신용정보회사** (이크레더블, 서신평, KED, 나이스 D&B, 나이스 Info)

신용평가 정의

1. 정의

- 기업의 각 위험요소를 측정하여 기업의 부실위험을 분석하고 평가하여 신용상태를 등급화(Rating) 하는 일련의 과정

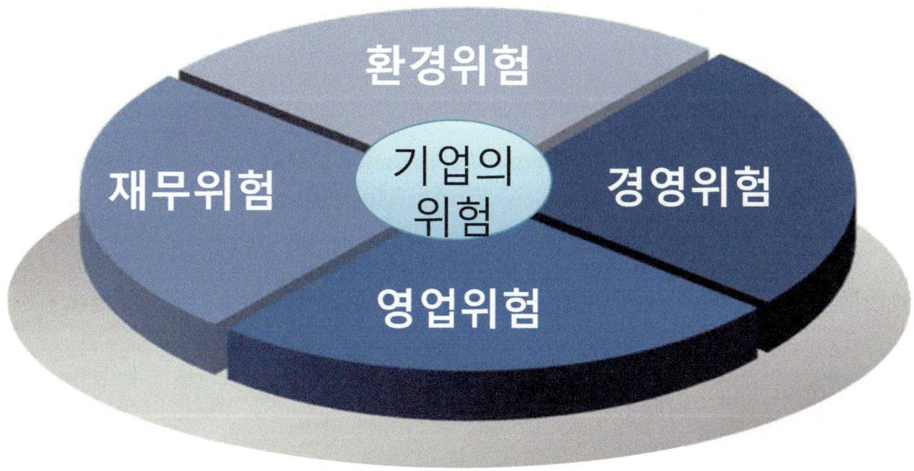

신용평가 정의

2. 기업의 위험

환경위험	경영위험	영업위험	재무위험
경기변동	경영능력	사업안정성	매출추이전망
환율변동	대표자 신용도	입지적합성	수익전망
정부규제	업　　력	시장지위	자본구조
산업위험도	종업원수	구매안정성	현금흐름
기업형태	기술수준	판매안정성	
기업규모	회계투명성	영업전략	

신용평가 정의

3. 신용평가 이용 목적

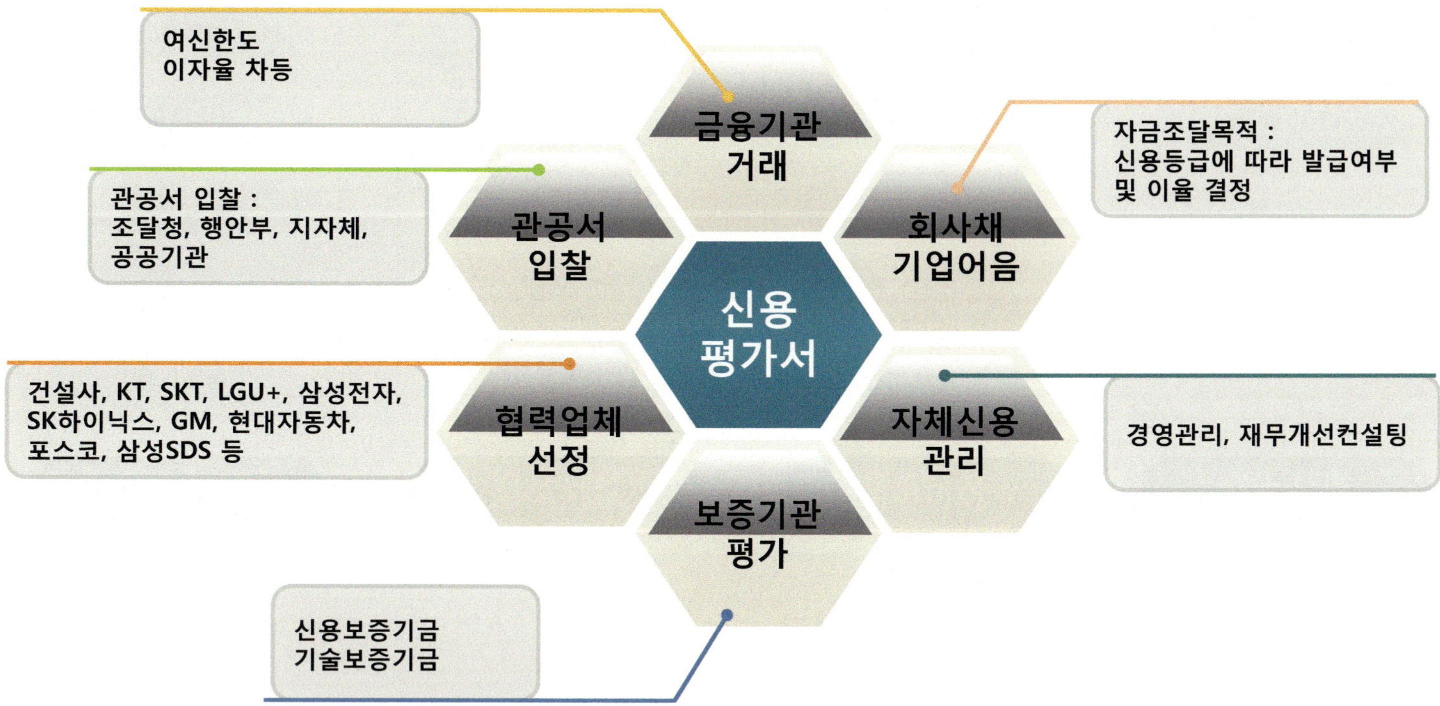

3. 신용평가 이용 목적 – 은행 여신거래

◈ 신용도에 따른 대출조건의 차등화

- 신용대출 한도
- 대출금리
- 대출기한
- 담보안정비율
- 각종 수수료 등

● 신용도별 대출취급

신용등급	등급구간	지원	수익율(%)
AAA	탁 월	최우선 지원	2.72
AA			2.81
A+	우 수		3.51
A-			3.85
BBB+		우선지원	6.35
BBB-			8.61
BB+	보 통	지원	
B-			
CCC+	미 흡	억제	
CC		금지	
C	불 량		
D			

※ 수익율은 3년 만기 회사채 시가평가 기준 수익율임.

신용평가 정의

3. 신용평가 이용 목적 – 보증기금 거래

- **신용도 일정수준 이하 기업**
  - 보증서 발급을 제한
    * 신용도 하락 기업에 대하여는 보증 기한 연장 시 일부 상환 의무 부과
- **신용도별 보증수수료 차등폭 확대**
  - 신용도에 따라 0.5~2.0% => 0.5~3.0%
- **부분보증비율 차등적용**
  - 신용등급별 50% ~ 90%

3. 신용평가 이용 목적 – 직접금융 활용

유가증권 발행(자본시장)

● 회사채

- 2개 이상 평가기관이 평가한 신용등급

BBB- 이상이어야 발행 가능

● 자산담보부증권(ABS)

- 신용등급 BB 이상이어야 가능
- 신용등급별 이자율 차등화

·상 장 기 업: 5.6 ~ 7.8%

·비 상 장 기 업: 7.8 ~ 9.7%

투자유치(금융기관)

● 비상장 신주 및 전환사채 인수

- 신용등급 B+ 이상 업체

· 최근 2년간 매출액 감소,자기자본비율 10%미만, 최근 년도 자본잠식 발생 등 업체는 제외

· 벤처기업

● 사모펀드(PEF) 투자

- 기술력과 성장성 양호 기업은 금융기관 투자유치 가능

신용평가 정의

3. 신용평가 이용 목적 – 대기업 협력업체 선정

● 대기업의 협력업체 선정 기준

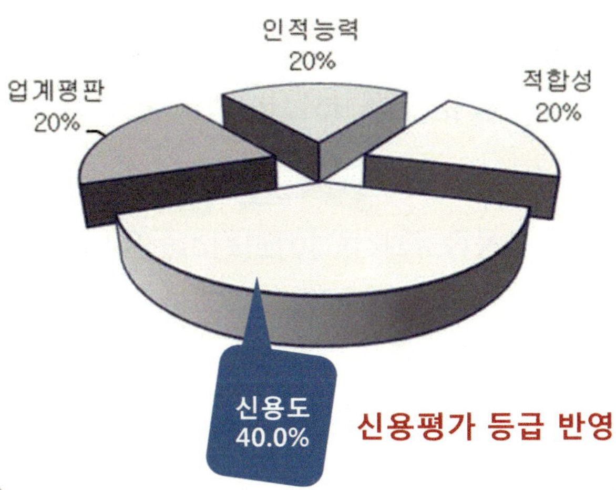

● 중소기업의 납품업체 선정 기준

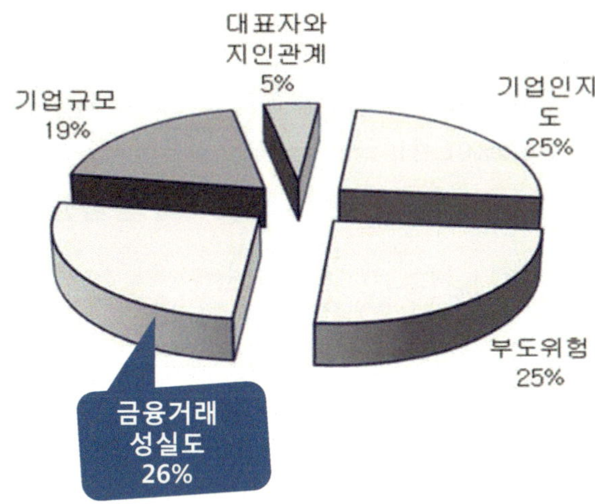

3. 신용평가 이용 목적 – 대기업 협력업체 선정

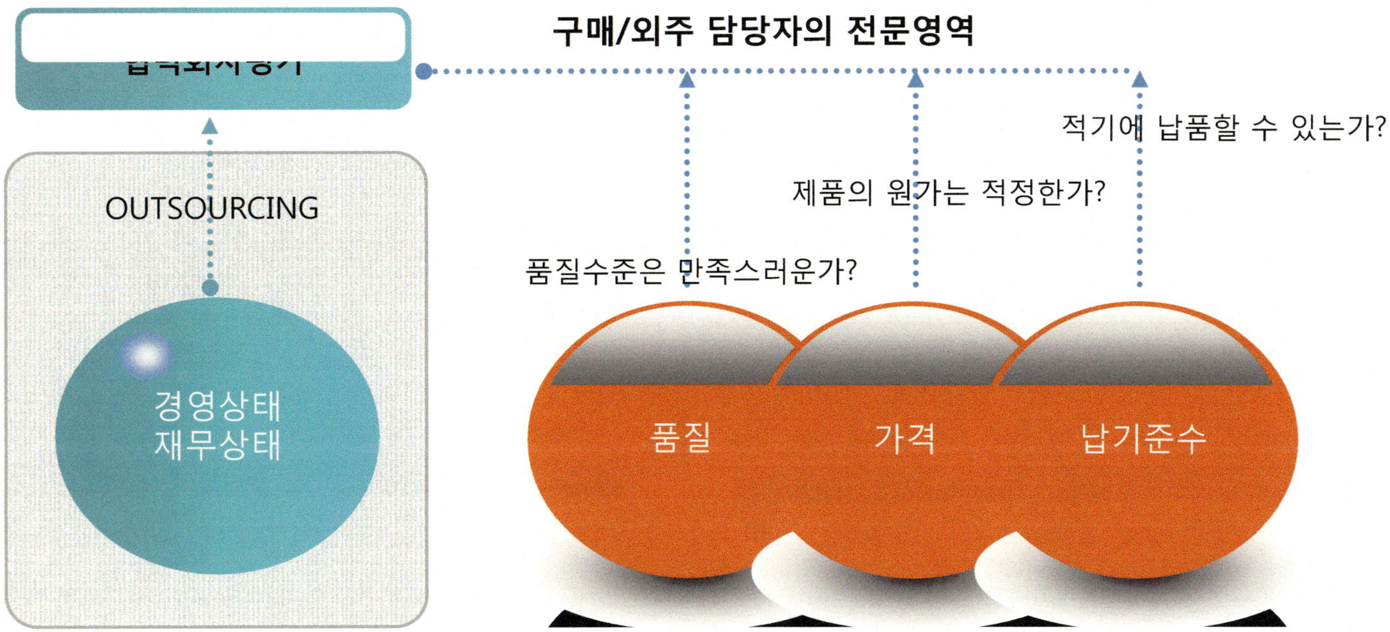

비전문영역의 OUTSOURCING을 통한 전문분야에 관리자원 집중

신용평가 정의

3. 신용평가 이용 목적 – 공공기관 입찰

● 적격업체 선정시 신용등급 중시

구 분	심사분야	배점한도
계		100
납품 이행 능력	납품실적	5
	기술능력	10
	경영상태(신용평가등급)	30
입찰 가격		55
신 인 도	품질관리 등 신뢰정도	+6 ~ -2
	계약이행 성실도	
결격 사유	납품이행능력 결격여부	-30

* 조달청 기준(2005.7월 도입)

● 적격업체 선정시 신용등급 중시

구 분	심사분야	배점한도
계		100
납품 이행 능력	납품실적	5
	기술능력	10
	경영상태(신용평가등급)	30
입찰 가격		55
신 인 도	품질관리 등 신뢰정도	+3 ~ -2
	계약이행 성실도	
결격 사유	납품이행능력 결격여부	-30

* 중소기업청 기준

● 신용등급 반영기관 확대

- 국방부, 행정자치부, 한국전력공사, 한국주택공사, 공무원연금관리공단, 한국가스공사 등

4. 신용관리 순환구조 및 기대효과

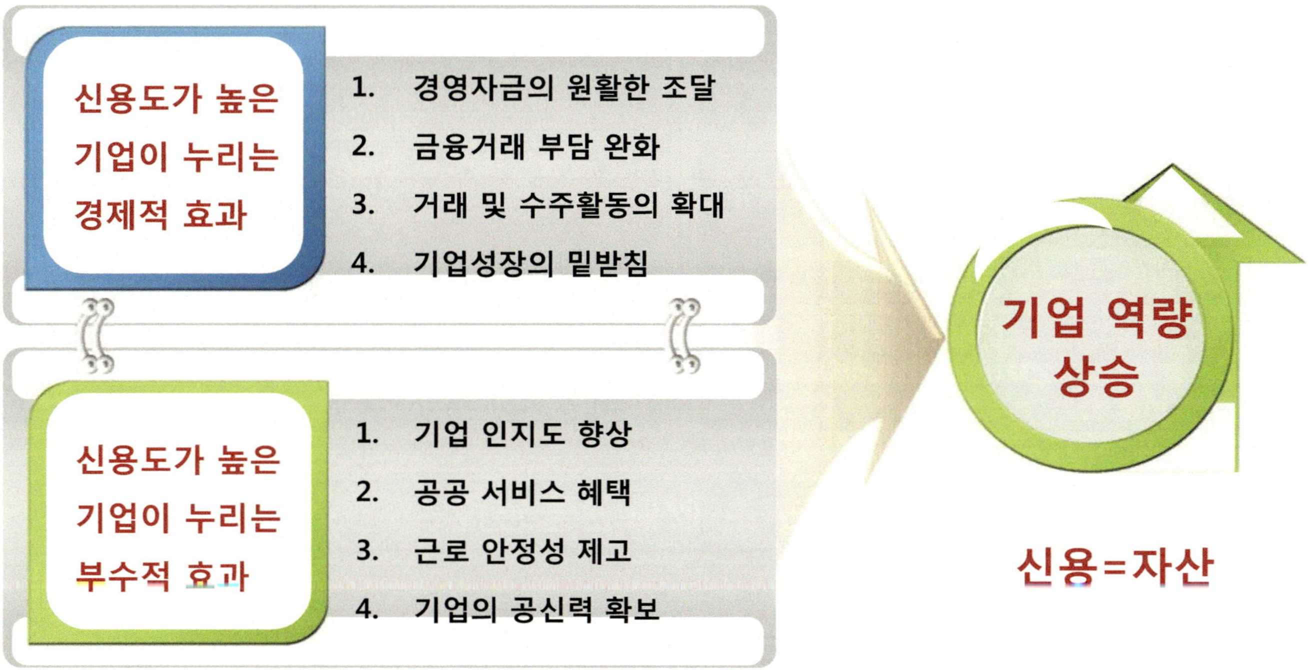

신용평가 정의

5. 신용등급체계 및 의미(1)

신용등급체계 및 의미

신용등급	등급 의미
AAA	채무이행 능력 최고 우량
AA	채무이행 능력 매우 우량
A	채무이행 능력 우량
BBB	채무이행 능력 양호/환경변화에 유동적
BB	채무이행 능력 존재/투기적 요소 내포
B	채무이행 능력 존재/투기적 성격 공존
CCC	채무불이행 가능성 내포
CC	채무불이행 가능성 높음
C	채무불이행 가능성 매우 높음
D	현재 채무불이행 상태

현금흐름	등급 의미
A	현금 창출력 양호/안정적
B	현금 창출력 양호/상위 대비 열위
C+	현금 창출력 보통이상/유동적
C-	현금 창출력 보통/저하가능성 내포
D	현금 창출력 낮음 OR 지급력 불량
E	현금 창출력 최저 OR 지급력 매우 불량
NR	결산기 2년 미만, 판정 보류
NF	재무신뢰성이 낮거나, 판정 제외

5. 신용등급체계 및 의미(2)

신용등급체계 및 의미

Watch 등급	등급 의미- 조기 경보
정상	신용등급 안정적 유지 예상
주의	등급 하락 가능성 높음(소액, 단기연체)
경고	부도 가능성 높음(고액, 장기연체)
해제	금융 불량 해제 또는 정보 삭제
부도	당좌거래 정지 또는 부도
만료	Watch등급 유효기간 만료
폐업	국세청에 폐업 신고 기업
휴업	국세청에 휴업 신고 기업

신용평가 방법

1. 신용평가 모형(1)

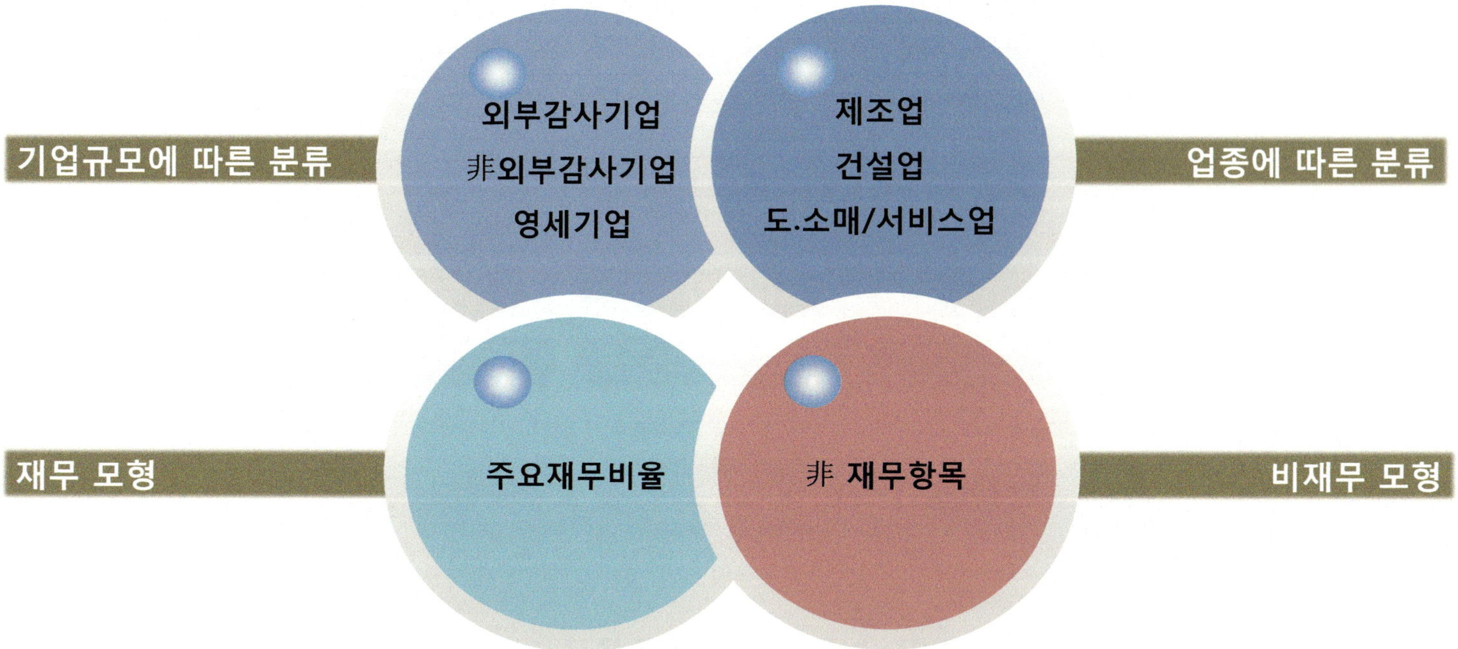

신용평가 방법

1. 신용평가 모형(2)

업종 구분

제조업, 건설업
도소매.서비스업

기업규모 구분

외감: 총자산 120억 이상
비외감: 총자산 10억이상 120억 미만
영세기업: 총자산 30억 미만

	재무 평가항목	비재무 평가항목	
		계량 비재무 평가항목	순수 비재무 평가항목
	안정성,수익성,성장성 활동성,현금흐름	업력, 지분구조, 대표자 신용도 매출추이, 수익전망 자금흐름 추정 등	산업, 영업, 경영, 기술평가
외감	70%	30%	
비외감	60%	40%	
영세	50%	50%	

신용평가 방법

2. 신용평가 요소

신용평가 방법

3. 신용평가 프로세스

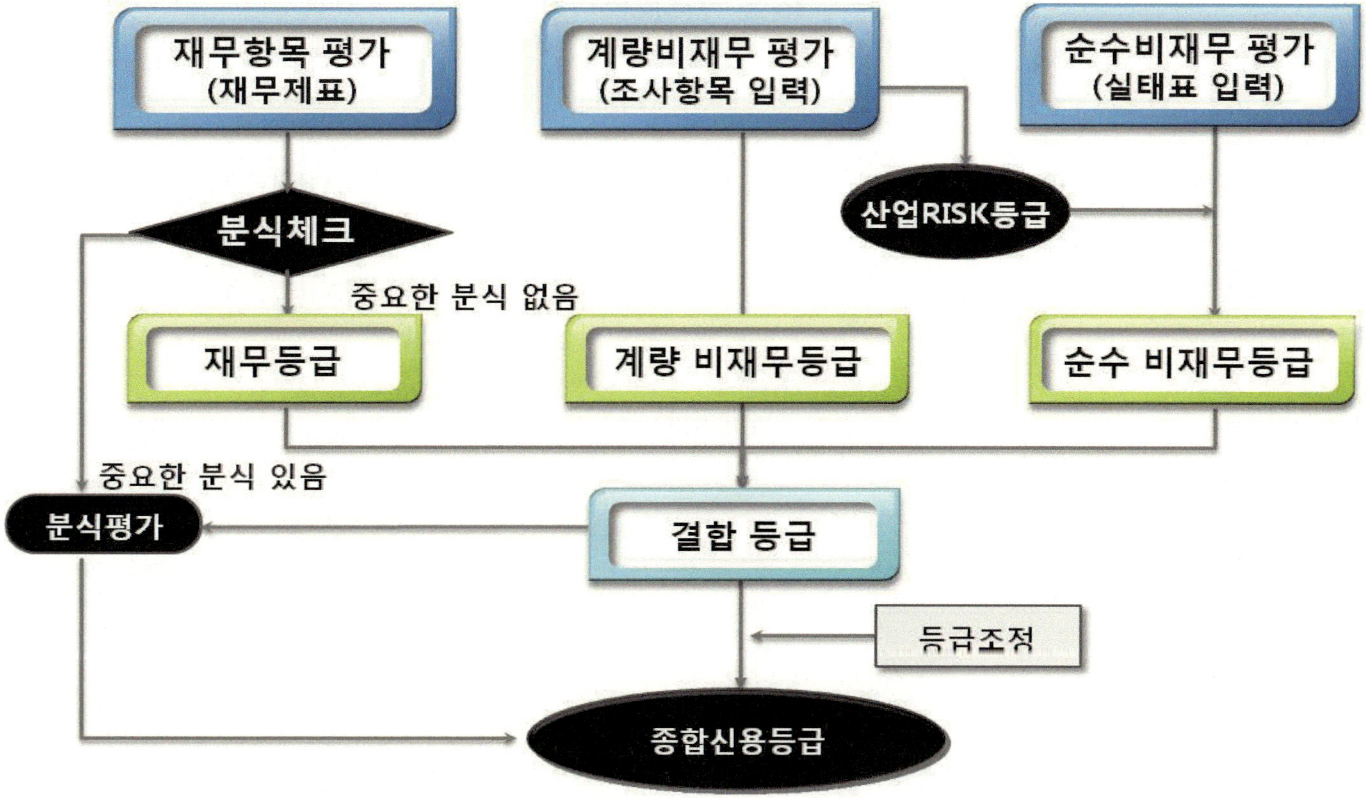

신용평가 항목

1. 재무제표의 구성

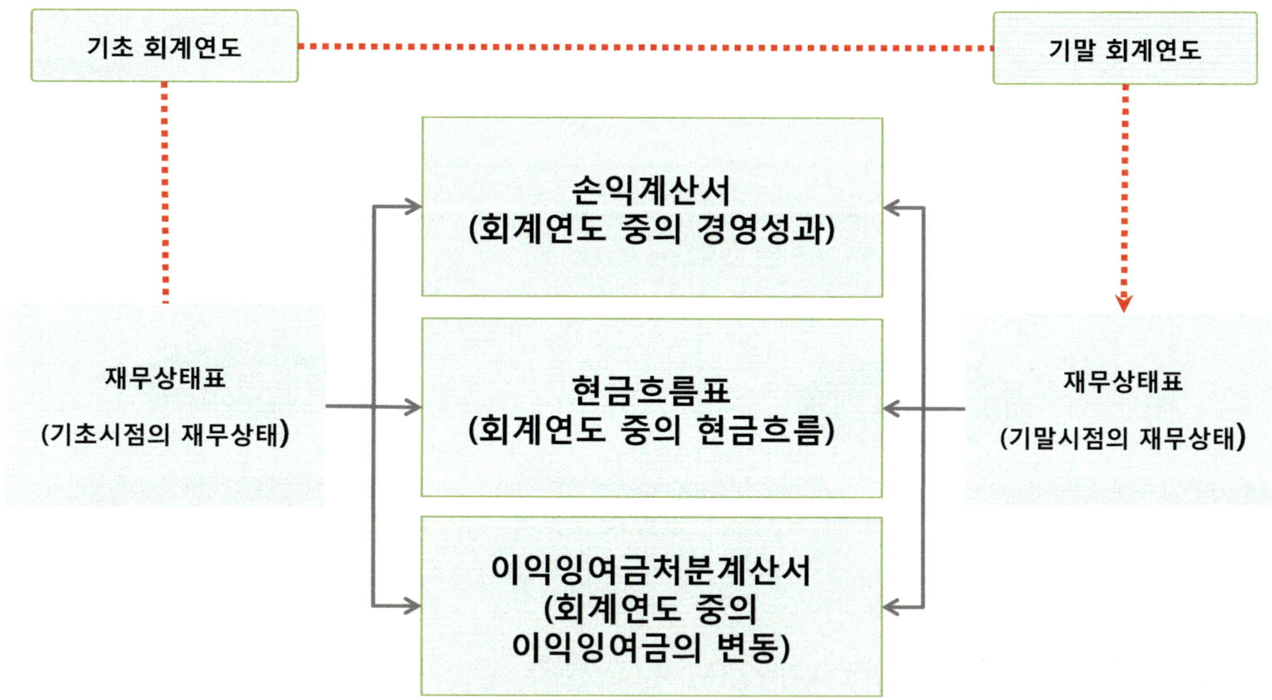

신용평가 항목

1. 재무제표의 구성 - 재무상태표

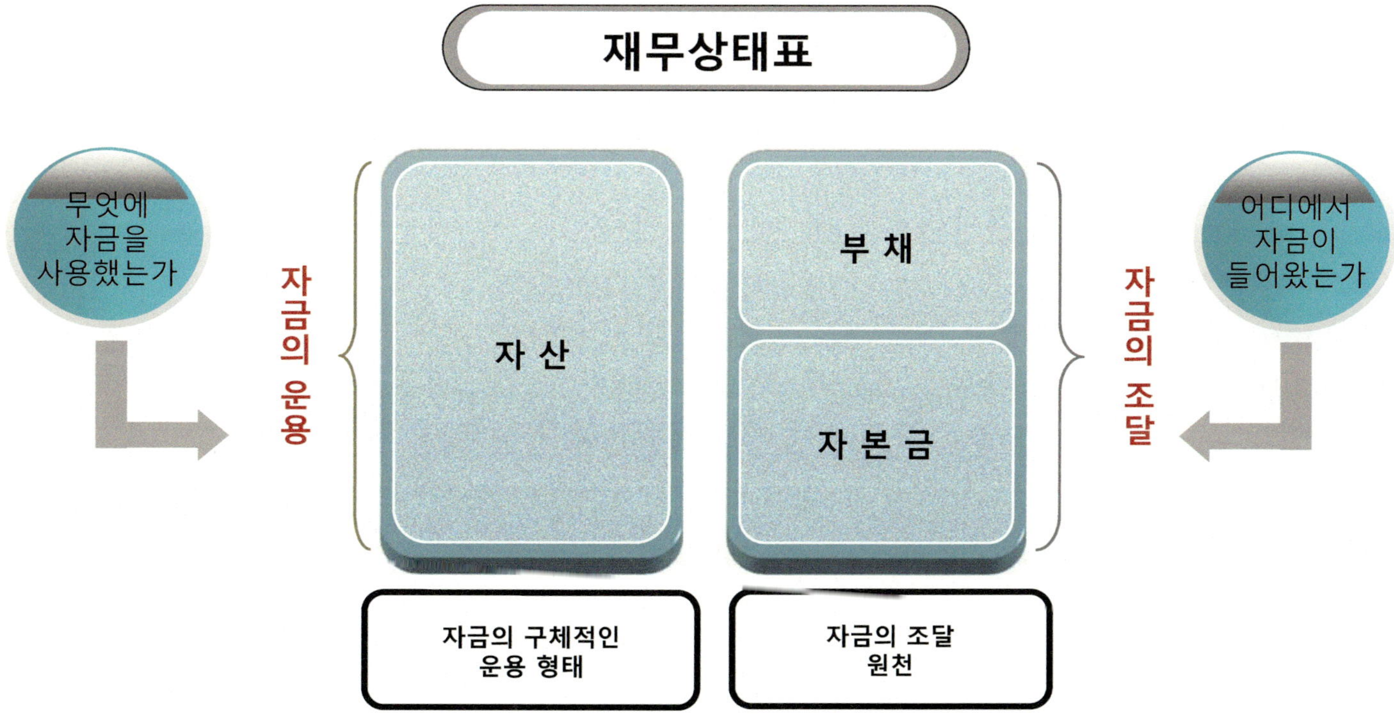

신용평가 항목

1. 재무제표의 구성 - 손익계산서

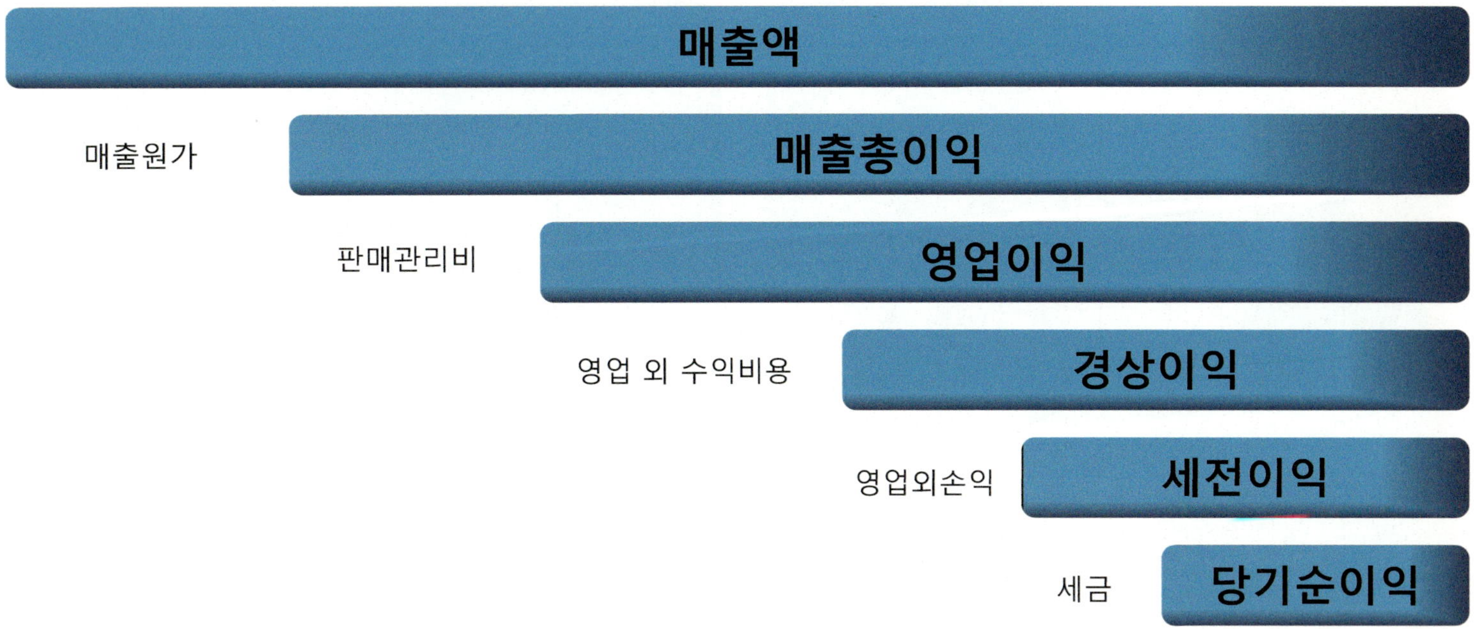

2. 주요 재무비율

재무비율

성장성	수익성	안정성	유동성	활동성
매출액증가율	매출액영업이익율	부채비율	유동비율	매출채권회전율
이익증가율	총자본순이익율	차입금의존도	당좌비율	매입채무회전율
총자산증가율	매출액순이익율	금융비용부담율	현금비율	재고자산회전율
자기자본증가율	자기자본이익율	이자보상비율	현금흐름	총자산회전율

신용평가 항목

2. 주요 재무비율 - 성장성

성장성
균형적 성장

매출액 증가율

$$= \frac{\text{매출액증감액}}{\text{전기매출액}} \times 100$$

전년도에 비해
올해 매출이 얼마나 증가?

기업의 외형적 성장을 나타냄

매출액증가율이 높을수록
시장점유율 확대, 경쟁력 증가

순이익 증가율

$$= \frac{\text{순이익증감액}}{\text{전기순이익}} \times 100$$

전년도에 비해
올해 순이익이 얼마나 증가?

기업의 실질적 성장을 나타냄

순이익증가율이 높을수록
시장점유율 확대, 경쟁력 증가

2. 주요 재무비율 - 수익성

외적+질적
균형과 조화

매출액영업이익률

$$= \frac{(\text{매출총이익 - 판관비})}{\text{매출액}} \times 100$$

매출활동으로
얼마나 영업이익을 냈는가?
즉, 영업효율성 판단

매출영업이익률이 높을수록
수익성이 좋음

총자본순이익률

$$= \frac{\text{당기순이익}}{\text{총자산(평균)}} \times 100$$

자산을 얼마나 효율적으로
잘 운용하여 이익을 냈는가?
즉, 자산운용의 효율성 판단

총자본순이익률이 높을수록
수익성이 좋음

신용평가 항목

2. 주요 재무비율 - 안정성

차입금 의존도	금융비용부담율	이자보상비율
$= \frac{\text{장, 단기차입금}}{\text{총자본}} \times 100$	$= \frac{\text{금융비용}}{\text{매출액}} \times 100$	$= \frac{\text{영업이익}}{\text{이자비용}} \times 100$
총자본 중에서 외부조달 차입금 비중은?	매출액 중에서 금융비용의 비중은?	영업활동을 통한 이익으로 금융비용을 갚을 수 있는가?
실질적인 재무위험 채무상환능력 판단	기업이 부담하고 있는 금융비용의 수준 판단	신용위험과 기업의 수익성, 효율성을 종합적 판단
차입금의존도 낮을수록 재무안정도 높음	금융비용부담률이 낮을수록 재무안정도 높음	이자보상비율이 높을수록 재무안정도 높음

안정적인 재무구조

2. 주요 재무비율 - 유동성

유동성
단기지급능력

유동비율

$$= \frac{\text{유동자산}}{\text{유동부채}} \times 100$$

유동부채(단기채무)에
충당할 수 있는
유동자산이 얼마나 되는가?
즉, 단기채무 지급능력 판단

유동비율이 높을수록
단기채무 지급능력이 큼

당좌비율

$$= \frac{\text{당좌자산}}{\text{유동부채}} \times 100$$

유동부채(단기부채)에
충당할 수 있는
당좌자산은 얼마나 되는가?
즉, 초단기적인 지급능력 판단

당좌비율이 높을수록
초단기채무 지급능력이 큼

신용평가 항목

2. 주요 재무비율 - 활동성

활동성 상호균형관리

매출채권회전율

$$= \frac{\text{매출액}}{\text{(평균)매출채권}} \times 100$$

매출채권(외상매출금)이 잘 회수되고 있는가?

매출채권회전율이 높을수록 현금유입 속도가 빠르기 때문에 자금회전 원활

매입채무회전율

$$= \frac{\text{매출액}}{\text{(평균)매입채무}} \times 100$$

매입채무(외상매입금)가 잘 결제되고 있는가?

매입채무회전율이 높을수록 현금유출 속도가 빠르기 때문에 운전자본을 압박할 수 있음

3. 현금흐름분석(1)

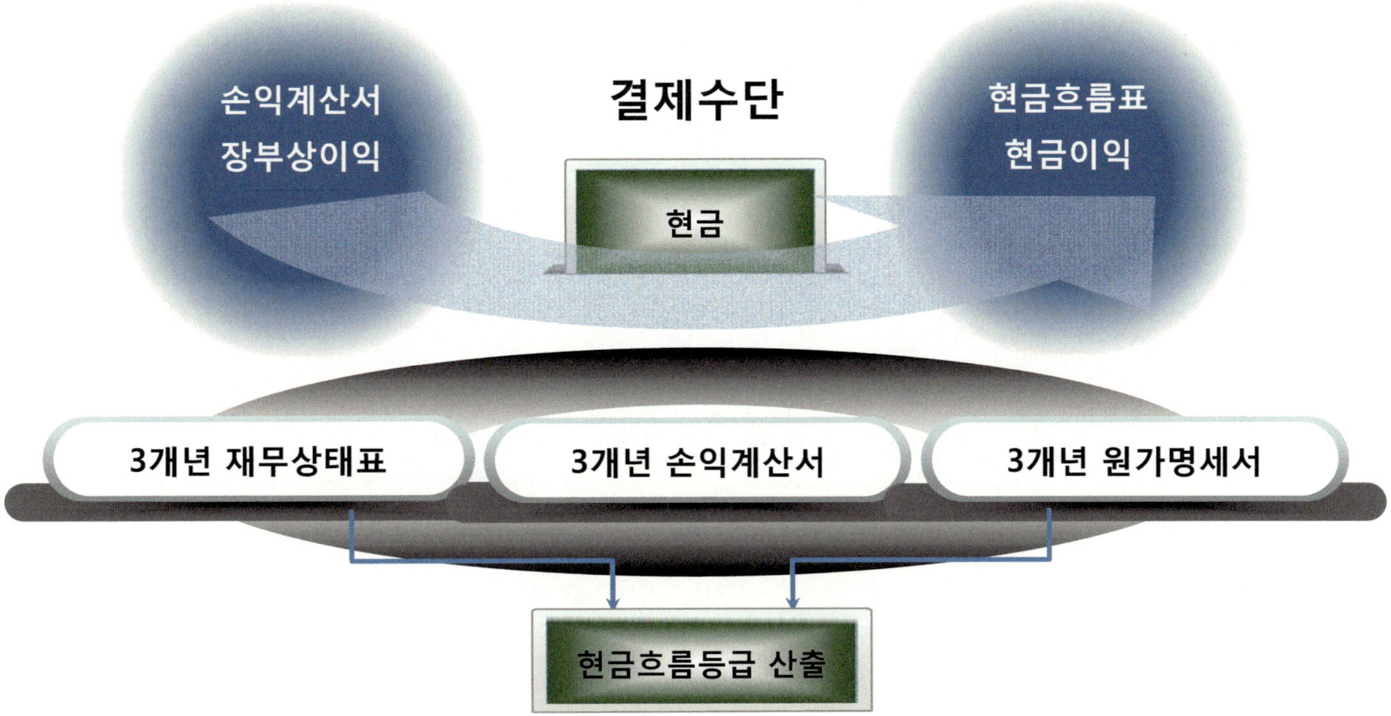
손익계산서
장부상이익
결제수단
현금
현금흐름표
현금이익
3개년 재무상태표
3개년 손익계산서
3개년 원가명세서
현금흐름등급 산출

신용평가 항목

3. 현금흐름분석(2)

손익계산서

(억원)

매 출 액	1000
제조원가	500
매출총이익	500
판관비	350
영업이익	150
지급이자	50
세전이익	100
법인세비용	50
당기순이익	50

현금흐름표

계 정	A기업	B기업	C기업
당기순이익	50	50	50
외상매출금	10	10	100
외상매입금	10	60	10
현금흐름	50	100	- 40
	현금확보	현금확보	현금부족

예시기업 모두 당기순이익은 동일하나 현금흐름은 B>A>C 순으로 차이가 남

3. 현금흐름분석(3)

영업활동

매출액
(-)
매출원가
선급금
매출채권
재고자산
이자비용

(+)
매입채무
선수금
감가상각비

투자활동

(-)
단기금융상품 취득
유가증권 취득
유.무형자산 취득
대여금 지급

(+)
금융상품 처분
투자자산 처분
유.무형자산 처분
대여금 회수

재무활동

(-)
유동성 장기부채
장, 단기 차입금 상환
사채상환

(+)
자본
현금증감액
장.단기차입금 조달
사채발행

신용평가 항목

3. 현금흐름분석(4)

현금유입관리

- ✓ 매출증가, 이익증가
- ✓ 현금매출
- ✓ 매출채권 회수
- ✓ 재고자산 감소
- ✓ 자산 매각
- ✓ 非현금비용 발생 (감가상각비, 퇴직급여충당금 등)

현금유출관리

- ✓ 매입채무지급
- ✓ 매출원가
- ✓ 판매비와 일반관리비
- ✓ 자산 투자
- ✓ 차입금 상환
- ✓ 이자비용

현금흐름표

✓ 영업활동 후 현금흐름(+)
차입금 상환을 충분히 할 수 있는 양호한 수준

✓ 이자지급 후 현금흐름(+)
자금창출능력, 부채상환능력이 큼

✓ 투자활동 후 현금흐름(+)
차입금 상환 능력과 장기자산 투자여력

4. 비재무항목(1)

구 분	평가 항목	평가 정의
환경위험	• 기업형태 • 산업환경	→ 업종 / 기업규모 / 형태 → 동업계 분석, 시장지위 및 경쟁력 평가
경영위험	• 경영 전문성 • 경영 안정성 • 계열구조 위험 • 신뢰도 • 신용상태	→ 대표자신용도/대표자 경력 → 경영진 교체, 지분구조 등 경영진 안정성 → 관계사간 내부거래, 출자관계, 지급보증 → 재무제표 분석, 외부감사 여부, 감사의견 → 단기연체, 조세체납, 권리침해(압류 외), 징수유예
사업위험	• 시장지위 • 구매, 판매 안정성 • 주요 거래처 신용도 • 생산현황, 공사현황 • 인력 및 기술수준 • 매출 효율성 • 투자효율성	→ 시장점유율 / 시공능력순위 → 고정거래처 확보, 다양한 판매망 확보 등 거래 안정성 → 부도어음, 불량채권의 보유 규모 평가 → 보유시설 및 가동률 평가, 공사내용(민간,관급) 평가 → 원가경쟁력, 품질, 가격경쟁력 평가 → 판매조건(결제방법, 현금결제비중, 어음결제기간) → 투자규모 적정성

신용평가 항목

4. 비재무항목(2)

구 분	평가 항목	평가 정의
재무 위험	• 외형 성장 구조 • 손익구조 • 손익전망	→ 최근 3개년 매출 추이 (매출성장율) → 최근 3개년 영업이익 및 순이익율 추이 → 최근 계약잔고 및 결산일 이후 실적
	• 재무비율분석	→ 동업계 평균대비 재무비율 비교분석
	• 현금흐름분석	→ 현금흐름 추이
	• 차입금 증감여부	→ 재무결산 이후 차입금 추이
	• 자금조달구조	→ 장.단기 차입금 비중 / Cash Flow 대처능력
	• 자금조달 여력	→ 담보여부, 차입한도 대비 잔액, 유상증자 여부
	• 우발적 재무위험	→ 관계사 자금지원 여부, 소송금액 평가

신용등급 관리방안

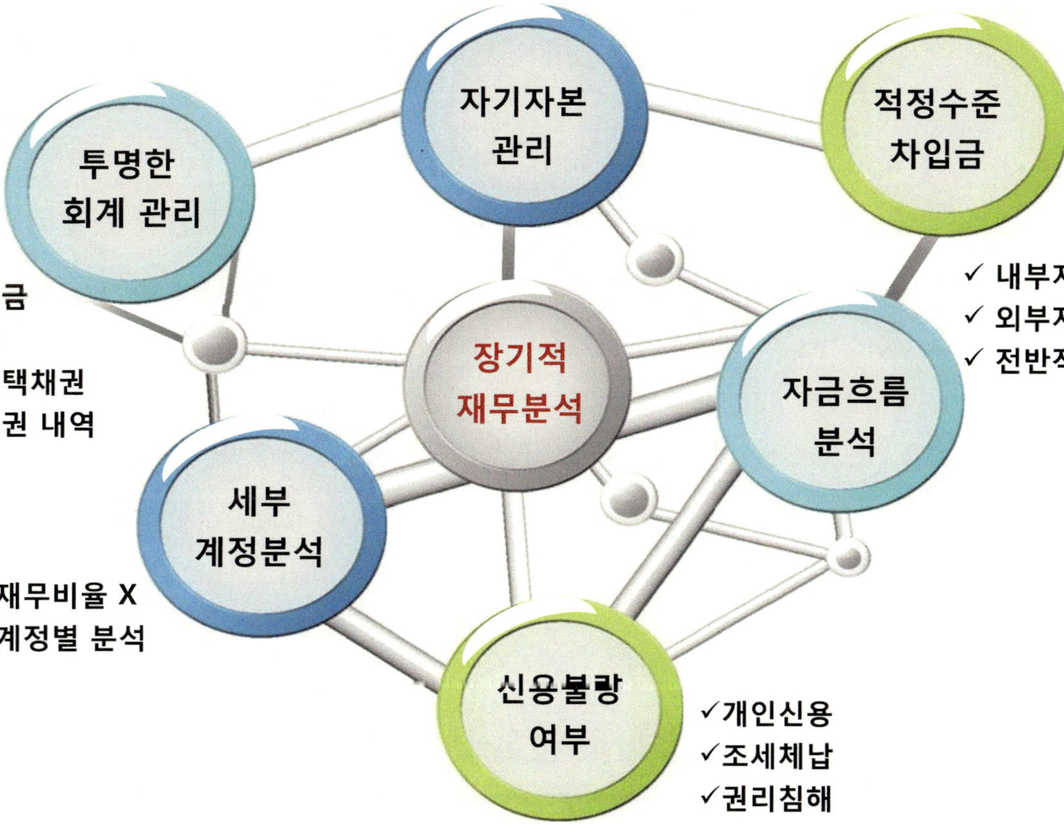

✓ 가지급금
✓ 가수금
✓ 국민주택채권
✓ 유가증권 내역

✓ 내부자금흐름
✓ 외부자금 조달 흐름
✓ 전반적 자기자본관리

✓ 단순 재무비율 X
✓ 세부 계정별 분석

✓개인신용
✓조세체납
✓권리침해

신용등급 관리방안

1. 투명한 회계장부

❖ 분식한 자료의 경우, 평가 과정에서 대부분 발견

❖ 분식이 심할 경우, 재무제표 자료에 상관 없이 감점
(이익율 과다 · 과소 계상, 재고자산 과다 보유)

❖ 대표이사 가지급금(주임종 단기채권, 단기대여금), 가수금의 경우 총자산 대비
높은 비중을 차지할 경우 감점 사항

❖ 단기매매증권/유가증권(국민주택채권 1종) 허위 계상
(OO캐피탈, OO파이낸스, OO권금융)

2. 단순 재무비율보다 실질

❖ 단순재무비율(유동비율, 부채비율 등)은 간단한 조작으로 변동가능

예) 비유동자산 → 유동자산

❖ 유동비율은 유동부채 대비 보유한 유동자산의 보유량 측정치일 뿐

가지급금, 대여금이 많을 경우, 실질자산으로 인정불가

❖ 결과적으로 유동부채에 대한 지급준비율을 측정하는 지수로 부적합

신용등급 관리방안

3. 매출증가와 등급상승의 관계

❖ 매출증대가 반드시 기업등급의 상승으로 연결되지는 않음

❖ 매출증대와 더불어 제조(공사)원가 절감, 판관비, 경상비 감축을 통한 이익증가 동반 필요

❖ 매출증대는 오히려 운전자금 조달필요 → 외부차입 급증시 등급하향 가능

❖ 산업평균 증가 정도가 클 경우, 평가기업 성장성 정도에 따라 유지/하향

→ 산업연관분석

4. 현금흐름 등급에 관심

❖ 현금흐름표란 단위 영업기간 동안 현금이 어디서 유입되었으며, 어느 곳으로 유출되었는지 즉, 유출입 경로, 유출입량을 파악하는 자금 수지표 → 단기지급능력, 투자적정성 판단기준

1. 영업활동 후 현금흐름 : 매출채권, 재고자산, 선급금, 선급비용 증감
2. 경상활동 후 현금흐름 : 이자비용, 기타자산 증감, 기타부채 증감
3. 투자활동 후 현금흐름 : 투자자산, 유형자산, 단기대여금, 미수금 증감
4. 재무활동 후 현금흐름 : 장단기 차입금 상환/차입, 유상증자

   (퇴직금여충당금 자본전입, 가수금 자본전입)

신용등급 관리방안

5. 적정수준의 차입금 유지

❖ 통상 차입금의존도 40% 이상은 재무안정성 면에서 미흡하다고 판단

❖ 현 경기상황에 비춰 기업간 거래안정성이 부각됨에 따라

자금조달능력, 대금지급방식, 결제조건 등 지급능력의 안정성이 중시(지급준비율)

→ 정책자금, B2B구매자금대출, 통장자동대 등 한도 여유분 확보 필수적

→ 어음(전자, 종이)을 발행하는 경우 등급 상승 제한 -> 당좌개설 후 미사용의 경우

6. 장기적 관점에서 관리

❖ 신용평가는 최소 3개년 이상의 재무제표에 의해 진행

즉, 한 해의 매출 및 영업실적 호조로 신용등급 급등은 무리

❖ 그러므로 최소 3년 이상의 전반적인 자본구조, 수익구조 관리 필요

❖ 당기 못지않게 최근 3개년의 매출증가율, 수익증가율이 등급결정의 중요요소

❖ 재무취약점 꾸준한 관리 필요

신용등급 관리방안

7. 신용관리 방안

❖ 지속적인 관리대상

조세체납(국세/지방세), 대출금 연체, 불량정보(금융기간, 법원, 각종 공과금(4대보험)), 급여

→ 사유 해소 이후에도 각 금융기관별로 자체관리

❖ 최하위에 준하는 등급 부여

신용불량정보 발생시 기업의 재무구조와 별개로 등급 조정

Part 03

사업계획서 작성실무

목 차

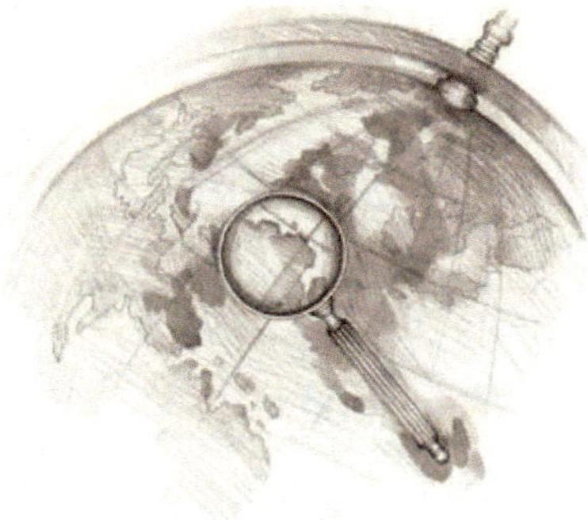

Chapter 1. 사업계획서 일반

사업계획서 일반

1. 사업계획서란

"평가자들은 잘 듣지는 못하지만 보는 것은 잘한다."

- 문서로 보기를 원한다
- 객관적이고 공신력있는 자료를 원한다
- 사업가의 능력을 보기를 원한다

2. 사업계획서의 필요성

체계적인 사업수행을 위한 안내

- 단순한 아이디어 또는 경험에 의한 주관적인 사업계획을 방지하고, 인사・구매・생산・마케팅・재무 등의 기업 경영 활동 전반에 대해 사전에 검토할 수 있다.

계획사업을 위한 시뮬레이션 도구

- 사업수행을 연습함으로써 시행착오를 예방하고 사업기간과 비용을 절약할 수 있으며, 사전 실수의 점검을 통한 실패확률의 감소로 사업자에게 사업성공의 가능성을 높여준다.

이해관계가 있는 제3자에 대한 설득

- 이해관계자(투자자, 금융기관 등)의 관심 유도와 설득자료로서, 사업자의 신뢰도를 증진시켜 자금조달이나 각종 정책지원을 받는데 활용된다.

영업, 입찰, 인허가, 모집 등을 위한 소개

- 기업간의 사업제휴, 납품 또는 입점 계약, 대리점 또는 가맹점 모집, 공공기관 입찰서류 제출, 인허가 신청, 기술 및 품질 인증 등을 진행할 때 회사를 소개하는데 유용하다.

사업계획서 일반

3. 사업계획서의 종류 – 유형별

종 류		내 용	페이지 분량
요약 사업계획서		▪ 사업에 대한 간단한 소개 목적으로 작성 ▪ 사업 전반의 핵심내용을 집약하여 간략하게 설명	10페이지 내외
본 사업계획서	서술형 사업계획서	▪ 일반적으로 공공기관 및 기관투자용 제출시 작성 ▪ 사업내용에 대해 정형화된 서식에 맞춰 상세하게 설명	자유분량
	프리젠테이션용 사업계획서	▪ 일반적으로 사업내용의 제출 또는 발표 목적으로 작성 ▪ 계획사업을 구조화, 도식화, 도표화시켜 설명 ▪ 서술형 사업계획의 보완자료로 활용되기도 함	20~40페이지
IR용 사업계획서		▪ 투자자 유치를 위한 제안용 또는 사업실적 보고용으로 작성 ▪ 사업내용 및 재무실적 등을 중심으로 구체적으로 설명	30~40페이지
운영 사업계획서		▪ 회사 운영 또는 신규 투자 등 내부적인 목적으로 작성 ▪ 기존 기업의 연도 사업계획서로 활용되기도 함	40~100페이지

3. 사업계획서의 종류 – 용도별

용 도	내 용	사업계획서 형태
내부운영용	▪ 사업운영용 ▪ 투자검토용	비정형 사업계획서
자금조달용	▪ 투자유치용(벤처캐피탈, 엔젤투자자, 주식공모, IR) ▪ 금융기관 대출 신청용	비정형 사업계획서
	▪ 정책자금(융자, 출연) 신청용 ▪ 신용보증 신청용 ▪ 은행자금 신청(신용조사)용	정형 사업계획서
인·허가용	▪ 창업사업계획 승인용 ▪ 각종 인허가용	정형 사업계획서
기술평가용	▪ 기술담보가치 평가용 ▪ 벤처기술 평가/이노비즈기업 평가 ▪ 코스닥 예비심사를 위한 기술평가 등	정형 사업계획서
대외업무용	▪ 사업 제안, 전략적 제휴, M&A용 ▪ 협력회사 등록 또는 백화점(할인점) 입점용 ▪ 공공기관 입찰 또는 등록 ▪ 대리점 또는 가맹점 모집용	비정형 사업계획서
기 타	▪ 창업보육센터 입주신청용 ▪ 창업경진대회 참가용 등	정형 사업계획서

사업계획서 일반

4. 사업계획서의 일반적 구성

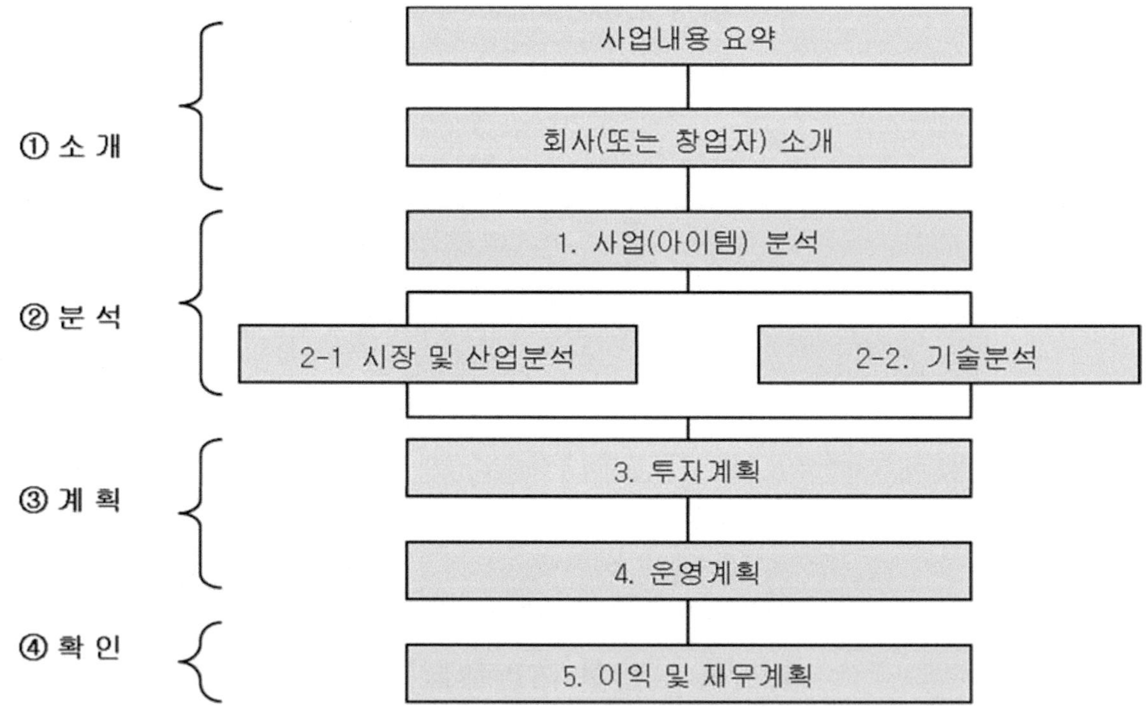

5. 사업계획서 작성 프로세스

1. 목차 구성 및 자료 점검

- 사업내용에 맞는 전체적인 목차를 구성하여 나열
- 제품 그림, 서비스흐름, 사업모델 등에 관한 자료를 점검

2. 자료조사

- 제품 및 서비스와 관련된 시장 및 기술에 관련된 조사 실시
- 조사된 내용을 분석하여 사업계획의 방향을 수립

3. 사업의 계량분석 실시

- 투자계획, 매출계획, 비용계획, 손익분석, 현금흐름 등 금액과 관련된 분석 실시
- 문제발생시 실행계획을 수정하면서 목표로 하는 수치가 나올 때까지 반복하여 분석 실시

4. 내용작성 및 편집

- 내용이 확정되면 목차 구성의 순서에 구애 받지 말고 쉽고 자신 있는 항목부터 내용을 입력
- 필요시 유사 업종/아이템의 사업계획서를 참고로 하여 내용을 구성, 사업 개요 및 요약을 최종적 작성

사업계획서 일반

6. 사업계획서의 작성 기본원칙

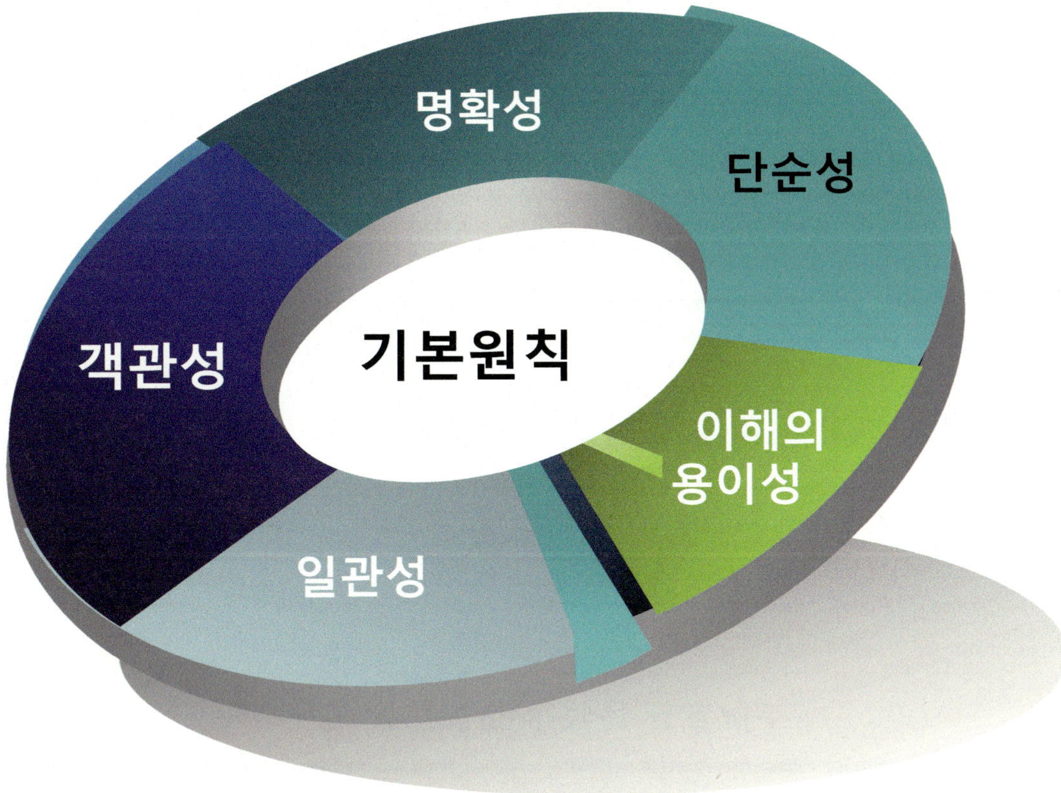

7. 사업계획서 작성시 체크포인트

사업의 내용을 정확하고, 알기 쉽게 작성한다.

- 평가자(검토자)의 입장에서 작성한다.
- 가급적 전달하고자 하는 사항은 요약형태로 초반부에 명확히 전달하도록 한다.
- 약어 및 전문용어에 대해서는 용어설명을 통해 검토자의 이해를 최대한 돕도록 한다.

가급적 내부인력을 통해 작성하는 것이 최상이다.

- 대부분의 검토자는 외부전문가가 작성하는 것에 대해 보수적인 시각을 가지고 있다.

사실을 명확히 기술한다.

- Due-Diligence(소정의 절차에 따른 조사행위) 과정에서 대부분 증빙서류를 요구한다.
- 특히, 자본금 증자 관련, 인력 및 기술에 관해서는 상세히 기술하도록 한다.

사업계획서 일반

7. 사업계획서 작성시 체크포인트

국내외 시장상황을 정확히 기술한다.

- 객관적인 자료에 근거하여, 시장상황 및 추정치를 정확하게 제시할 수 있어야 한다.
- 추정 시장점유율에 대한 근거를 제시할 수 있어야 한다.

매출 추정에 대한 객관적인 자료를 제시한다.

- 단가별, 원가별, 수익별, 고객별로 정확하고 객관적인 자료를 제시하여야 한다

현금흐름에 대한 분석자료를 제시한다.

- 현금유입 VS 현금유출 항목에 따른 자금흐름을 분석하고 제시할 수 있어야 한다.
- 사업 성공을 위한 총투자금액을 산정할 수 있어야 한다.

리스크 요인에 대한 해결방안을 제시한다.

- 약점(Weakness), 위협(Threat) 부분에 대한 대안을 제시할 수 있어야 한다.
- 대안은 현실적이고 실현 가능하게 작성해야 한다.

8. 체크사항 – 은행/정책자금

은행/정책자금용

- 안정성이 중시되고, 기본적으로 담보를 요구
- 담보 미비시, 보증기관의 보증이 필요(신보/기보/지역신보 등)
- 신용과 자금흐름이 중요

[검토사항]

- 과거의 실적은?
- 어느 정도의 자금이 필요하며, 구체적인 조달방안이 합리적인가?
- 담보 자산은 있는가?
- 특허권 등 산업재산권의 명의는?
- 기업 또는 경영자의 신용도는?
- 향후 자금흐름을 통하여 이자/원금상환의 가능성은?

사업계획서 일반

8. 체크사항 – 투자유치

벤처캐피탈 및 엔젤 투자 유치용

- 투자의도를 명확히 파악→투자자금 회수(큰 수익 기대)–명확한 전략 제시 필요
- 시장의 장래성, 사업의 발전성과 수익성, 경영팀의 신뢰성과 능력 등이 중요

[검토사항]

- 제품시장의 경쟁력은?
- 잠재시장의 규모는?
- 매출목표를 달성하기 위한 영업방법은?
- 주주구성은?
- 경영팀의 역량과 신뢰성은?
- 예상수익율은?

9. 사업계획서 심사 체크리스트

- 제품의 특성 및 핵심기술은 잘 설명되었는가?
- 소비자에게 제공하려는 제품 및 서비스는 명확한가?
- 제품 및 서비스에 대한 경쟁력과 차별성은 있는가?
- 원자재 수급계획이 객관적으로 기술되었는가?
- 국내외 시장규모에 대한 자료가 제대로 제시되었는가?
- 주요 수요처는 명확히 전개되었는가(누가 고객인가)?

사업계획서 일반

9. 사업계획서 심사 체크리스트

- 국내외 경쟁상황에 대한 자료가 제시되었는가?
- 국내외 제품과의 기술, 품질, 가격비교 등이 잘 제시되었는가?
- 손익분기점 매출 달성시점은 명확한가?
- 개발 완료 및 제품화 시기, 설비도입 및 양산착수 등의 계획은 잘 전개되었는가?
- 판매가격과 판매방법은 고객중심으로 결정되었는가?
- 가격이 적정수준의 이익을 보장하고 있는가?
- 사업추진 계획이 효율적으로 잘 작성되었는가?
- 소요자금의 확보방안은 수립되었는가?

10. 사업타당성 분석의 평가항목

평가요소	세부항목
계획사업 수행능력	- 기업가로서의 적성과 자질 - 창업자의 계획사업 수행능력 - 업종선택의 적합성 - 기타 창업자의 경영능력
시장성 및 판매전망	- 국내외 수급동향 및 중장기 수급전망 - 시장특성 및 구조 - 동업자 또는 유사제품과의 경쟁상태 및 향후 경쟁제품의 출현 가능성 - 국내외 가격구조 및 가격동향 - 판매처, 판매조직 및 유통경로 - 해외시장 분석에 의한 수출 가능량 사정 - 기타 시장성 요소
기술적 타당성	- 기성제품에 대한 비교 우위성 - 생산능력 및 조업도 - 기술 및 기능인력 확보 - 기타 기술 및 생산관련 타당성 - 시설계획 및 생산시설 규모 - 원재료 조달 및 원단위 사정 - 예상불량률 및 개선 가능성
수익성 및 경제성	- 수익 전망 - 계획사업의 경제성 평가 - 투자수익 및 손익분기 분석 - 기타 경제적, 재무적 타당성 분석
자금수지 및 성장성 (기업환경 종합분석)	- 소요자금 규모 및 조달 가능성 - 차입금 상환능력 검토 - 성장 가능성 - 자금조달, 운용계획표 작성 - 계획사업에 대한 위험요소 분석

사업계획서 일반

Cf. 사업화 진행 단계

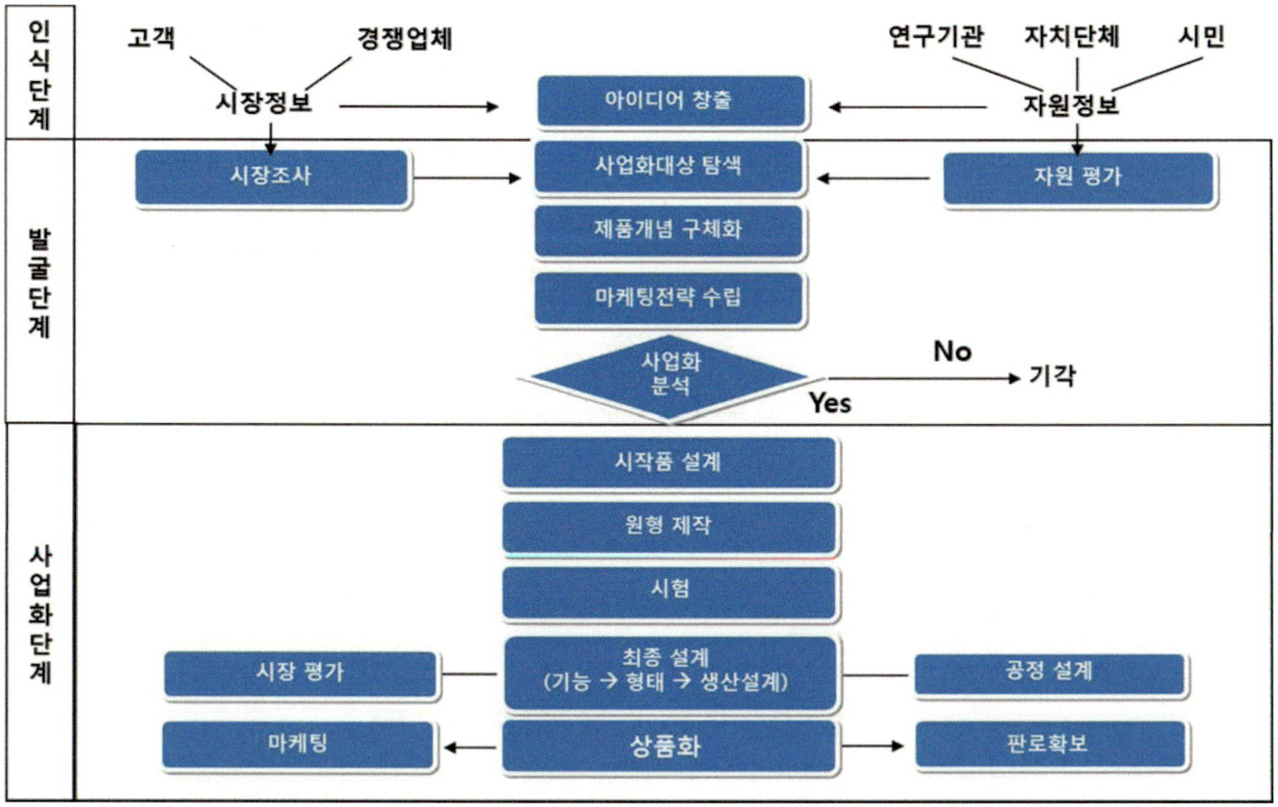

Chapter 2. 사업계획서 작성방법

사업계획서 작성방법

1. 기업현황

- 평가자(검토자)들이 관심을 가질 수 있도록 기업의 차별화점을 부각시킨다.

회사개요	회사명, 설립일, 대표이사, 주소, 연혁 등의 일반적인 내용을 기술한다.
대표자 인적사항	주민등록번호, 최종학력, 주요경력, 개발실적 등을 중심으로 기술한다.
재무사항	자본금, 부채현황 등을 기술한다.
경영진 및 기술인력	경영진, 주요 기술인력, 주주구성 등에 대해 기술한다.
지적재산권 현황	지적재산권 보유현황 등을 기술한다.

2. 사업내용

- 사업의 핵심내용을 최대한 부각할 수 있도록 작성한다.

사업의 특성	사업의 특성과 가치를 중심으로 기술한다.
경쟁상황	국내외 시장경쟁 상황에 대해 기술한다.
경쟁우위요소	차별화 전략을 통해 사업의 유망성을 강조한다.
시장추이 및 전망	시장규모 및 시장전망을 통해 사업의 발전성을 기술한다.
추정수익률	자본을 투자해서 얻을 수 있는 투자수익률(ROI)에 대해 기술한다.

사업계획서 작성방법

3. 제품 및 서비스

- 자사 제품 및 서비스의 강점을 최대한 부각시킨다.

제품의 특성	제품의 특성 및 핵심기술에 대해 기술한다.
경쟁제품과의 차별성	경쟁제품 대비 우수한 점에 대해 기술한다.
제품 및 서비스의 고객가치	제품 및 서비스가 고객에게 주는 가치 및 만족도에 대해 기술한다.
제품개발 현황	제품개발 현황 및 향후 개발계획에 대해 기술한다.
제품 및 서비스 방향	향후 트렌드에 따른 제품 및 서비스 방향에 대해 기술한다.

4. 생산 및 설비

■ 생산시설 및 원자재 수급계획에 대해 작성

생산시설 현황	공장부지 및 설비 현황에 대해 기술한다.
생산능력 및 실적현황	생산능력, 실적, 가동률 등에 대해 기술한다.
원자재 수급계획	원부자재 조달상황, 계획, 전망에 대해 기술한다.
생산성 향상계획	품질관리나 생산관리 등, 생산성 향상계획에 대해 기술한다.
생산시설 투자계획	설비투자를 위한 생산시설 투자계획에 대해 기술한다.

사업계획서 작성방법

5. 시장성 분석

- 자료의 객관성, 정확성이 요구되며, 시장규모 및 전망부분은 특히 주의를 요한다.

시장규모 및 전망	시장규모 및 전망에 대해 온-오프라인 측면에서 기술한다.
산업성숙도 파악	도입기, 성장기, 성숙기, 쇠퇴기인지에 대해 파악한다.
SWOT 분석	강점, 약점, 기회, 위협 등에 관해 분석한다.
핵심성공요인 도출	산업분석을 통해 산업의 Key Success Factor를 도출한다.

5. 시장성 분석

확실한 근거를 가지고 작성할 것

- 알 수 없는 많은 요소가 있더라도, 가능한 한 입증 가능한 숫자(객관적인 data) 에 근거하여 작성

논리적으로 생각할 것

- 추정치는 논리적 결론이어야 하며, 논리적 비약이나 명시되지 않은 가정에 의존하지 말 것

자료를 비교할 것

- 여러 가지 다양한 자료원(인터뷰, 통계, 전문가 의견 등)을 비교하여 객관성을 확보할 것

알 수 없는 변수가 있을 경우에는 대체적인 변수가 있는지를 찾아볼 것

각 추정치가 적절한 규모인지 스스로 점검하여 볼 것

사업계획서 작성방법

5. 시장성 분석 – 마케팅체계

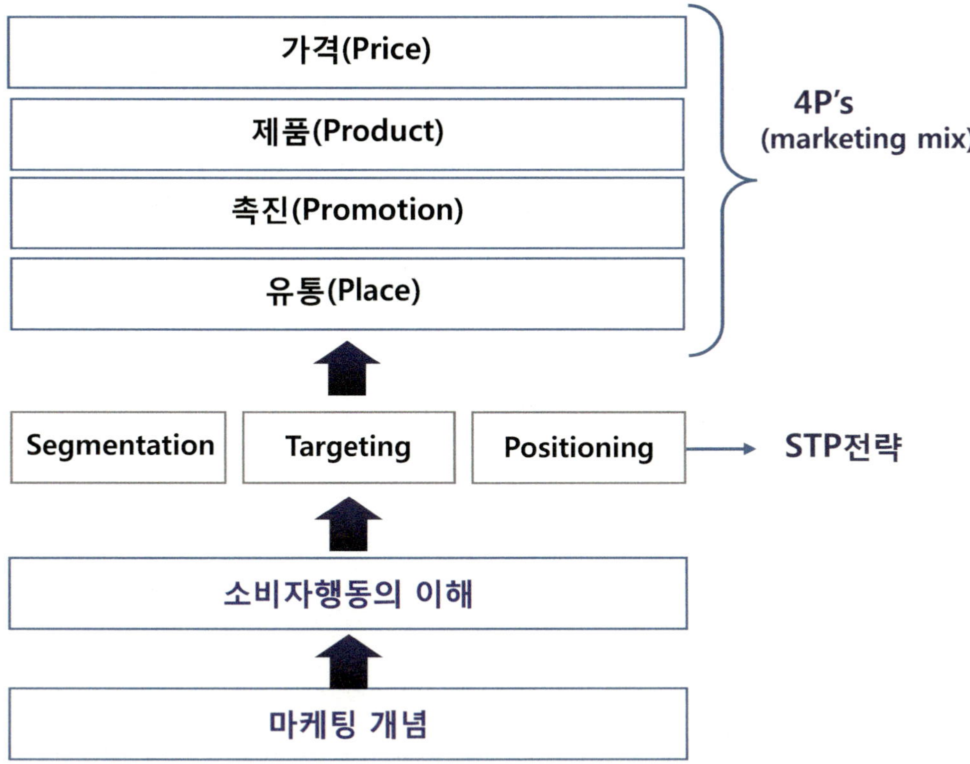

5. 시장성 분석 – STP전략 / 4P전략

STP 전략

Segement	(시장세분화)	시장을 세분화한다.
Targeting	(표적시장)	표적시장을 선정한다.
Positioning	(포지셔닝)	제공하는 상품 및 서비스 가치의 위치를 결정한다.

4P 전략

Price	(가격)	고객이 만족하는 가격인가?
Place	(유통)	판매채널은 어떠한가?
Promotion	(판매촉진)	효과적인 광고 및 홍보방법은?
Product	(상품 및 서비스)	품질과 성능은 어떠한가?

사업계획서 작성방법

5. 시장성 분석 – SWOT 분석

- SWOT 분석

5. 시장성 분석 – 5 Force 분석

- 5-Force 분석 : 산업의 수익률을 결정하는 5가지 요소

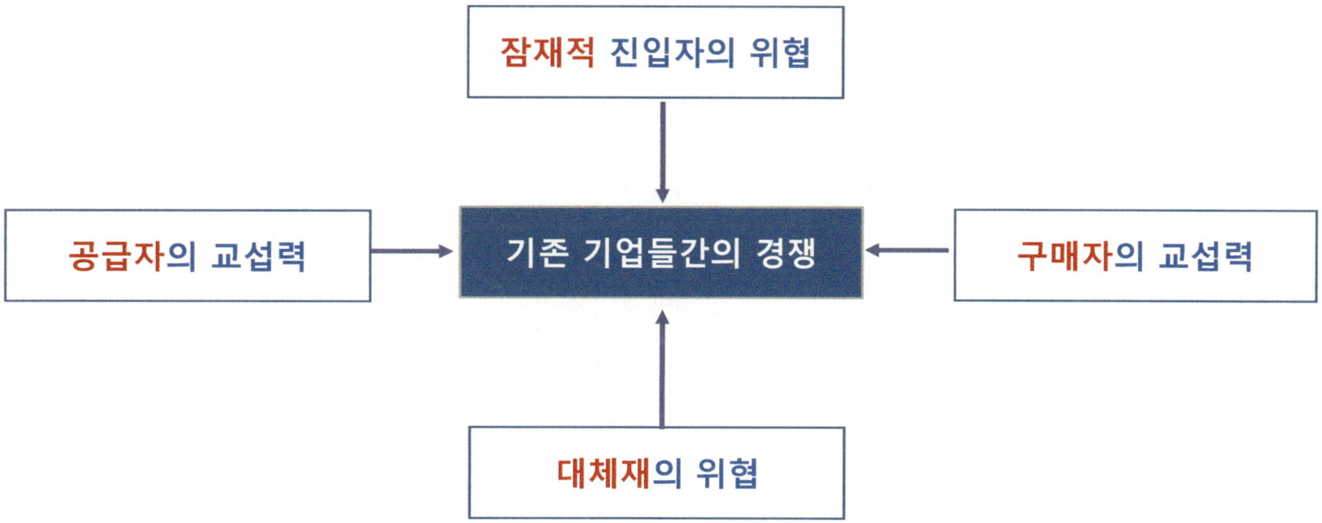

사업계획서 작성방법

5. 시장성 분석 – 마케팅 전략 수립

- 마케팅 전략 수립

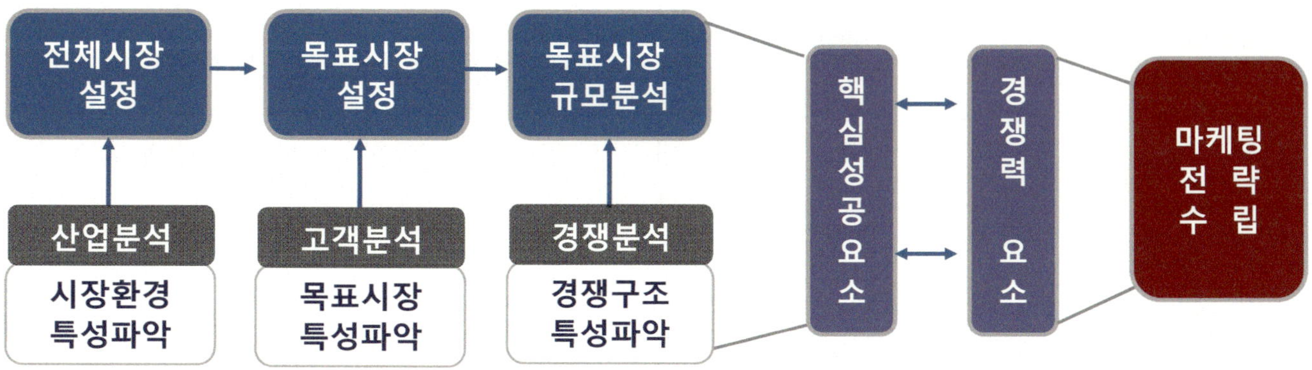

5. 시장성 분석 – 제품수명주기의 특성

■ 제품수명주기의 특성

구분	도입기	성장기	성숙기	쇠퇴기
매출	낮음	급속성장	최대 매출	매출 쇠퇴
고객당 비용	높음	평균치	낮음	낮음
이익	적자	증대	최대	감소
고객	혁신층	조기 수용층	중간 다수층	최후 수용층
경쟁자	소수	점차 증대	안정적, 점치 감소	매출쇠퇴

사업계획서 작성방법

6. 인력 및 조직

- **경영진 및 핵심인력에 대해서는 주의를 기울여 작성한다.**

조직도	회사의 조직도를 작성한다.
부서별 소요인력	해당 부서별 소요인력에 대해 작성한다.
급여 및 보상정책	연봉, 인센티브, 상여금, 휴가 및 여가제도 등에 대해 기술한다.
인력수급계획	향후 소요인력에 대해 작성한다.
경영진 및 핵심인력	경영진 및 핵심인력에 대해 작성한다.

7. 총 사업비

- 사업비 구성은 기술개발 내용과 목표 달성을 위하여 수행하기 위한 실질적인 연구비 사용계획을 작성

- 전체 사업비의 합계가 일치하고, 관련 사업비 계상기준에 적정하게 작성할 것

사업계획서 작성방법

8. 재무계획

- **사업성이 있는지를 예측하기 위한 기본자료이므로 정확성이 요구된다.**

손익계산서	<u>소득을 보여주는 지표</u> 매출과 수익, 총매출, 이자수익과 배당금, 기타 소득, 비용, 매출원가, 판매비와 관리비, 감가상각비, 이자비용, 세금 등이 이에 해당된다.
대차대조표	<u>사업의 가치를 나타내주는 지표</u> 부채 + 자기자본 = 자산
현금흐름표	<u>기간에 대한 현금의 흐름을 보여 주는 지표</u> 현금매출액, 이자수입, 투자유입액, 매출원가, 판매관리비, 이자지급, 세금 설비투자비, 차입금상환, 배당금, 현금의 순증감 등이다.

9. 사업추진 계획

- 사업추진에 대한 일정계획을 보기 쉽게 작성한다.

사업추진 일정표

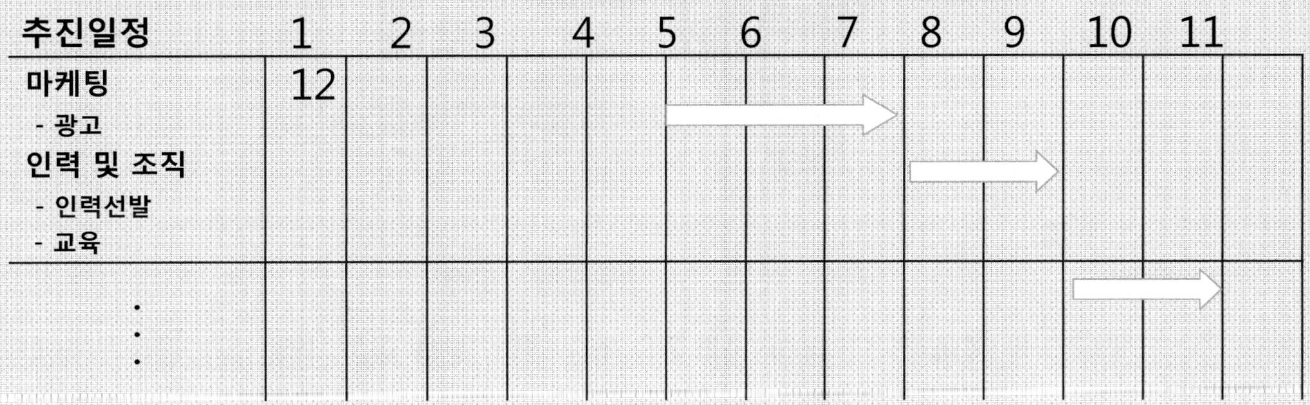

사업계획서 작성방법

10. 기타 첨부자료

- 주요 임직원의 이력서, 제품 샘플, 제품사진, 산업재산권, 기사광고 등을 첨부한다.

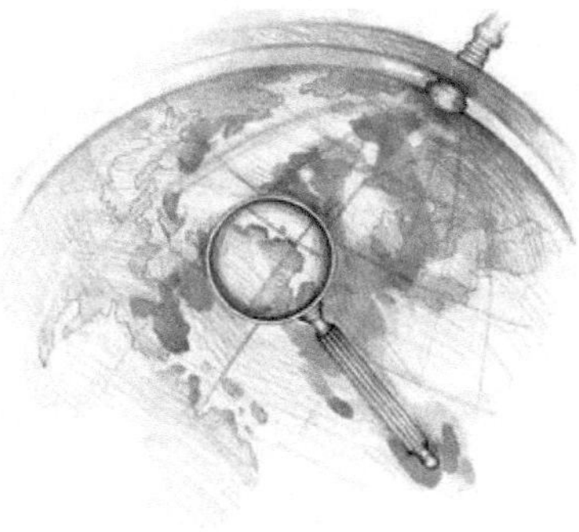

Chapter 3. 사업계획서 작성사례

사업계획서 작성사례

√목차 작성

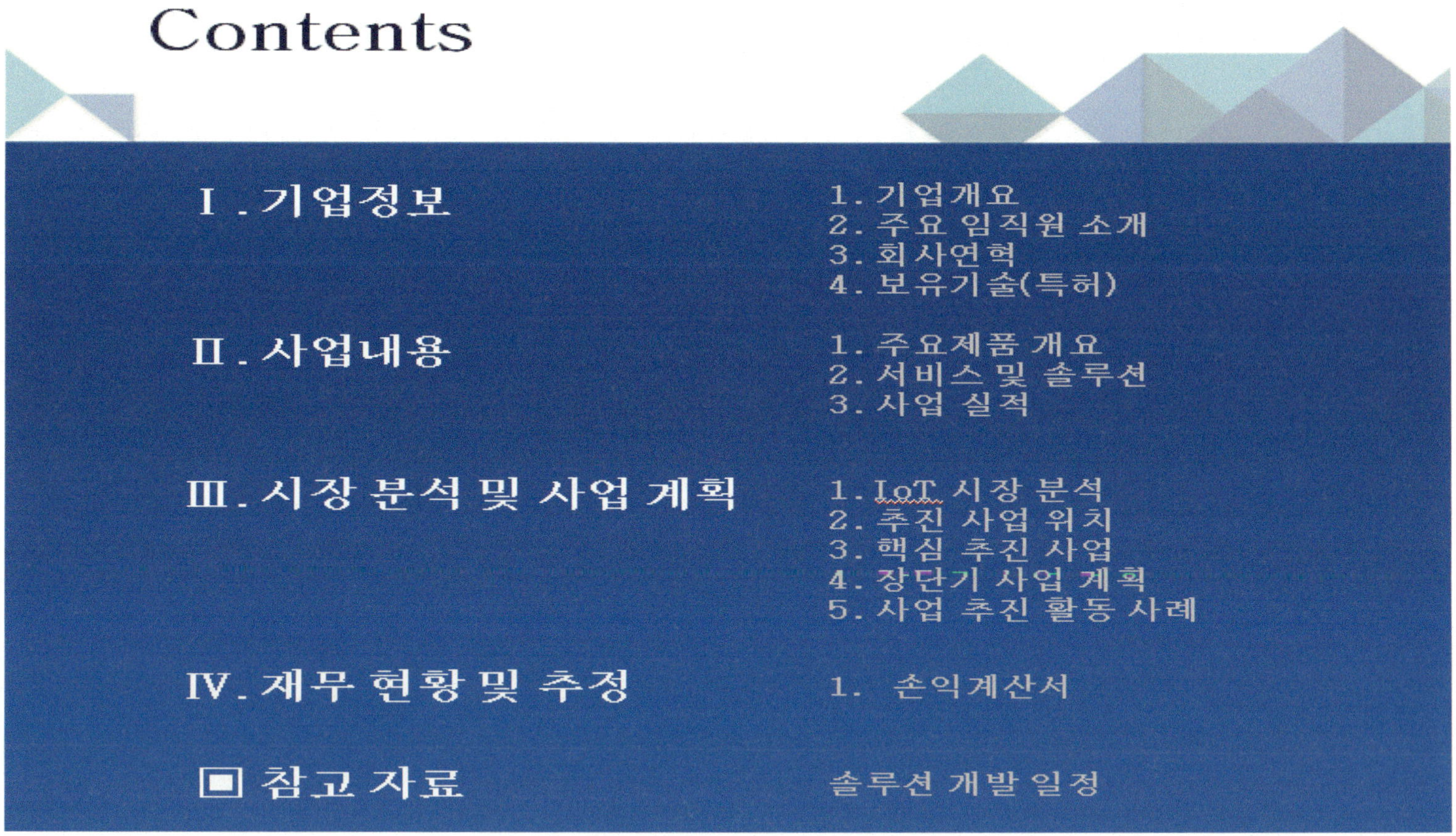

사업계획서 작성사례

√기업개요 작성

1. 기업개요

㈜대한민국는 사물인터넷(IoT), 빅데이터 기반의 혁신 기술, 자원, 서비스의 융합을 통한 휴먼케어 트렌드 리드기업 그리고 지속적인 가치성장형 미래창조기업입니다.

회사명	㈜대한민국
대표이사	김대한
설립일	2012년 1월 1일
자본금	2억 원 (2016년 12월 31일 현재)
사업분야	모바일/빅데이터 솔루션 및 컨텐츠 개발, 컨설팅, 사물인터넷 네트워크 구축 및 시스템 판매
소재지	서울시 영등포구 국회대로 2000 국회의사당 1000호
임직원수	총원 10명 (기술/연구직 7명, 영업 1명, 연구지원 2명)
주주사	대표이사 김대한 외 주주 1명 (관계인)

조직도

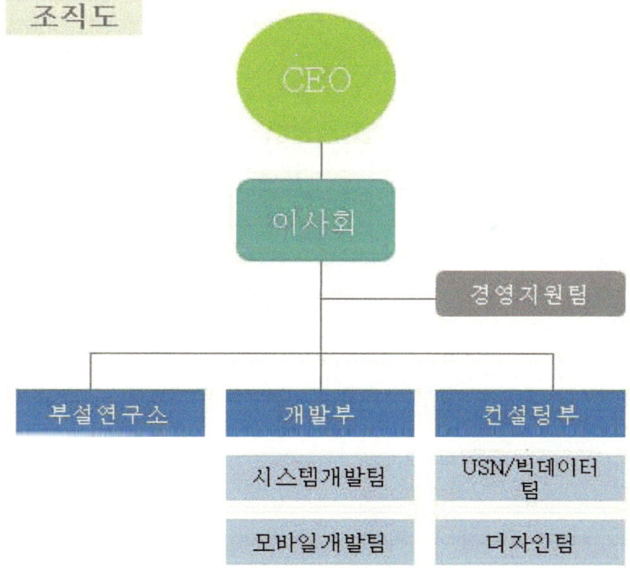

사업계획서 작성사례

√임직원현황 작성

2. 주요 임직원 소개

✓ ㈜대한민국의 임직원 대부분은 사물인터넷 코어 시스템 개발 및 빅데이터 엔진 연구분야에서 전문적인 노하우를 보유한 기술팀으로 구성되어 있으며 핵심기술진은 전문 연구 분야별 10년 이상 특급 기술자로 구성되었습니다.

✓ 외부 전문가 그룹 및 전문 기술 지원 파트너 사를 보유하여 기술 연구에 대한 전문 연구 체계를 구축 하였습니다.

직위/성명	경력
대표이사 김 대 한	K대학교 대학원 (공학석사) – 21년 T대학교 빅데이터 겸임교수 **前 ㈜대한 총괄 본부장 (IBM플랫폼)** **前 ㈜민국 중앙연구실 선임연구원** – BAS, IBS, BIM분야 전문가 그룹 – 에너지 관리 서비스 플랫폼 – 사물인터넷 플랫폼 전문 연구
기술이사 김 민 국	S대학교 화학공학 학사 –17년 **前 ㈜대한 이사** **前 ㈜민국 연구팀 팀장** – 빅데이터 플랫폼 연구 개발 – 프레임워크 설계/구현 – 사물인터넷 프로토콜 코어 개발
기술연구소 홍 길 동	K 전자공학 학사 –12년 **前 대한R&D 연구원** **前 민국 선임 연구원** **前 대한리눅스 선임 연구원** – 임베디드 소프트웨어 전문 – H/W, S/W 개발 및 연구 전문
개발팀장 김 한 국	D대학교 학사 – 13년 **前 ㈜대한부설연구소 개발팀장** – 스마트폰 서비스 기술 개발 – 웹 프레임워크 개발 – 유통/물류 인트라넷 기술연구
수석연구원 박 길 동	P대학교 정보통신공학 학사 – 10년 **前 ㈜대한 선임연구원** **前 ㈜민국 주임연구원** – 모바일폰 설계 및 개발 (민국등) – Automotive Black Box 설계 및 개발 – IoT 게이트웨이, 카메라 개발 기술 보유
선임연구 최 한 국	S대학교 학사 – 5년 **前 ㈜대한 레이더 분석팀 선임연구원** – 빅데이터 정보 수집/분석 기술 – 자연어 처리, 형태소 분석 – 스트리밍 로그 분석

사업계획서 작성사례

√기업연혁 작성

3. 회사연혁

✓ ㈜대한민국는 2012년 창사이래 사물인터넷 및 빅데이터 분야에 대한 끊임없는 도전 정신과 창조의 열정을 바탕으로 관련 기반 기술 연구 및 전문 플랫폼 기술을 개발하였습니다.

✓ 글로벌 휴먼케어 플랫폼 공급 및 서비스 연구 기업을 최종 목표합니다.

2012

01 **주식회사 대한민국법인 등록**
06 하이브리드 모바일 쇼핑몰앱 : K 1.0 개발
12 자본금 증자(2억원)

2016년
대한민국 혁신 대상

2013

12 대한민국 원격 보호 및 감시시스템 외 2건 특허 등록(특허청)
10 대한정보화진흥원 빅데이터 분야 전문 자문 기업 선정 및 연구 지원 계약
09 빅데이터 기반 정보 분석 플랫폼 엔진 개발 완료
08 벤처기업확인 및 기술부설연구소 등록
07 빅데이터 플랫폼 개인정보 추적 분석 시스템 'K-분석' 개발 완료
06 대한민국 USN 단말 'K pen' 1.0 DEMO 개발 완료
04 대한정보화진흥원 빅데이터 플랫폼 및 인력양성분야 컨설팅 수행

2014

12 디바이스 개발 – K키퍼 (범죄신고 및 감시), (K헬스케어) 제품 양산 착수
11 중소기업 최초- 4Sensor 탑재 디바이스(K- Wifit) 시제품 개발
09 대한정보화진흥원 – 빅데이터 사업 데이터 셋 구축 사업(플랫폼)
08 중소기업청 창업성장 R&D과제 선정- IoT&빅데이터 분야
06 빅데이터 IoT 실시간수집솔루션 개발 및 프로그램등록
03 대한민국건설기술협회 BIM/GIS 분야 객원 연구

2015

11 대한민국사업단 빅데이터 기반 사업자 선정
10 T 헬스 케어 사업단 IoT 스마트케어 실증 사업 단말기 공급 계약
09 벤처기업 및 기업부설 연구 소재인증 – 기업 기술평가
08 대한정보통신진흥원– 디바이스 현장 문제 해결 지원사업 선정
05 중소기업 창의적 모바일 연구 사업 선정

2016

05 중소기업청 경영혁신기업 메인비즈 인증 획득
05 2016 대한민국 혁신대상
02 2016 유로유로 MWC 참가

사업계획서 작성사례

√회사기술 소개

4. 보유기술(특허)

✓ ㈜대한민국는 창사부터 현재까지 휴먼케어 기술에 필요한 노하우 및 전문 솔루션 연구를 수행하고 있으며, 글로벌 경쟁을 위한 전문 기술을 축적 중입니다.

✓ ㈜대한민국는 스마트 단말, IoT 관련 제품, 빅데이터 엔진 솔루션 분야의 전문 기술력을 보유하고 있으며, 다양한 현장 실증 사업을 통하여 기술력을 입증 받았습니다.

㈜대한민국보유 기술 특허 : 특허등록 3건, 특허출원 4건, 서비스 3건, 지식재산권 3총 13건

특허등록 #1 **원격보호 및 감시시스템 (제10-1000000호)**
개요 사물인터넷을 통한 원거리 원격보호 및 감시 서비스 구축
시스템 사물인터넷을 이용하여 대한민국 국민을 보호하는 시스템

특허등록 #2 **사물인터넷 전자 입력장치 (제10-2000000호)** - 2013년 등록
개요 입력 중계기가 없는 사물인터넷 입력 장치로 원격 데이터 입력 장치로 활용
시스템 K-5시제품 개발 완료

특허등록 #3 **복합매개체을 위한 스마트 시스템 - 스마트 복합매개체**(2016년 10월 등록 완료)

기타 ①스마트 단말 개발 및 서비스 방법, ②안심 서비스를 위한 단말 및 서비스 방법, ③영유아용 IOT 기국
특허 출원 중

사업자등록증

벤처기업확인서

기업부설연구소 인정서

특허등록

특허등록

상표 서비스

프로그램

프로그램

프로그램

√주요제품 소개

1. 주요제품 개요

HARDWARE(단말형)

✓ 주요제품 k100,k200,k300은 스마트 단말 시스템은 현장실증을 통하여 서비스 적용성을 검증받았습니다.

✓ 중소기업 최초 자체 연구를 통한 K400은 대한민국정부에 납품공급하고 있습니다.

K100-단말기 개발완료		설명	1300백만 화소 후면카메라과 블루투스 장착, 일체형 내장배터리 장착
		기능	• 오토포커싱 기능 내장형 카메라폰 칩, FHD 고화질 디스플레이어 • 유무선 결제를 위한 초고속 지문인식 시스템 탑재, 풀블루투스 기능 • 두개의 사용자 모드를 사용할 수 있는 듀얼시스템, 대용량 배터리 7100mAh
K200-단말기 (대한민국청)		설명	1300백만 화소 후면카메라과 블루투스 장착, 일체형 내장배터리 장착
		기능	• 오토포커싱 기능 내장형 카메라폰 칩, FHD 고화질 디스플레이어 • 유무선 결제를 위한 초고속 지문인식 시스템 탑재, 풀블루투스 기능 • 두개의 사용자 모드를 사용할 수 있는 듀얼시스템, 대용량 배터리 7100mAh
K300-단말기 (대한민국청)		설명	1300백만 화소 후면카메라과 블루투스 장착, 일체형 내장배터리 장착
		기능	• 오토포커싱 기능 내장형 카메라폰 칩, FHD 고화질 디스플레이어 • 유무선 결제를 위한 초고속 지문인식 시스템 탑재, 풀블루투스 기능 • 두개의 사용자 모드를 사용할 수 있는 듀얼시스템, 대용량 배터리 7100mAh
K400-단말기 (자체연구)		rlsmd	•오토포커싱 기능 내장형 카메라폰 칩, FHD 고화질 디스플레이어 • 유무선 결제를 위한 초고속 지문인식 시스템 탑재, 풀블루투스 기능 • 두개의 사용자 모드를 사용할 수 있는 듀얼시스템, 대용량 배터리 7100mAh

사업계획서 작성사례

√관련시장 분석

1. IoT 시장 분석

✓ 글로벌 IoT시장 2015년 308조원 -> 2022년 1225조원 예상
✓ 국내 IoT 시장규모 2015년 3.8 조원 -> 2022년 22.9조원 예상

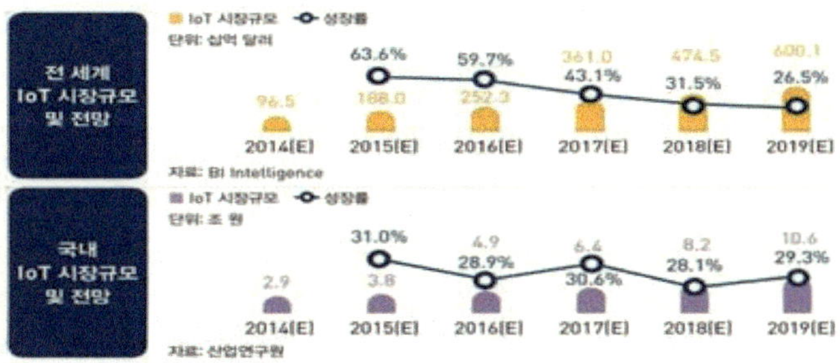

✓ IoT관련 서비스 매출 비중
2022년에 52.6%로 증가 예상 및 시장경기 주도 전망

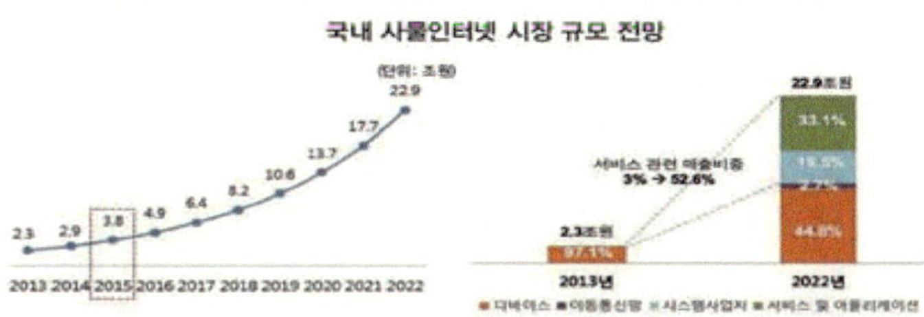

✓ 글로벌 사물인터넷 시장의 경우
대기업의 경쟁적 투자 및 기업 M&A 추진 중
✓ 글로벌기술을 리드할 전략 기술 트렌드 Top2에 랭크: 가트너(2015)

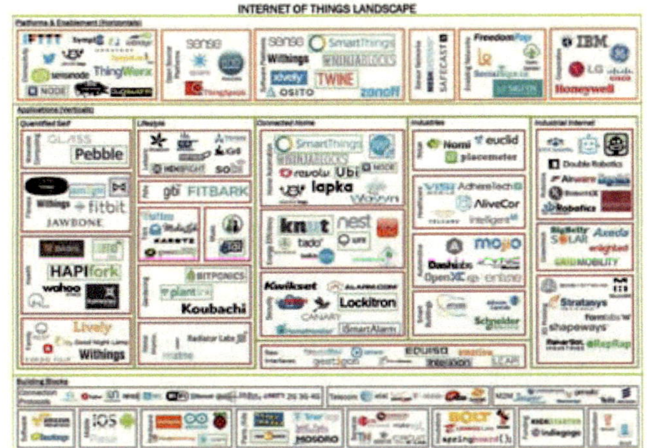

사물인터넷 분야별 기업 지형도(Global)

√사업추진 계획

4. 장단기 사업 계획

㈜대한민국는 제품기반 서비스 환경이 구축되는 2016년을 기점으로
개인 케어 서비스, 중장비 케어 서비스, 통합 네트워크 정보 시스템의 제품 구성을 마무리 하여,
향후 3년이내 통합 플랫폼 구성 및 전문 케어 서비스 런칭을 목표 합니다.
특히, 글로벌 사물인터넷 시장 환경에 적합한 통합 네트워크 단말, 개인케어 서비스,
중장비 케어 서비스를 집중 개발 및 연구를 확대할 계획 입니다.

제품 기반 완성 → 제품 서비스 단계 → 플랫폼 서비스 확대

2017년 ~ 2018년

IoT 네트워크 : K10000실증

- ✓ 국회건설 00000 00병원실증
- ✓ 국내외 전시회 참가 및 소개

IOT 적용제품: K1000 실증

- ✓ 국회대학교 실증인증
- ✓ 초기모델50개 실증 (1개월간)

K10000 연계 플랫폼 완성

2018 ~ 2019년

IoT 네트워크 K10000확대 공급

- ✓ 국내 건설사 확대 공급
- ✓ 오피스 및 빌딩 분야 확대
- ✓ 유럽 및 동남아 수출 추진

K1000 서비스 런칭

- ✓ IOT 기반 휴먼 케어 서비스

휴먼케어 스마트서비스 확장

- ✓ 일반,장애 학생 / 고령자 대상

2019년 이후

IoT 플랫폼 서비스 확대

- ✓ 홈-차량 스마트 서비스
- ✓ 스마트 휴먼 케어 서비스 확대
- ✓ 글로벌 플랫폼 공급 확대

개인화 플랫폼 서비스 확대

- ✓ 개인 맞춤형 케어 솔루션
- ✓ 데이터 분석 기반 서비스
- ✓ 고령자 케어 지원 서비스
- ✓ Town형 케어 서비스

사업계획서 작성사례

√추정손익 계획

1. 손익계산서

㈜대한민국는 창사이래 지속적인 매출 성장을 기록 하고 있으며,
특히 솔루션의 개발 이후 공공 및 대기업 매출 신장이 지속적인 성장세를 기록 하고 있습니다.
추후, 주력 제품의 양산화 단계 진입 시에는 신제품 매출 신장 및 개인화 서비스 매출의 증가로 인하여 높은 매출 도약이 예상 됩니다.

- 2016년 현재 통합 플랫폼 구축을 통하여 2017년 이후 급속한 매출 확대 예상 : 2018년 매출 100억

손익추정

구분	FY2015	FY2016 (E)	FY2017 (E)	FY2018 (E)	FY2019 (E)	FY2020 (E)
매출	2,600	3,000	5,000	10,000	16,000	21,000
매출원가	2,067	2,200	3,000	6,000	11,000	14,000
매출총이익	709	800	2,000	4,000	5,000	8,000
당기순이익	179	300	800	2,400	3,500	5,400

(단위 : 백만 원)

(단위 : 백만 원)

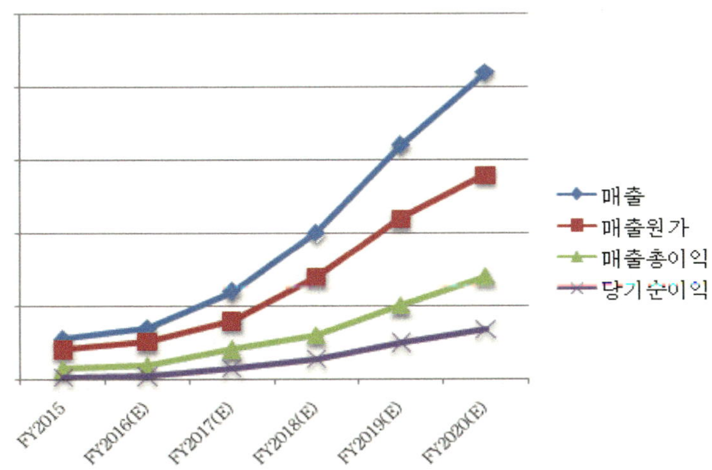

√솔루션 개발일정

1. 솔루션개발일정

Solution – K-30000

빅데이터 기반 사물인터넷 분석 솔루션

: Ktt – 플랫폼 아키텍처

✓ 대단위 휴먼케어 실증용 제품

구 분	1st Month	2nd Month	3rd~4th Month	5th~6th Month	비 고
▪ 개발기획 및 설계	○				
▪ 개발관련 인력 확충	○				5명 영입
▪ 하드웨어 외주개발사 선정	○				3개사 비딩
▪ 시스템 소프트웨어 선정	○				
▪ 코어기술 개발		○			기존제품호환
▪ 1차 실증테스트			○		
▪ 본 실증테스트			○		유효테스트
▪ 제품 안정화 테스트				○	
▪ 인증취득 및 판매				○	

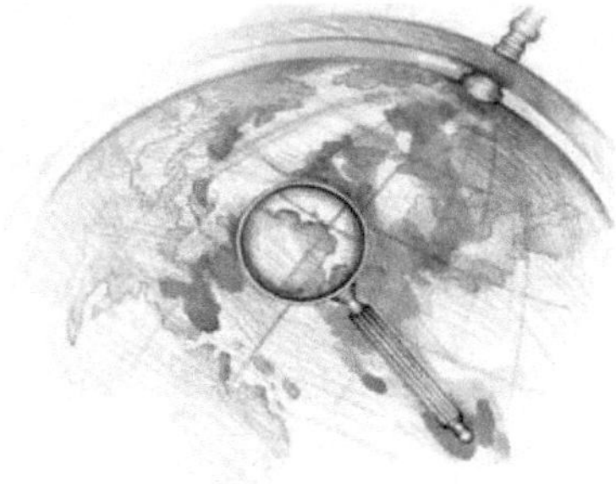

Chapter 4. 기술사업계획서

1. 기술사업계획서란?

- 보유기술의 사업 아이템을 실행 가능한 구체적인 실행으로 발전시키는 것
- 기술사업계획서에는 반드시 기술성, 시장성, 사업성이 반영되어야 한다.

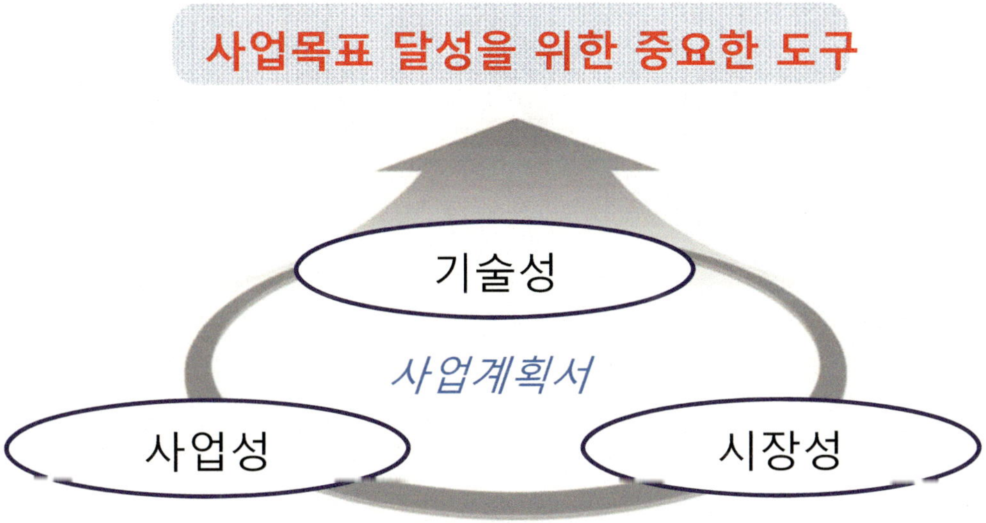

기술사업계획서

2. 기술사업화의 기본개념

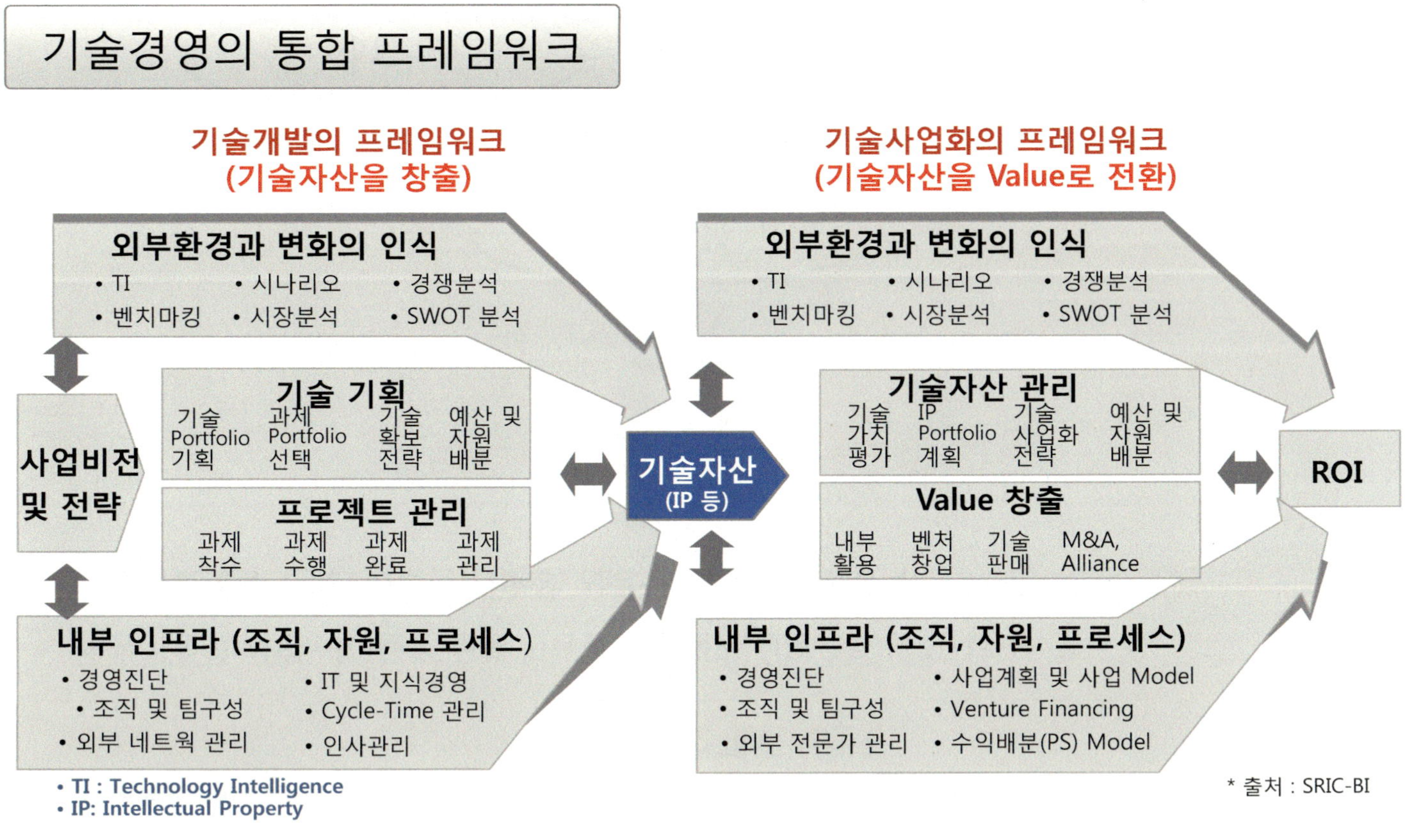

* 출처 : SRIC-BI

2. 기술사업화의 기본개념

- 기술이 사업으로 변모되는 과정

프로젝트 결과물 (기술)

Technology
- 특허(IP)
- 기술자료
- 노하우

\+

사업 시나리오 (Commercialization)

Market Research
3C 분석
STP전략 / 4P계획
투자

→

사업가치 (Business Value)

시장(Volume)
매출(M/S)
원가(Cost)
손익(P/L)

- 3C분석 : Customer, Company, Competitor
- STP : Segmentation, Targeting, Positioning
- 4P : Product, Price, Place, Promotion

기술사업계획서

2. 기술사업화의 기본개념

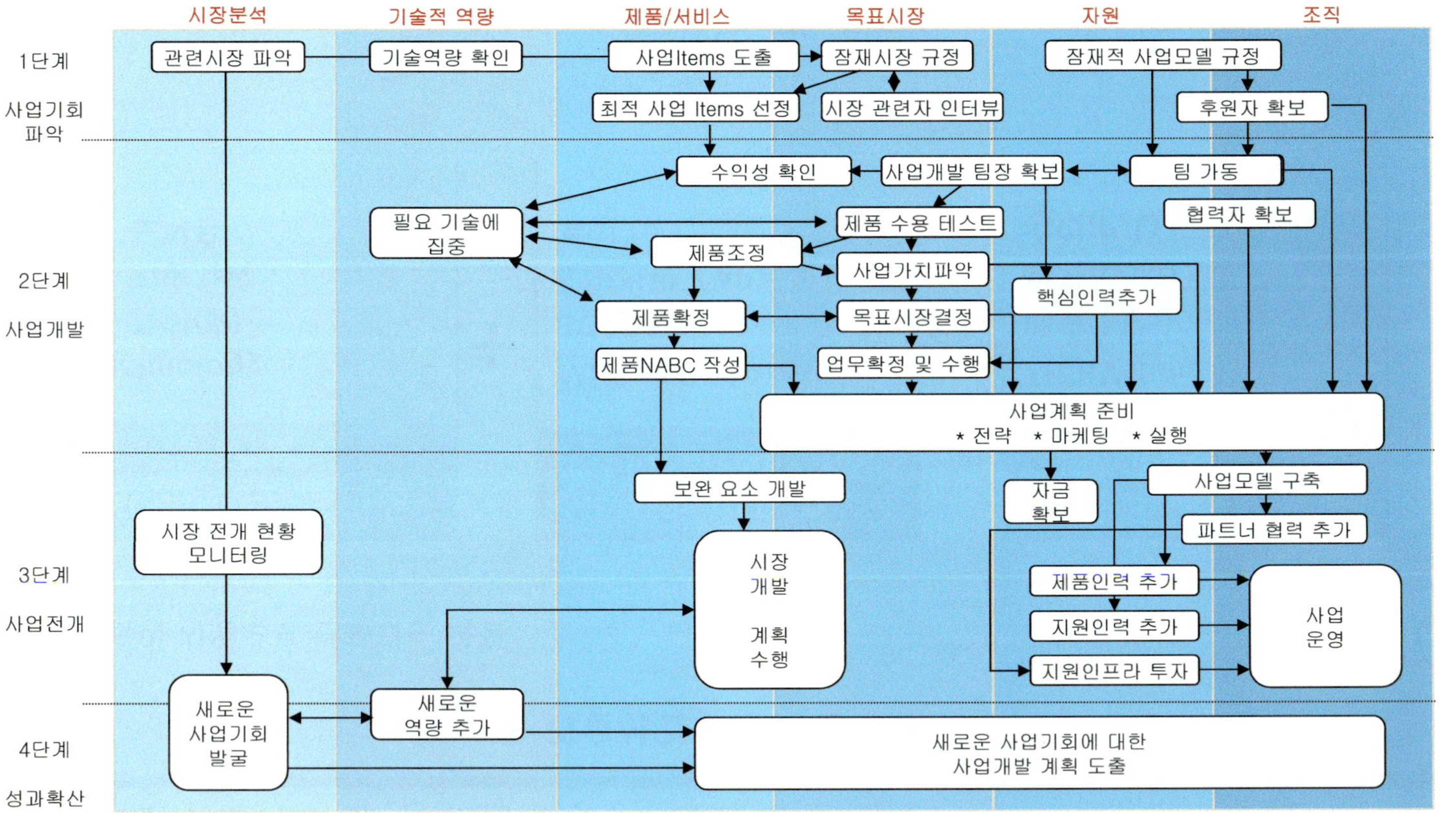

2. 기술사업화의 기본개념 – 프로젝트 NABC

- **기술사업화를 전제로 한 프로젝트 관리 기법**
- **프로젝트 NABC는 Needs, Approach, Benefit, Competition의 순서대로 각 항목별 질문사항에 대해 스스로 답해보는 것이다.**

Needs
- 고객의 니즈는 무엇인가?
- 최종고객은 명확히 표현되어 있나?
- 투자하기에 충분히 큰 시장인가?

Approach
- 고객 Needs에 대한 이 프로젝트의 솔루션은 무엇인가?
- 프로젝트 계획서는 준비되었는가?

Benefit
- 이 Approach가 고객에게 제공하는 이익은 무엇인가?
- Quality / Cost / Delivery?

Competition
- 이 이익은 경쟁자와 비교하여 무엇이 더 나은 것인가?
- 간단하고 강력하게 답할 수 있는가?

기술사업계획서

2. 기술사업화의 기본개념 – 핵심요소

3. 기술개발의 개요

개발기술의 중요성(필요성)

- 동 기술개발의 필요성과 지원받아야 할 당위성을 제시
- 국내외 시장현황, 기술개발 동향 등은 객관적인 자료(보고서, 시장동향, 관련자료 등)를 보조자료로 활용하여 관련 내용을 요약하여 작성

국내·외 관련기술의 현황

- 개발하고자 하는 기술에 대한 차별적 근거, 국내·외 기술개발 현실 및 향후 기술 개발 방향 등에 대해서 구체적인 회사 등을 예시로 하여 제시함 (각종 보고서 및 논문 등을 활용하여 객관적 자료를 추가적으로 제시 요망)

기술사업계획서

3. 기술개발의 개요

기술개발 시 예상되는 파급효과 및 활용방안

- 경제, 산업적 측면에서 시장창출, 수입대체, 수출기대, 산업발전 등을 구체적으로 나열하면서 제시
- 대체적으로, 파급순서는 기술이 발전되면, 사업화가 이루어지고, 이에 따라 관련 기업이 활성화되고, 이를 통해, 관련 산업분야가 크고, 국가 경제가 발전되는 것임

  → 기술개발의 당위성과 국가연구개발자금 지원의 의미를 포함
- 동 기술개발을 통하여 향후 유사 산업 또는 타 산업으로서의 활용 방안 및 활용 정도를 나열함

개발기술 도출근거

- 기술개발사업별 특성을 파악하여 국가산업기술로드맵, 특허, 논문, 관련 서적, 세계 기술개발 동향 보고서 등 관련 내용을 구체적으로 작성하여 나열함

4. 사업화기술 시장 및 경쟁 현황

시장현황

- 정확한 데이터 자료를 제시하고, 관련 자료에 대한 근거 자료도 함께 제시가 요구됨 (추정된 데이터인 경우는 산출된 방법에 대하여 제시하면 신뢰성이 높음)

경쟁업체 현황

- 관련 내용에 대한 국내외 경쟁업체와 매출액을 구체적으로 제시하고, 필요하다면 근거자료도 제시 (기술개발 진행에 따른 향후 경쟁 사업체 및 국가에 대한 제시도 필요함)

기술사업계획서

5. 사업화 및 특허 계획

사업화 현황

- 주관기관의 동 기술개발에 대한 사업화 방향을 구체적으로 제시하고, 관련 근거도 포함할 것

특허현황

- 동 기술개발에 대한 특허분석 맵 특허현황을 제시 (주관기관의 사전 특허현황을 간략하게 소개하고, 유사/경제 특허 분석 결과에 대한 요약 정리 제시)
- 필요하면, 특허 회피 가능성을 제시할 필요가 있음

6. 기술개발 목표 및 차별성

최종목표

- 기술적 측면에서 명확성과 상호연계성이 유지되도록 개조식으로 구체적으로 서술 (필요하다면 도식을 삽입하여 목표에 대한 구체화 제시도 좋은 방법임)

- 본 기술개발 수행을 통하여 달성하고자 하는 최종목표를 제시, 추상적이지 않고 구체적으로 제시할 필요가 있음

- 평가방법은 정량적 기준을 제시하고, 최종평가를 수행할 시 성공과 실패에 대한 평가의 기준이 될 수 있도록 구체적으로 나열이 필요함 (필요시, 공인인증기관의 성적서 기준을 제시하는 것이 유리)

- 현재 수준과 향후 파급효과를 상호 비교할 수 있는 구체화된 평가방안 제시 필요

기술사업계획서

6. 기술개발 목표 및 차별성

연차별 개발목표

- 개발목표는 개발하고자 하는 기술(또는 공정)의 수준, 성능 품질을 가능한 한 정량적으로 기술하며, 연차별 평가시 계속, 중단을 판정할 수 있도록 객관적이고 구체화된 정량적/정성적 목표를 제시

- 연차별 차별성을 가지면서 기술개발의 최종목표에 도달될 수 있도록 기술개발이 필요한 전체적인 흐름도를 고려하여 제시

- 개발내용 및 범위는 타 연구개발사업과제/기존연구수행내용에 대하여 충분히 탐색하여 중복되지 않도록 하고 목표달성을 위해 수행할 세부내용 및 이에 대한 구체적 설명을 서술하되 시스템 구성 및 구조도는 가능한 한 그림으로 표현할 것

7. 위탁개발시 목표 및 내용

- 위탁기관에서 기술개발하고자 하는 최종목표 및 평가방법을 제시

- 주관기관에서 제시한 내용과 상호 연관성 및 차별성을 제시하고, 최종 또는 중간평가시 활용 가능한 정량적/정성적 목표치를 제시

- 기타 작성방법은 주관기관의 최종목표 및 연차별 개발목표 작성법과 유사함

IV. 기술사업계획서

8. 기술개발 추진전략 및 체계

기술개발 추진전략

- 개발하고자 하는 구체적인 추진전략을 나열 (주관기관, 위탁기관, 참여기업, 기타 관련 연구기관의 상호 공동 연구 방향 및 전략, 향후 기술개발진행 방향 등을 나열하여 작성함)
- 최적의 연구결과물을 도출하기 위하여 각 기관별 현황분석과 역할 등을 구체적으로 분석 제시 요망
- 주관기관, 위탁기관, 참여기업별로 개발하고자 하는 기술의 내용 및 역할분담을 구체적으로 작성하고, 주관기관 내부에서 파트별로 구분하여 연구시 파트별 책임자별로 작성하는 것이 좋음

기술개발 추진체계

- 기술개발 관련 추진 방향의 체계도를 작성하여 제시

10. 기술개발 추진일정

- 연차별로 개발하고자 하는 계획을 월별 또는 분기별로 상세하게 작성하며,
- 필요시 위탁연구기관 및 기타 기관도 포함할 것

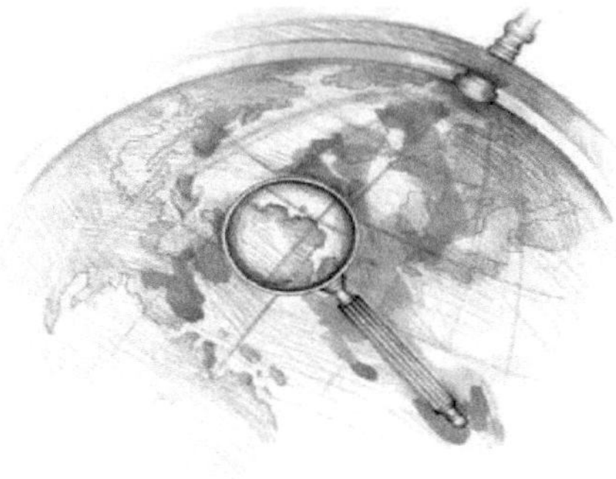

Chapter 5. 기술사업계획서 작성사례

Hyper-Capacitor BM

(주) 우수기술

2017. 2

Hyper-capacitor / Features & Benefits

사업화 명 : 기판 실장형 / 전원보상용 하이퍼커패시터

기술의 특징

전기 에너지를 순간적으로 저장, 방출할 수 있는 장치로서 용량이 적어도, 극소의 저항치, 긴 수명 등의 우수한 특성 으로 전기 에너지를 효율적으로 사용 친환경 녹색 에너지 저장 장치 임.

기술분야 용도

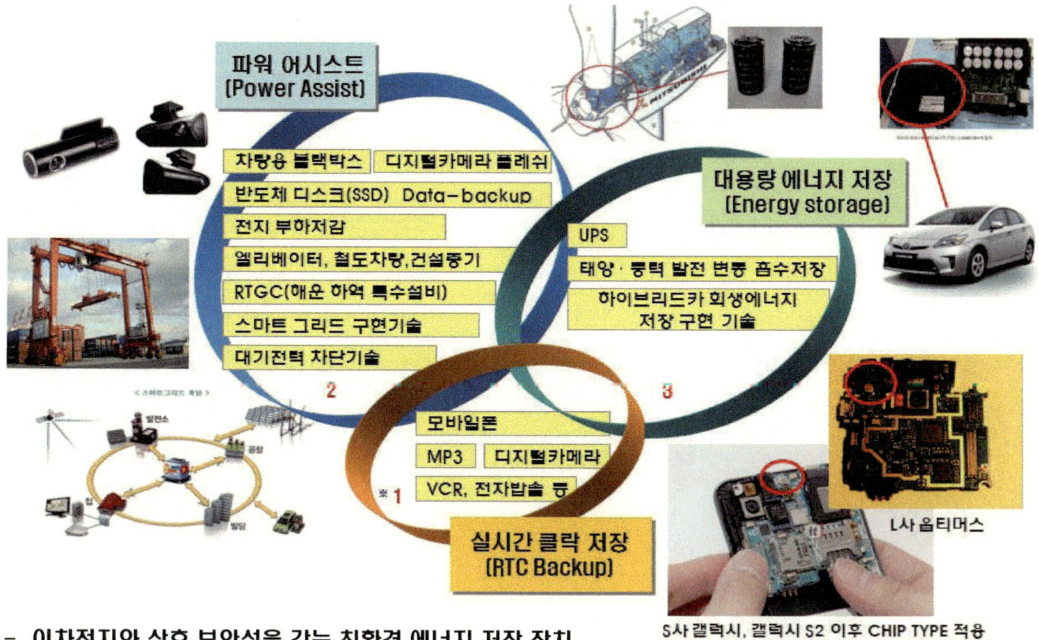

Keyword - 이차전지와 상호 보안성을 갖는 친환경 에너지 저장 장치

Hyper-capacitor / Benefits

1) 기술의 특징

EDLC

Hyper-Capacitor

- ▷ 물리적인 이온의 흡 · 탈착을 이용한 충 · 방전 수행
- ▷ 반영구적인 수명 (> 500,000 Cycles)
- ▷ 급속 충전 (수초, 수십초)
- ▷ 넓은 사용 온도 범위 (-40 ~85 ℃)
- ▷ 소형화가 용이

이차전지

- ▷ 전기화학작용을 이용해 충 · 방전 수행, 전극물질의 분해 및 열화 현상 발생 수명한계(500~1000Cycle)
- ▷ 긴 충전 시간 (수 시간, 4~8시간)
- ▷ 협소한 사용 온도 범위 (0 ~ 60 ℃)
- ▷ 소형화가 어려움

2nd Battery

2) 제품기능

1. 임시전원 (비상전원)

2. Peak Power Assist

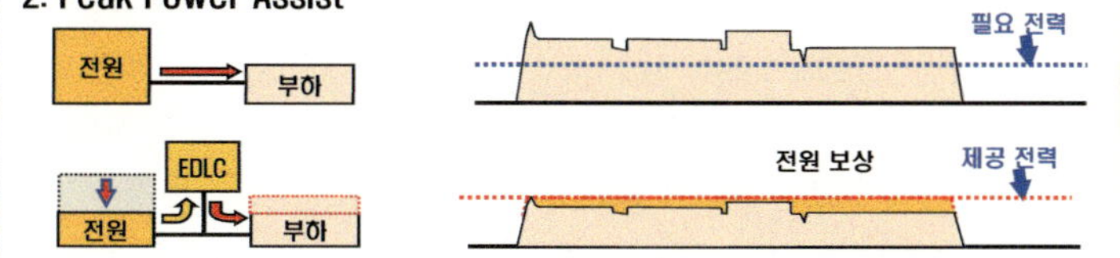

3. Load Power stabilizer

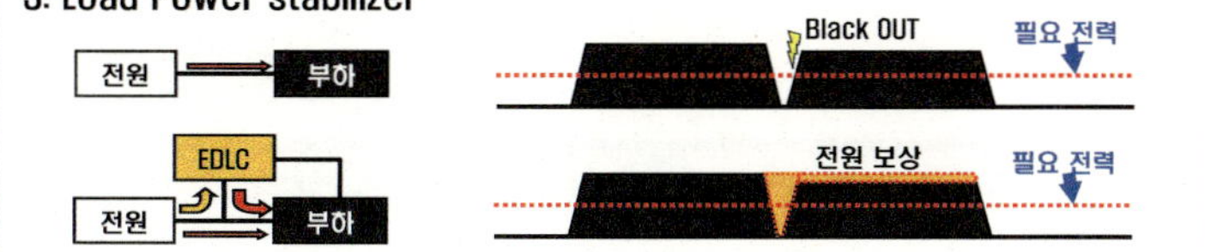

모바일기기, RTC Backup용

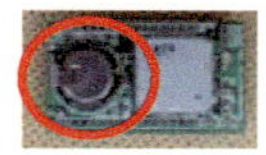

GPS 보조전원

도로병

MP3 등 휴대용기기 RTC Backup용

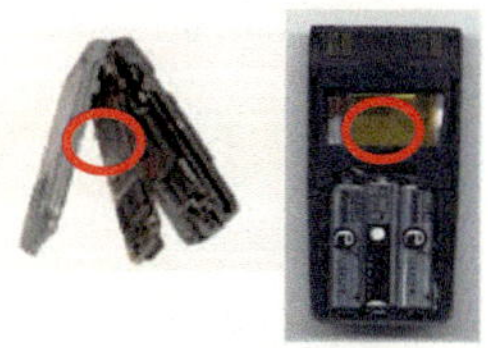

모바일기기, Power Assist

소형단말기 외부 통신용 고출력용

Power cast RF Energy Harvesting Module

SSD

무선 통신 (RF Zig-Bee) 모듈

Hyper-capacitor / Features

3) 사업화 제품 영역

사업화 제품 규격

항 목	단위	규격 값 (Min ~ Max)
사용전압	(V)	2.75 ~ 5.5
용량	(F)	0.01 ~ 0.50 (±20%)
내부저항	(Ω)	0.01 ~ 100
사용온도 범위	(℃)	-30 ~ 75
납땜방식		Reflow Soldering
제품크기 (L)	(mm)	2.0 ~ 20.0
제품크기(w)	(mm)	2.5 ~ 16.0
제품크기(T)	(mm)	0.9 ~ 2.0

※ 현재 당사의 제품 중 초소형 세계 초소형 제품
=> 2.0 X 2.5 X 0.9 (mm), 0.010F, 80Ω

〈 현 추진 제품군 〉

TYPE (Size)	전압(V)	용량(mF)	저항(Ω)	비 고
2520 (2.5 X 2.0 X 0.9)	3	> 10	< 80	진행중
3225 (3.2 X 2.5 X 0.9)		> 15	< 60	개발완료
7050 (7.0 X 5.0 X 1.9)		> 100	< 0.6	진행중
10080 (10.0 X 8.0 X 1.9)		> 200	< 0.3	초기준비

〈 출력별 사업화 제품군 영역〉

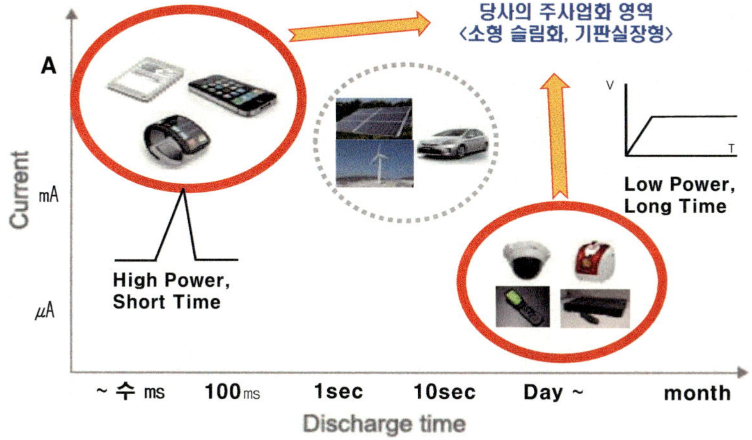

〈 커패시터 용량별 사업화 제품군 영역〉

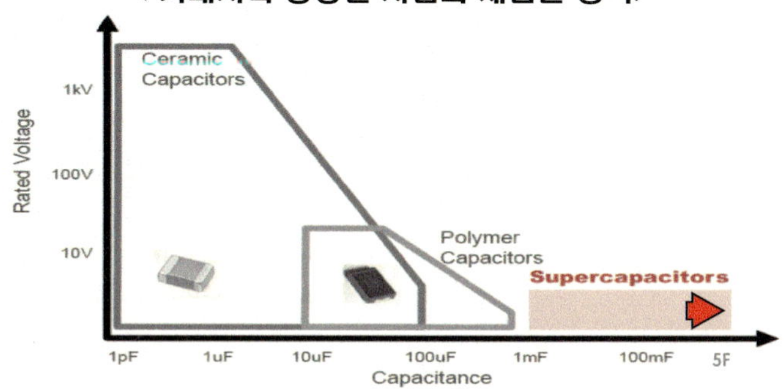

세계 초소형 제품

제품의 특성

- 고 저항 (저출력), 전원 유지, 임시전원 (4Page 설명)

(사용 예) RTC Backup용, 초소형 마이크로봇 주전원 등에 사용

종래 피처폰에서 스마트폰으로 제품이 진화하면서 사용되어온 RTC Backup 제품이 다음 같이 제품 사이즈 변경

- Trend

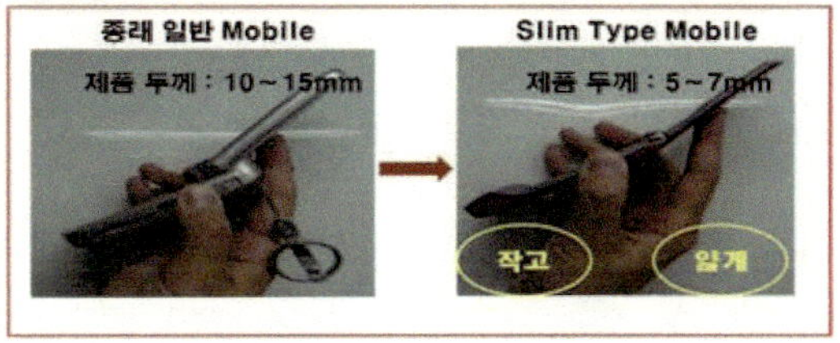

제품크기 : 2.5 X 2.0 X 0.9

제품용량 , 저항 : 13mF, 100Ω

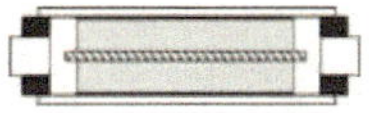

3.2X2.5X0.9mm chip화

< 일본 Sabcd사 유일>

<제품 사이즈 변경>

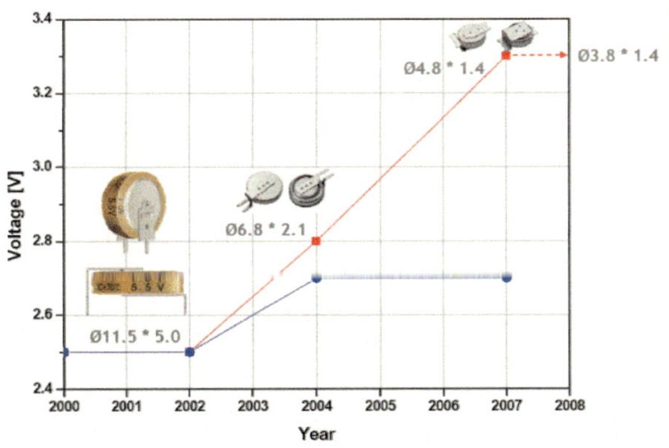

< 출력별 사업화 제품군 영역>

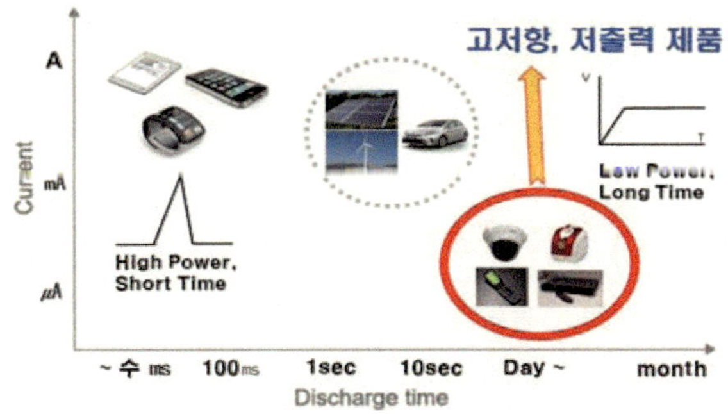

- 본 신청 RnD 기획 과제 내용

세계 초소형 제품

제품의 특성

- 저 저항 (고출력), 전원 유지, Peak Power Assist (4Page 설명)

(사용 예) Battery보조(성능향상), SSD, 원격검침기, 에너지 하비스팅

제품크기 : 7.0 X 5.0 X 1.9

제품용량 , 저항 : 100mF, 0.6Ω

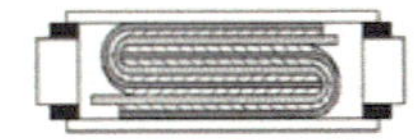

Reflow Soldering 〈 △ 〉

고출력 〈 × 〉
슬림타입 〈 △ 〉

고출력 〈 × 〉
슬림타입 〈 ○ 〉

Reflow Soldering 〈 × 〉

고출력 〈 ○ 〉
슬림타입 〈 ○ 〉

고출력 〈 ○ 〉
슬림타입 〈 × 〉

- 당사 사업화 제품 주요점 -

Reflow Soldering 〈 ○ 〉 고출력 〈 ○ 〉 슬림타입 〈 ○ 〉

< 출력별 사업화 제품군 영역>

- 종례 과제와 본 건 신규과제의 기술적 차이

규 격	종례 창업 성장과제	신규 신청 RnD 기획 과제
전극 제조 방식	1) 2-roll Mill, 3-roll Mill, Roll Press를 통한 전극 제조 2) 시트형 전극 제조 3) 집전체가 필요시 별도로 흑연 본딩제를 사용 추가공정으로 부착 사용 4) 단층형태의 분극성 전극 구성	1) 전극 코팅 방식 (comma Coater) 제작, 집전체 사용 필수 2) 권취 형태의 분극성 전극 구성
내부 구성 도	1) 내부 전극과 외부 전기적 연결 (전극 본딩제, 그라파이트 사용) 2) 고 저항 값으로 사용도가 제한적 (저 출력, ㎂, ㎃ 단위 지원)	1) 내부 전극과 외부 전기적 연결 (집전체와 덮개 용접 방식) - 종례 원통형 타입 보다 효율이 높음 2) 저 저항 값으로 사용도가 광범위함. (고 출력, ㎃, A 단위 출력 지원)
사용도	스마트 기기(폰, 워치, 웨어러블) RTC Backup용	스마트 기기 전원보상용, 외부 통신을 위한 순간 고출력 용 순간 정전 방지를 위한 보조전원용(Load Power stabilizer) 탄탈 커패시터 대체용 배터리 기능 향상을 위한 보조용
형 태	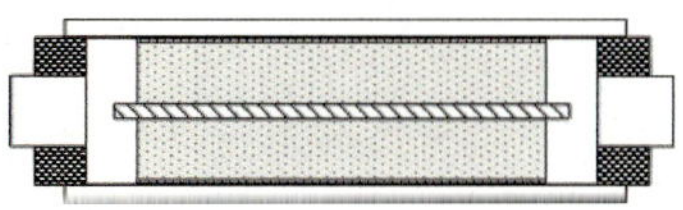 **제품크기 : 2.5 X 2.0 X 0.9** **제품용량 , 저항 : 13mF, 100Ω**	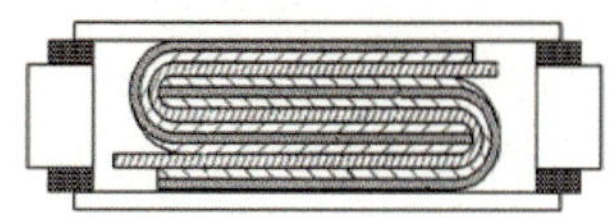 **제품크기 : 7.0 X 5.0 X 1.9** **제품용량 , 저항 : 100mF, 0.6Ω**

- 일본사 제품 개발 방향 (참조)

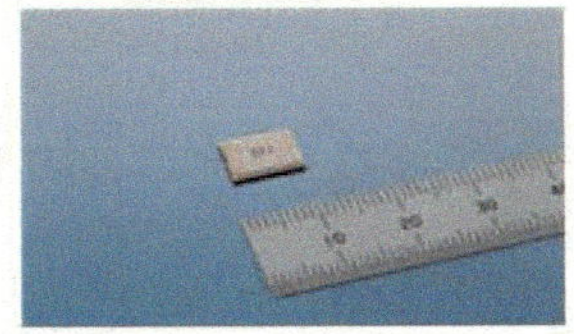

<04년4.8Φ, 3.3V> <08년3.8Φ, 3.3V> <12년 Chip, 3.3V> <16년예정Chip, 3.3V>

<RTC Backup용도> <RTC Backup용 3.2*2.5*0.9> <Power assist용 10*8.0*1.9>

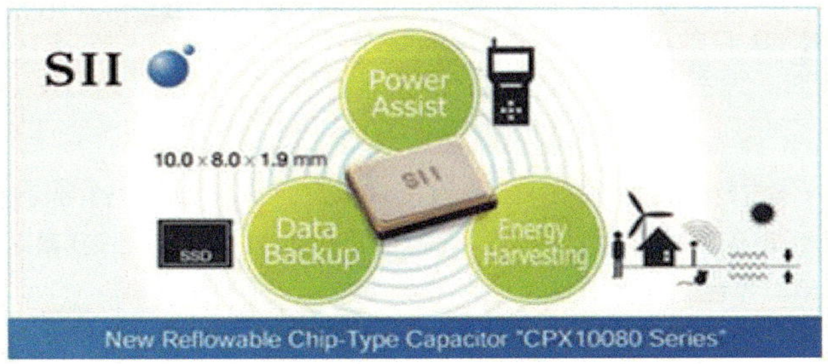

【Specifications Overview】

Part number	Maximum Use Voltage(Continuous)	Capacitance	Internal Impedance(Typical) (ESR)	Size (LxWxH)	Weight (g)
CPX10080C104F	2.5V	100mF	0.5Ω	10.0×8.0x1.9mm	0.45g
CPZ10080C104F	3.3V	100mF	1.5Ω	10.0×8.0x1.9mm	0.45g
CPX10080C402F	2.5V	4mF	0.5Ω	10.0×8.0x1.9mm	0.45g

【Production】 Mass production is scheduled to commence in July 2016.

Hyper-capacitor / (웨어러블 및 IoT 디바이스의 전원 "에너지 하비스트")

"**Energy Harvesting**" 은 일상 에서 소멸되는 극소의 에너지를 수집하여 재사용 하는 기술

<인체를 이용한 에너지 하비스트>

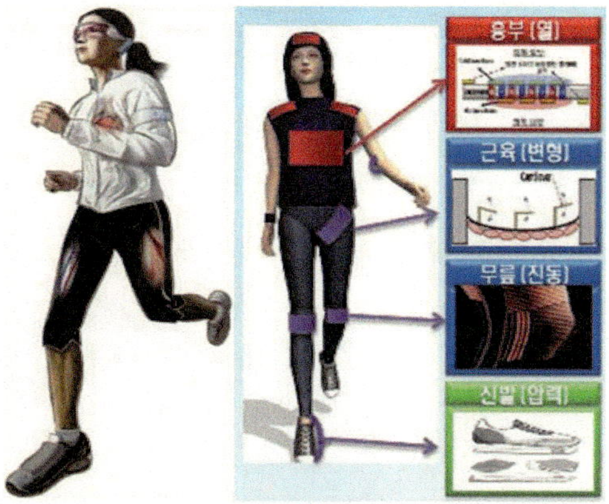

<환경을 이용한 에너지 하비스트>

특 성 : 1. 미소 전류를 순간적인 충전을 요구
2. 외부 환경에 영향을 주지 않는 소형 슬림 사이즈 선호 (경박 단소)

미) MicroGen사 발전기

일) Omron사 발전기 축전지 일체형

바이브레이터

하이퍼커패시터

미) Power cast사 무선 Energy Harvesting Module

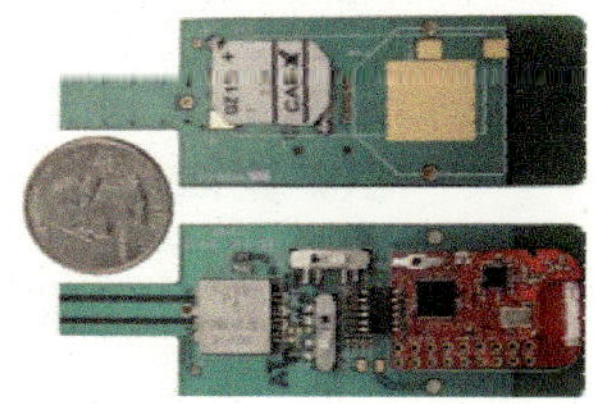

Hyper-capacitor / (스마트 디바이스의 전원 증대 예)

스마트 기기 사용 추세

Issue

- ✓ 과다한 전력 사용으로 Battery 사용시간 단축
- ✓ 급속 충전에 따른 수명 단축
- ✓ 순간 Peak 전력 부하로 배터리 손상 / 수명 단축

저비용의

배터리 사용시간 연장

수단 필요

해결 방안

하이퍼커패시터

< 조 건 >

- ✓ 기기의 크기와 두께의 영향을 주지 않는
  => 슬림타입 형태 부품
- ✓ 기기의 대량생산이 가능한
  => 기판 실장형 부품 (리플로우형)
- ✓ 기기의 전원부하를 줄이기 위한
  => 고전압, 저저항형 부품

< 하이퍼커패시터를 병행 채용, 배터리 수명증대 - 시험 성능평가 사례 예 >

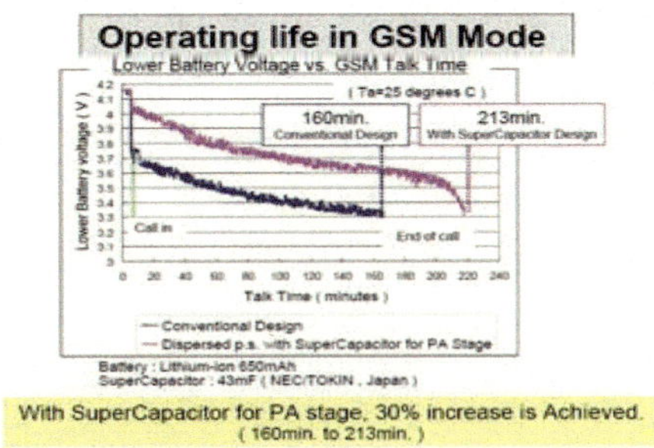

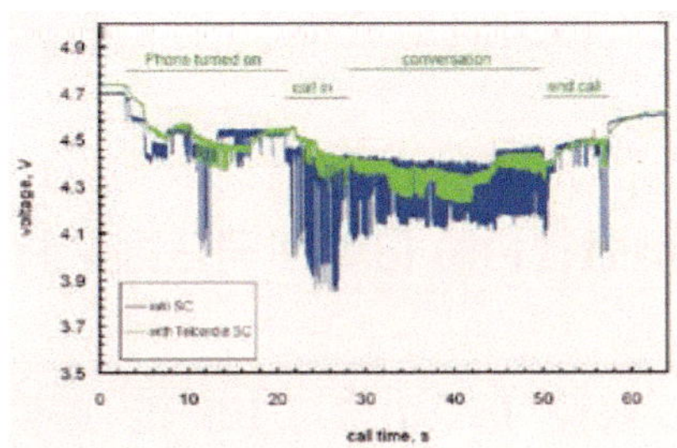

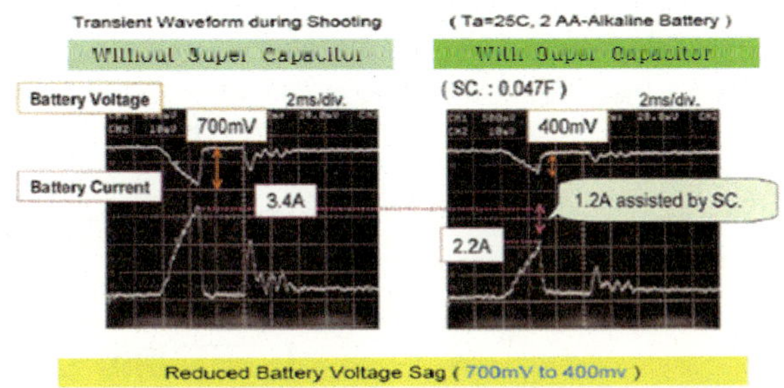

Hyper-capacitor / (SSD 의 Power Loss Protection 예)

SSD의 "Power Loss Protection"

전압이상이나 정전기 등으로 인해 발생할 수 있는 문제를 해결하기 위한 기능.
갑작스런 전원차단에 대비하여 SSD 자체에 일정량의 전력을 축적,
전원공급이 차단된 상태에서도 진행 중이던 엑세스를 마무리 할 수 있도록 지원.

기능수행 Micron's M600 Client SSD < Micron's MX100 Client SSD < Micron's M500 DC Enterprise SSD

< Enterprise급 SSD >

< 전원 보호용 커패시터 비교 >

구 분	장 점	단점
AL Cap	가격이 저렴	1. 에너지가 작다. 2. 크기가 크다. 3. 수명의 한계. <Dry Out>
Tantalum Cap	AL-CAP 대비 1. 에너지가 크다 2. 수명이 좋다	1. 여러 개가 필요하다. 2. 불안전성(점화) 3. 매우 비싸다.
Hyper Cap	에너지가 매우 크다 - 참조1. 가격이 저렴 [illegible] 체적 감소	수명의 한계. <Dry Out>

<참조1> Tantalum Capacitor

- 6.3V; 1,500μF = 7.3 X 6.0 X 2 mm (20 mJ)

Hyper Capacitor <당사 제품기준>

X 25 3.0V 0.1F;
7.0 X 5.0 X 1.9 mm (@500 mJ)

※ End-to-end data protection
데이터의 무결성을 위해 스토리지 안에 흐르는 모든 데이터 블록에 별도의 check-bit를 두어 데이터의 전송 중간에 있을지도 모르는 데이터의 손실을 발견하고 보정하는 것을 말한다.

Hyper-capacitor / Technology

초고용량 커패시터 (EDLC) 제조기술 등

1) 제조 공정도

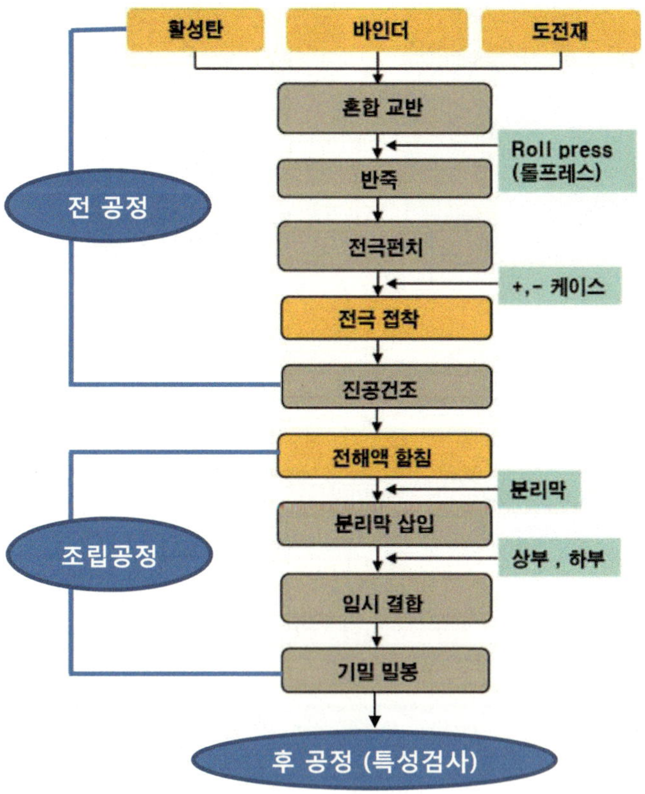

<종례 Reflow Soldering이 가능한 소형 하이퍼 커패시터 구조>

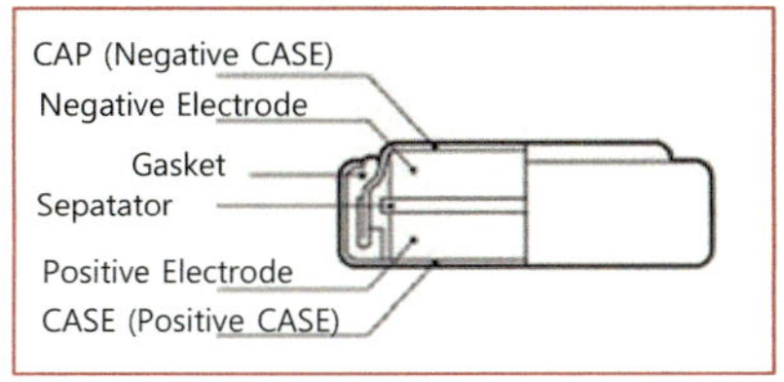

<코인형 제품>

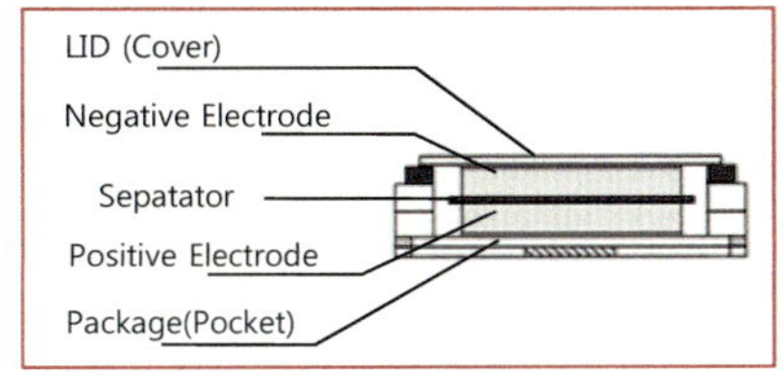

<세라믹 칩형 제품>

Reflow Soldering < △ >

고출력 < × >
슬림타입 < ○ >

고출력 < × >
슬림타입 < ○ >

Reflow Soldering < × >

고출력 < ○ >
슬림타입 < ○ >

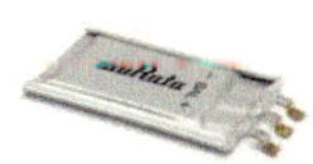

고출력 < ○ >
슬림타입 < × >

- 당사 사업화 제품 주요점 -

Reflow Soldering < ○ > 고출력 < ○ > 슬림타입 < ○ >

2) 제조기술 비교

항목		당사	수준	일본 A, B, C사
전극제조기술	소재 브랜딩 기술	 구형활성탄/카본블랙/바인더 전극밀도 : 95 정전용량 : 0.09 ~ 0.1 F 비표면적 : 2400m²/g	>	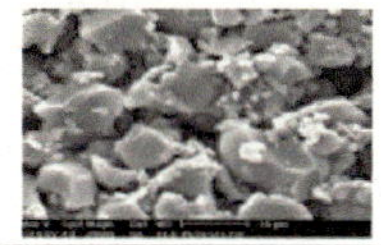 무정형활성탄/카본블랙/바인더 전극밀도 : 65 정전용량 : 0.06/0.07F 비표면적 : 1900m²/g
		- 전극소재의 초고밀도화 브랜딩 기술이 핵심 - 제품 정전용량에 영향		
	바인딩 기술	 내부저항 : 50Ω 전극강도 : 0.4N	>	 내부저항 : 100Ω, 75Ω, 65Ω 전극강도 : 0.5N.0.4N, 0.4N
		- 전극소재 및 첨가제 등 입자와 입자를 연결하는 매개체 역할 - 전극강도 및 전극 저항에 영향 (Cross linking타입과 Particle타입 3종 혼입방식 개발을 진보)		
	원자재 공급처	일본, 미국, 유럽 (국내에서도 계속적인 개발 추진)	<	일본
패키징 기술	제조기술	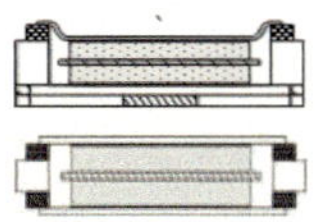 문제점 해결 가능한 특허 기술 보유	>	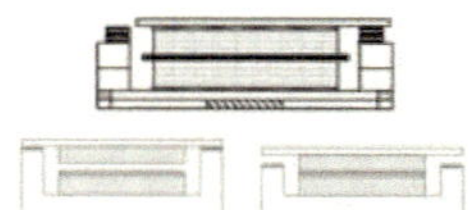 - 대량양산시 불량비용 요소 - Concept의 문제점
양산화 기술	자동화	자체 설계 및 조달 (1 LINE - 기준 500만개)	>	일본 장비 제조사 외부조달 (하이메카 혹은 나가노 오토메이션 등) (1 LINE 기준 250만개)

Hyper-capacitor / Technology

3) 당사 vs 타사비교 (초기 sample 제작 용량특성)

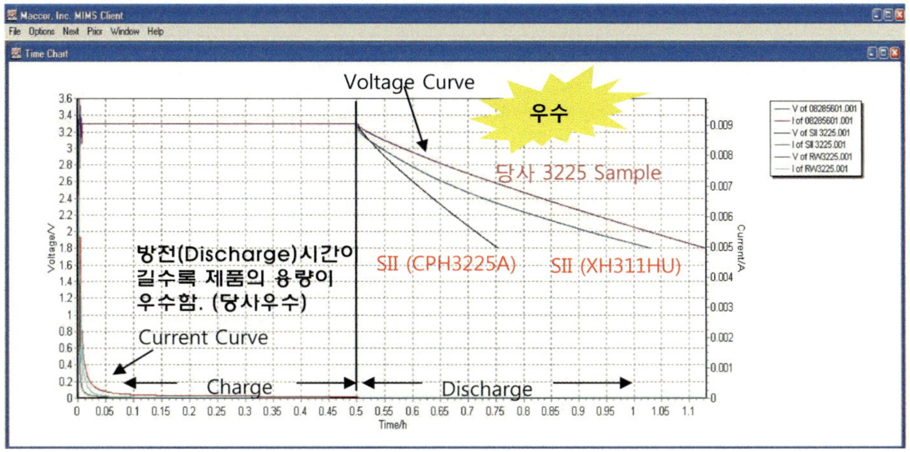

Type	Maximum Use Voltage	Nominal Capacity (Voltage Range)	Internal Impedance <Nominal>	Size (L × W × H)	Weight
CPH3225A	3.3V	4.6μAh (3.3V-1.8V) 0.011F	160Ω	3.2 × 2.5 × 0.9mm	0.025g
CP3225A	2.6V	4.5μAh (2.6V-1.4V) 0.014F	80Ω	3.2 × 2.5 × 0.9mm	0.025g

〈외부 시험 성적서〉

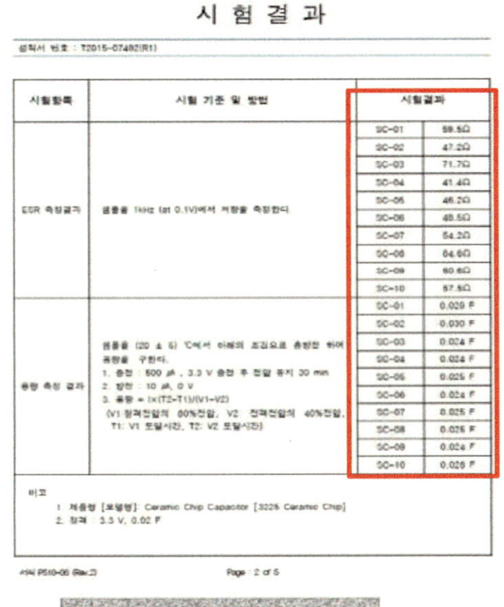

<성적서번호 : T2015-00000>
- 2015년 1월 1일 접수

종래 일본사 제품 대비하여
- 정전용량 값 2배 이상 증가
- ESR값 50% 이상 감소
결과 획득

특허 기술 비교 < Keyword – 슬림형 기판 실장용 (reflow soldering용) 부품의 밀봉기술, 누액 차단 기술 >

제조사	(일본) Sabcd	(당사) 우수 기술
특허번호	제 10-0000000 호	제 10-0000000호
대표도면 및 구성부품	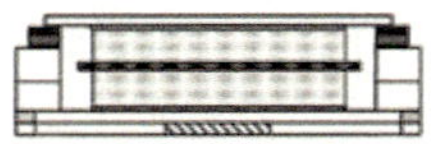 상부 : Kovar 덮개 (Flat Type LID) 하부 : 세라믹 용기 용접층 : Kovar Seal ring	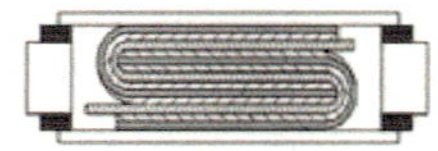 상부, 하부 : Kovar 덮개 (Flat Type LID) 중간부 : 세라믹 파이프 용접층 : Kovar Seal ring
	용기형 세라믹, 다층 시트로 형성 전극의 전기적 연결, 흑연 본딩제 사용 외부 단자 (SMD , 인쇄 금속형)	파이프형 세라믹, 단층 시트로 형성 전극의 전기적 연결, 용접방식 외부 단자(SMT, 별도 터미널 리드 용접)
기밀 방식 및 용접속도	Parallel Seam Sealing (Resistance Sealing Machine) 1-Machine : 0.8ea/sec	Laser Seam Sealing (Laser Scan Head welding) 1-Machine : 8ea ~15ea /sec
장 · 단 점 특 징	1. 일본 T사와 특허분쟁 승소로 인지도 상승 (장점) 2. 세라믹 용기의 적층 구조로 잦은 누액 발생 (단점) 3. 내부 전기적 연결을 위한 인쇄 금속 산화로 인한 제품 열화 (단점) 4. 내부 전극과 외부 전기적 연결 방식 흑연 본딩제 사용 (단점) < 내부 저항 값 상승 및 내부 가스 발생> 5. 내부 저항으로 인한 용도 제한적 적용 (RTC Backup용) (단점) <~㎂, ㎃ 단위 시원 >  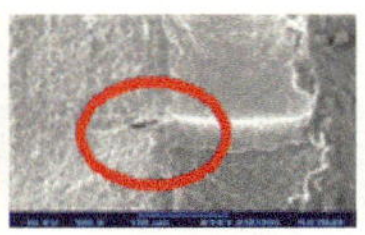 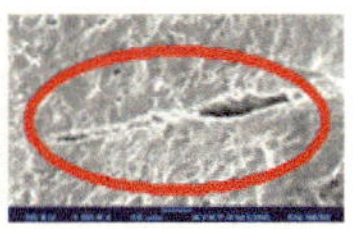	1. 기판 실장을 위한 터미널 리드, 추가 공정 필요 (단점), (장점) 2. 용기의 세라믹 단층구조로 불량 요소 제거 (장점) 3. 용접 방식에 의한 전극 등 내 외부 전기적 연결 (장점) 4. 제품 구조 및 공정개선으로 저가격 구현 실현 (장점) 5. 고전압 극소저항구조로 적용 범위 광범위 (장점) <RTC, 파워어시스트 : ~ ㎃, A 단위 지원> 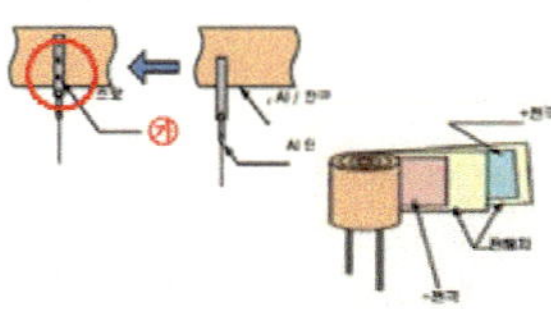 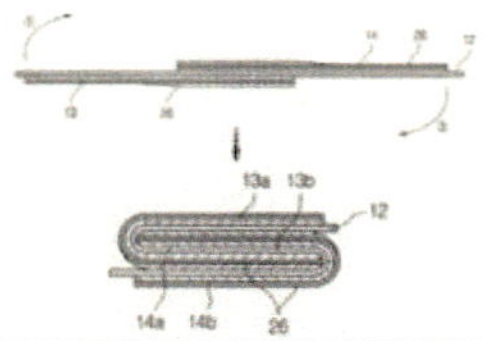

Hyper-capacitor / Technology

그 외 경쟁력

1) 제조공정 관련 특허 보유

日 사

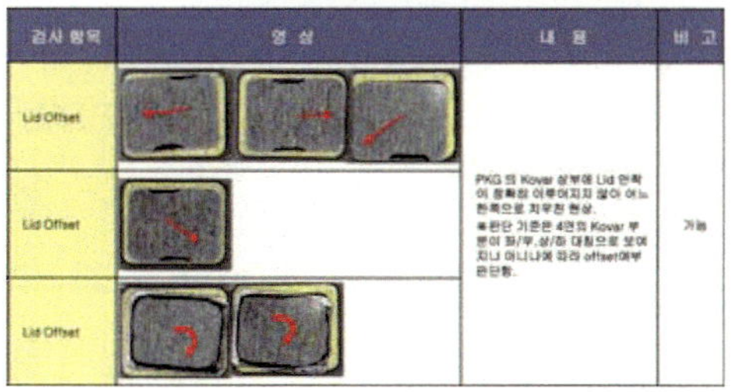

당사

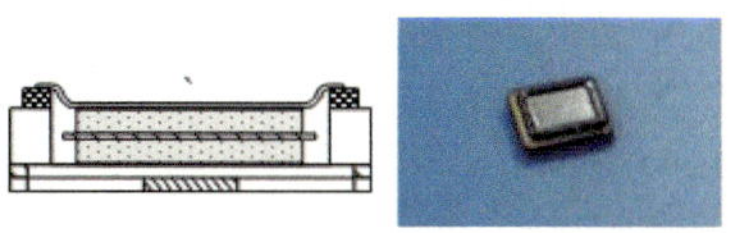

2) 제조원가 (재료비)

(i) 日, K사 세라믹 제품을 사용할 경우

내 용	구입 품목	단위	단가[원]
SMD 3225 Chip Type 기 준	활성탄 I	kg	
	활성탄 II	kg	
	도전재	kg	
	바인더	kg	
	첨가제	kg	
	용매	ℓ	
	필름	m²	
	현 교세라 세라믹 패키지	ea	
	Lid	ea	
	전해지	m²	
	전해질	ℓ	
	전해질용매	ℓ	
	전극접착제	ℓ	
	@ 소 계		78.32

(ii) 당사의 특허방식 세라믹을 사용할 경우

내 용	구입 품목	단위	단가[원]
SMD 3225 Chip Type 기 준	활성탄 I	kg	
	활성탄 II	kg	
	도전재	kg	
	바인더	kg	
	첨가제	kg	
	용매	ℓ	
	필름	m²	
	특허방식 세라믹 패키지	ea	
	LID1	ea	
	LID2	ea	
	전해지	m²	
	전해질	ℓ	
	전해질용매	ℓ	
	전극접착제	ℓ	
	단 자 (+)	ea	
	단 자 (−)	ea	
	@ 소 계		38.62

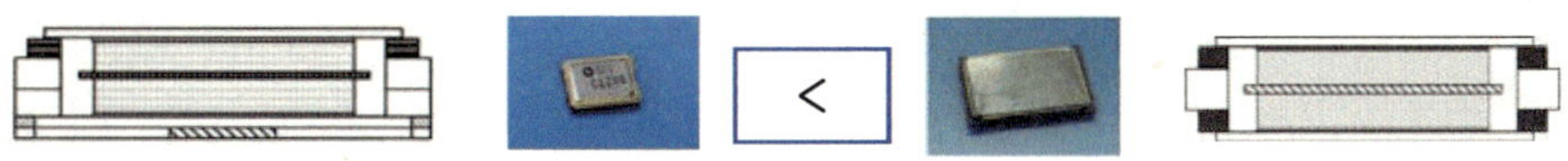

3) 특허 현황

구 분	출원 번호 (출원일)	등록 번호 (등록일)	국가	출원인	명칭
등 록	1000000000000 (2012.1.1)	1000000000000 (2013.1.1)	대한민국	㈜우수기술 홍길동	AAA형 BBB 커패시터
등 록	1000000000000 (2012.1.1)	1000000000000 (2013.1.1)	대한민국	㈜스마트캡 홍길동	AA된 BBB 커패시터
등 록	1000000000000 (2012.1.1)	1000000000000 (2013.1.1)	대한민국	㈜스마트캡 홍길동	AAA형 BBBBB 커패시터
등 록	1000000000000 (2012.1.1)	1000000000000 (2013.1.1)	대한민국	㈜스마트캡 홍길동	AAA형 BBBBB 커패시터
등 록	1000000000000 (2012.1.1)	1000000000000 (2013.1.1)	대한민국	㈜스마트캡 홍길동	BBBBB 커패시터
등 록 PCT 출원	1000000000000 (2012.1.1)	1000000000000 (2013.1.1)	대한민국 PCT	㈜스마트캡 홍길동	C형 ABAD 전지

참조 - Hyper-capacitor / Issue

스마트폰용 Power Assist (일본 Sabcd사 개발중)

Press Releases

07/16/2015

New Reflowable and Low Impedance Chip-Type Capacitor
Ideal for data backup, power assist and energy harvesting

Tweet Like

Seiko Instruments Inc. (SII) is pleased to announce that it is expanding its lineup of chip-type Electric Double Layer Capacitor (EDLC). The products are CPX10080C104F (hereinafter, "CPX104"), CPZ10080C104F (hereinafter, "CPZ104") , and CPX10080C402F(hereinafter, "CPX402"). CPX104 has the lowest in class internal impedance of 0.5 ohm, and CPZ104 at 1.5 ohm, providing a very small leak current lower than 10 nA.

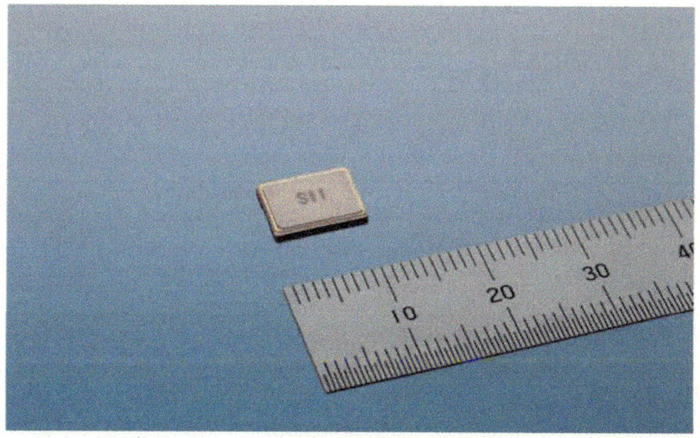

CPX104, CPZ104 and CPX402 are small reflowable, chip-type EDLCs that offer very low internal impedance, realizing high discharge current of about several hundred mA. Furthermore, a superior air-tight ceramic package assures its long term reliability.

SII succeeded in reducing leak current (self-discharge) to lower than10 nA as well as the internal impedance for CPX104 and CPZ104. They can be sufficiently charged by several micro watts of slight electromotive force from energy harvesting devices. As for CPX402, it is a super rapid charging type EDLC which can increase voltage in a short period of time.

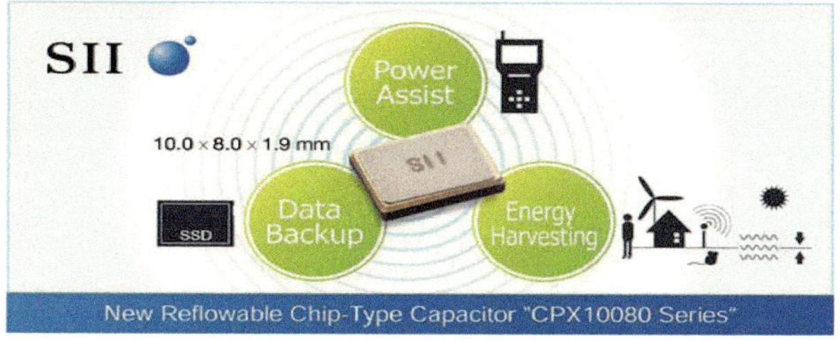

4. Reflowable, small and thin

The chip-type design makes it possible to reflow when it is applied in the mass production. The size is 10.0mm x 8.0 mm x 1.9 mm.

[Specifications Overview]

Part number	Maximum Use Voltage (Continuous)	Capacitance	Internal Impedance (Typical) (ESR)	Size (LxWxH)	Weight (g)
CPX10080C104F	2.5V	100mF	0.5Ω	10.0×8.0x1.9mm	0.45g
CPZ10080C104F	3.3V	100mF	1.5Ω	10.0×8.0x1.9mm	0.45g
CPX10080C402F	2.5V	4mF	0.5Ω	10.0×8.0x1.9mm	0.45g

[Suggested Applications]
1. Electric storage device for energy harvesting
2. Power source or electric storage for wireless sensor network, RFID tag, RF remote control for digital home electrical appliances
3. Power source or electric storage for contactless IC card, multi-functional IC card
4. Instant back-up for CPU or DRAM and power source for saving data on flash memory
5. Power backup of instantaneous battery detachment caused by mechanical shock
6. Battery power assist during instant large current draw

[Samples]
Samples are available from August 2015.

[Production]
Mass production is scheduled to commence in July 2016.

Hyper-capacitor / Market

하이퍼커패시터 시장 규모 추이

2013년도 IDTechEx 에서 발표한 자료로는 향후 지속적으로 성장, 향후 10년 후(2023년) 110억달러 이상의 시장규모로 전망.

2014년도 시장조사기관 프로스트 앤 설리번에 따르면, 2018년까지 180억달러(약 19조원)시장으로 전망.

스마트폰 세계 시장 규모 추이

구분	2015년	2016년	2017년	2018년
스마트폰 수요량 (억개)1)	15.68	17.61	19.77	21.75
종래 RTC Backup용 평균단가(원)_	110	95	90	90
본 사업 신규시장 Power Assist 예상단가 (원)2)	0	850	800	750
예상 평균 단가(원)3)	0	472.5	445	420
시장규모(억원)4)	1,960	8,320.73	8797.65	9,135.00

스마트폰 세계시장 규모 추이(Yano, 2014. 4)

1) 스마트폰 세계시장 규모 추이(Yano, 2014. 4)
2) 본 사업 신규 시장 사업 전원보상형 제품 가격
(저저항 파우치형 용량 / 가격대비 산정, 종례 리플로우 안됨)
3) 예상 평균가격
= (종례 판매중인 RTC Backup용 제품 평균가격
+ 신규 시장 전원보상용
(종례 제품 기능 및 추가 배터리 연장 추가기능)) / 2
4) 스마트폰 수요량 × 예상 평균가격

신규시장 스마트 워치

웨어러블 디바이스가 대중화 되는데는 다소 시간이 소요되고 있으나
가장 많은 관심을 갖는 분야은 스마트시계(Smart Watch)이다.
아직까지 애플의 iWatch, 삼성의 갤럭시 기어, LG전자의 G Watch 등이
추가적으로 개발 중인 것으로 알려져 시장은 더욱 달아오를 것으로 보인다.
해당 보고서는 2013년 전세계 스마트 시계의 시장 규모를 천만대로 전망.
<전년대비 1052% 성장>
Yano측은 2016년에는 1억대 규모를 이룰 것으로 보았다.

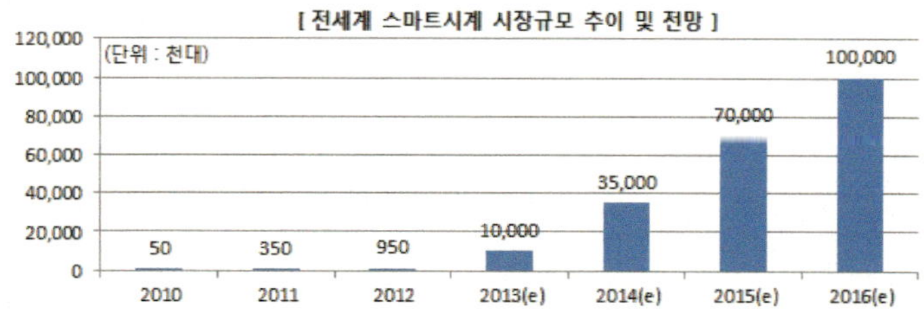

- Source : Yano Research Institute Ltd.

Hyper-capacitor / Market

반도체 디스크 (SSD, solid state disk; NVDIMM, A Non-Volatile Dual In-line Memory Module) 시장

전세계 SSD 시장은 빅데이터, 클라우드 등 새로운 시장에서의 수요가 늘어나면서 2013 년 119.4억 달러 규모로 성장하며 HDD 시장과의 격차를 축소 데이터 처리속도가 중요해지고 있는 빅데이터 시장이 확대됨에 따라 HDD 대비 데이터 처리속도가 빠른 SSD 비중은 증가할 전망.

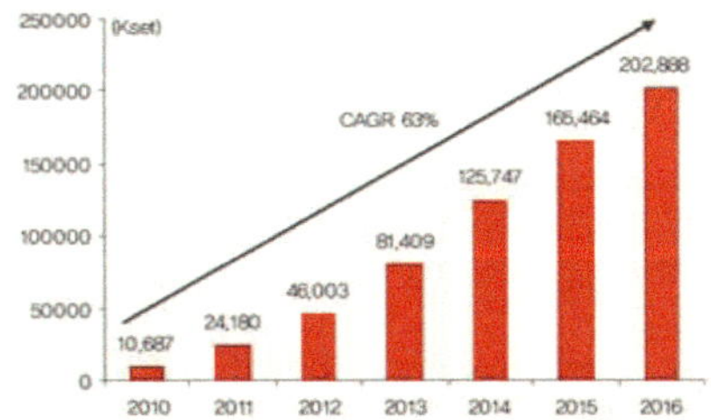

출처 : 메리츠종금증권 리서치센터, Gartner 2013

<세계 SSD용 EDLC 시장전망>

구분	11년	12년	13년	14년	15년	16년
EDLC 소요량 (억개)1)	0.242	0.460	0.814	1.257	1.655	2.029
평균 단가(달러)2)	2	1.8	1.6	1.5	1.5	1.5
시장규모(억 달러)3)	0.48	0.83	1.30	1.89	2.48	3.04

주 1) SSD 세계시장 규모 추이(Gartner, 2013. 10)
2) 평균단가는 5.5V 기준 0.3F 이상 기준 (Murata/ DMD/DME Series)
3) 시장규모 : EDLC 소요량 × 단가

스마트 그리드 (Smart Grid, AMR 단말기) 시장

공급자 중심의 전기 공급구조에 정보통신 기술을 접목하여 공급자와 소비자가 실시간 정보 교환을 통해 에너지 생산 및 소비를 최적화 시켜주는 차세대 전력망 전력망에 ICT(양방향 통신, 센서, 컴퓨팅) 기술을 도입하여 전력 생산 및 소비 정보를 관리하고 분산자원을 효율적으로 관리.

〈 2015년 기준 〉

- Gas / Water 미터 용 Battery는 총 7.5조원 규모로서 연간 5,000억원 규모
- 하이퍼 커패시터는 총 1.5조원 규모로서 연간 1,000억원 규모의 시장 예측

〈 환율 $:1,150원; Battery Cost: $ 5; EDLC Cost: $ 1 〉

※ 설치기간가정:15년

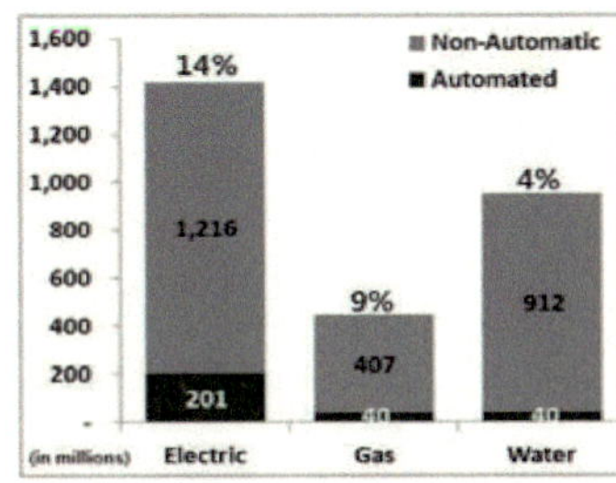

출처 : IMS Research, Worldside Meter Market, 2011 Edition

경영 환경의 내 외부 요인 분석 및 전략 (SWOT분석)

SWOT	기 회 (Opportunity)	위 협 (Threat)
	- 정부의 강력한 육성의지 - 스마트기기의 보급 확대 - 세계적인 환경문제 대두 - 지속적인 성장	- 일본의 기술 시장독점 - 특허문제 본격화 예상 - 원재료의 전극재(활성탄) 대일 의존도 심화
강 점 (Strength)	< S-O 전략 >	< S-T 전략 >
- 칩형 타사대비 제조원가 품질우수 - 양산기술, 품질관리 기술보유 - 각 분야별 전문인력 단기간 확보 가능	► 양산기술을 바탕으로 응용시장 선 진입 ► 고유기술 -> 강력한 포트폴리오 구축 ► 칩형 제품으로 차별화 시장 확보	► 생산원가 절감 경쟁력확보 ► 양산기술의 IP 전략화 ► 적용분야확대를 위한 제품개발 강화
약 점 (Weakness)	< W-O 전략 >	< W-T 전략 >
- 낮은 브랜드 인지도 - 하이퍼커패시터 후발주자 - 기술기반 포트폴리오 구축 필요	► 기존기술 철저분석->기술차별화 ► 중 대형 응용특허 확보 ► 재료/전극 등 관련 기술 공동연구(산학연) ► 투자유치	► 개발 기간이 긴 R&D 국가과제 추진 ► 필요 기술 라이센스 전략확보 ► 정부지원을 통한 해외전시회 참여

Hyper-capacitor / Plan

사업화 추진 전략

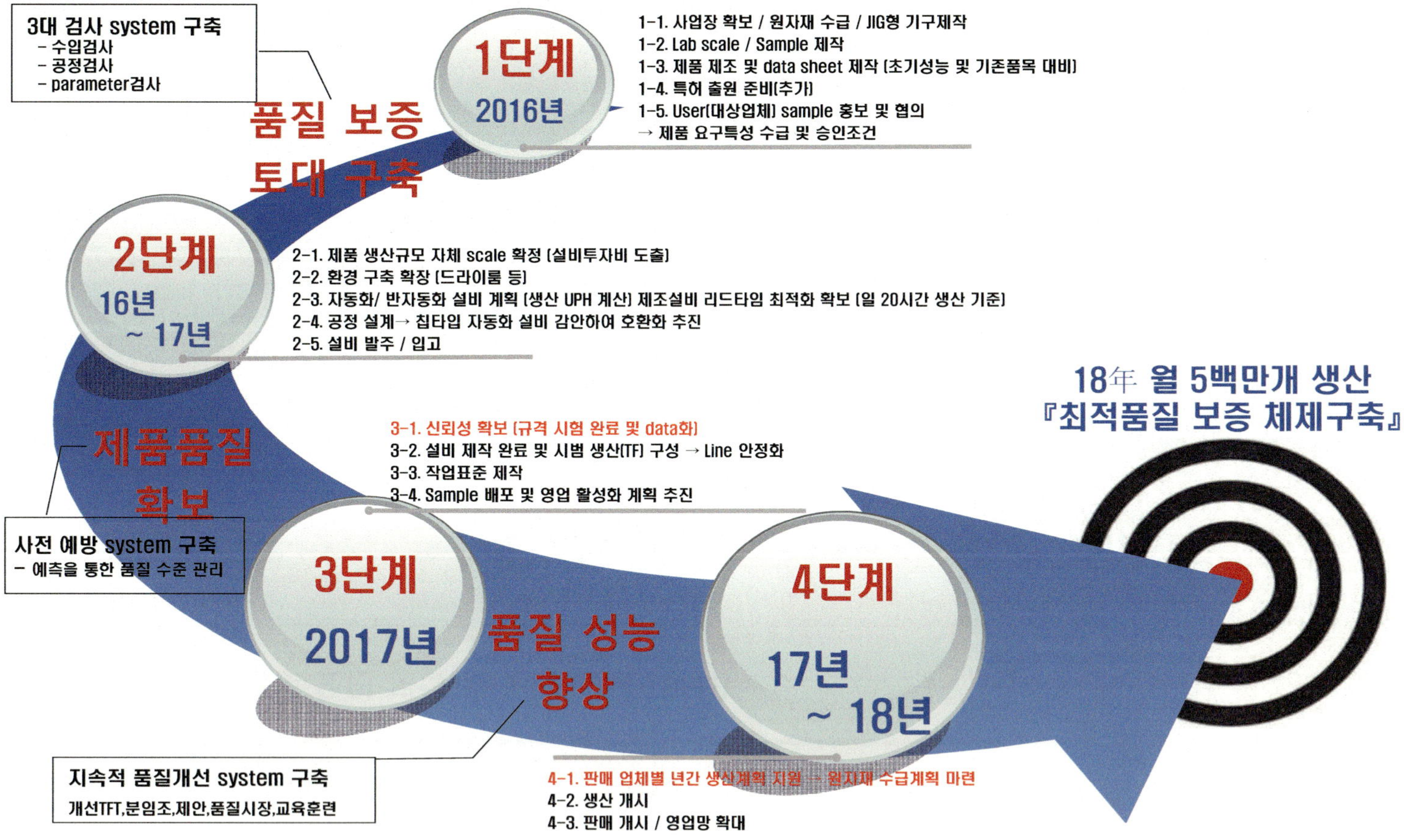

Hyper-capacitor / Strong Point

1) 현 국내 외 소형 제품 생산 현황

국 명	회 사 명	Coin Type	CHIP Type	Radial	납 품 처
한국	K 사	양산	X	양산	중국
	C 사	양산	X	X	중국
일본	S 사	양산	양산(Ceramic)	X	삼성, HTC 등 중국
	P 사	양산	양산(SUS)	양산	노키아, 애플(?) 등
	T 사	양산	○ -> X	○	애플, 중국 등

※ 현재 Reflow가 가능한
세라믹 타입 소형 분야
Seiko사 유일

2) 현 국내 외 소형 제품 판매 환경

- 모바일 스마트 기기 사업분야 (Reflow Soldering 제품에 관심)

  RTC Backup용의 경우 사업화를 추진함에 있어 기존 2003년부터 동 사업을 추진하였던 코인(Coin)형 <3∅, 4∅>의 기존 고객사가 존재하고 있으며 당시 월 1,870만개를 수요 가능한 고객사를 확보 하고 있음.

- 대용량 저장장치 (SSD)사업분야 (Reflow Soldering 제품에 관심)

  개발 제품 부재로 적용 안됨 <국내 S사 협의중 >

- 무선 충 방전 분야 확대 추진됨 <신규 확대 시장, 국내 H사 협의중 >

- 에너지 하비스트 분야 확대 추진됨 <신규 확대 시장>

소형 RTC Backup용
기존 고객사 리스트 및 수요 가능량

Agent	End User	Type	Full Capa Mon
Yangzi	SACT		
	CELLTEL		
	LONGYU CENTURY		
	CREATONE		
	DESHI COMM.		
	BDBAL		
	HI-AIM		
	FULL-TEK		
	AFT COMM.		
	EVEN COMM.		
	WITTIS		
	HUAQIN		
	CBSCS		
	Vigor		
	Sub Total		
Morsun	LONGCHEER		
	K TOUCH		
	LENOVO MOBILE		
	UNISCOPE		
	Sub Total		
Hanmi	LUCKY STAR		
	FOXCONN		
	ZTE		
	HAIER		
	Sub Total		
MMSynergy	MALTA		
	GOLD DRAGON		
	IFLYCOM		
	MAGCOMM		
	SUNNET		
	SUNMONTECH		
	ELCOTEQ		
	AHONG		
	Sub Total		
FCE	PREMIER		
	Sub Total		
Tone Parts	Tinno		
	Sub Total		
Daya	Arima		
	Sub Total		
ETC	-		
	Sub Total		
Total			18,700

3) 소형 세라믹 CHIP 타입 일본사 제품 대비 재료비 50% 절감

Market, Financing & Plan

1M / 월 생산 시 예상 손익 분석 (7.0 X 5.0 X 1.9mm) SPEC – 3.0V, 0.1F 이상, < 1Ω이하 (@ 600mΩ)

과 목		금 액			금 액			금 액		
예상 매출 총액		850,000,000			750,000,000			650,000,000		
셀 당 예상 매출 단가		850			750			650		
양산 수율 88% 기준		88% 수율	비용 5% 증가	비용 10% 증가	88% 수율	비용 5% 증가	비용 10% 증가	88% 수율	비용 5% 증가	비용 10% 증가
예상 제조 원가		214.60	225.33	247.86	214.60	225.33	247.86	214.60	225.33	247.86
변동비	원 부자재및 소모품	94,400,000	99,120,000	109,032,000	94,400,000	99,120,000	109,032,000	94,400,000	99,120,000	109,032,000
	수도 광렬비	8,000,000	8,400,000	9,240,000	8,000,000	8,400,000	9,240,000	8,000,000	8,400,000	9,240,000
	합 계	102,400,000	107,520,000	118,272,000	102,400,000	107,520,000	118,272,000	102,400,000	107,520,000	118,272,000
고정비	직접인건비	43,200,000	45,360,000	49,896,000	43,200,000	45,360,000	49,896,000	43,200,000	45,360,000	49,896,000
	간접인건비	36,000,000	37,800,000	41,580,000	36,000,000	37,800,000	41,580,000	36,000,000	37,800,000	41,580,000
	감가	25,000,000	26,250,000	28,875,000	25,000,000	26,250,000	28,875,000	25,000,000	26,250,000	28,875,000
	판공비	8,000,000	8,400,000	9,240,000	8,000,000	8,400,000	9,240,000	8,000,000	8,400,000	9,240,000
	합 계	112,200,000	117,810,000	129,591,000	112,200,000	117,810,000	129,591,000	112,200,000	117,810,000	129,591,000
예상 총 원가		214,600,000	225,330,000	247,863,000	214,600,000	225,330,000	247,863,000	214,600,000	225,330,000	247,863,000
예 상 경 상 이 익		₩635,400,000	₩624,670,000	₩602,137,000	₩535,400,000	₩524,670,000	₩502,137,000	₩435,400,000	₩424,670,000	₩402,137,000
제조비용 5% 증가 경우 산정		경상이익 ₩10,730,000 감소								
제조비용 10% 증가 경우 산정		경상이익 ₩33,263,000 감소								
예상매출 단가 850원 ⇒ 750원 변경 산정					경상이익 ₩100,000,000 감소					
예상매출 단가 850원 ⇒ 650원 변경 산정					경상이익 ₩200,000,000 감소					

- **현재 Sabcd사의 유사제품 (10.0 X 8.0 X 1.9 mm), 0.1F, 1Ω 제품 경우**
  => Power Assist Type Sample 단가는 $5에 판매 책정됨.
- **본격적으로 양산시 약 $1 정도에 대응 할 것으로 예상**

소형 EDLC 사업화 예상 손익

(단위: 천원)

항 목	2015년	2016년	2017년	2018년	2019년
매출액 (천원)	**44,000**	**306,500**	**7,030,000**	**23,500,000**	**32,203,000**
매출원가	**4,500**	**98,708**	**2,608,692**	**10,695,457**	**16,462,780**
직접인건비	4,500	22,083	253,500	690,417	1,048,333
재료비 & 소모품비	-	76,625	2,355,192	10,005,040	15,414,446
매출총이익	**39,500**	**207,792**	**4,421,308**	**12,804,543**	**15,740,220**
판관비	**252,174**	**228,702**	**1,894,216**	**4,669,380**	**6,618,676**
급여/퇴직충당금	180,299	85,564	538,868	834,826	1,144,694
보험료	27,940	19,148	154,370	327,031	478,425
복리후생비(식대/경조사비)	10,335	8,190	49,820	97,290	154,395
임대료/전력/관리	13,200	13,200	109,200	264,200	264,200
경비	11,200	7,050	45,050	85,050	139,200
리스/차량/출장	4,200	69,600	117,725	246,750	305,900
영업비/광고/기타	5,000	25,950	133,575	367,650	713,340
감가상각비 외	-	-	675,308	1,741,583	2,452,433
연구개발비 및 예비비	-	-	70,300	705,000	966,090
영업 이익	(212,674)	(20,910)	**2,527,092**	**8,135,163**	**9,121,544**
영업외 수익	0	0	0	0	0
영업외 비용	3,232	39,611	42,714	3,755	0
경상이익	**(215,906)**	**(60,522)**	**2,484,379**	**8,131,408**	**9,121,544**
특별이익					
세전이익	**(215,906)**	**(60,522)**	**2,484,379**	**8,131,408**	**9,121,544**
법인세	0	(6,052)	248,438	813,141	912,154
당기순이익	**(215,906)**	**(54,470)**	**2,235,941**	**7,318,267**	**8,209,390**
순이익율		-18%	32%	31%	25%
세전 순이익율		20%	35%	35%	28%
영업 이익률		-7%	36%	35%	28%
법인세율		20%	20%	20%	20%
총 판매량 (개)		306,500	12,900,000	53,000,000	69,866,000
셀당 평균 판매가 (원)		1,000	600	450	213.75

참조 Market

SII
SEIKO
SEIKO HOLDINGS GROUP
Micro Battery
Product Catalogue
2016
Seiko Instruments Inc.

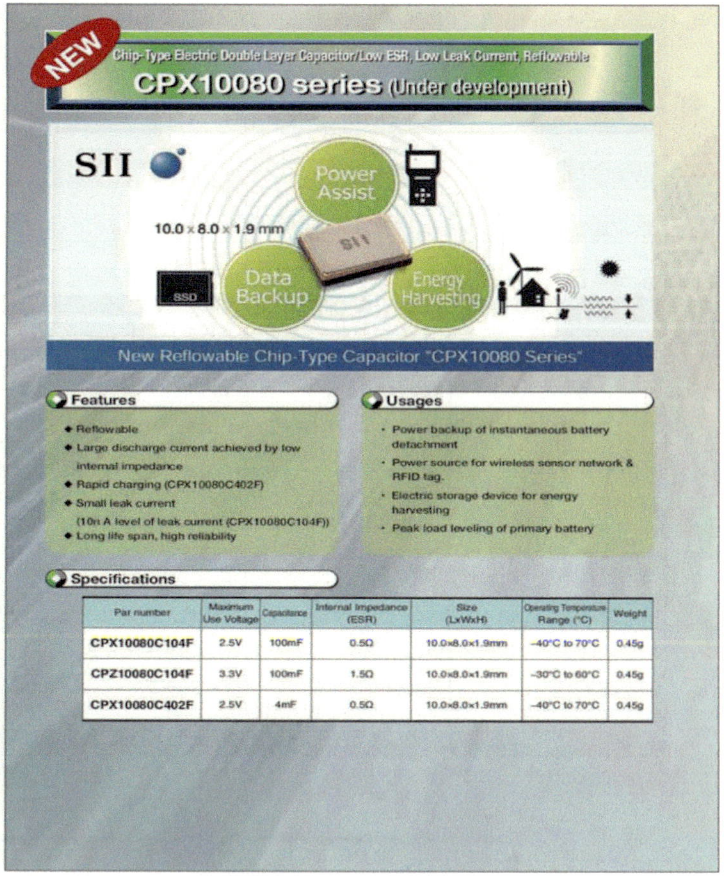
NEW
Chip-Type Electric Double Layer Capacitor/Low ESR, Low Leak Current, Reflowable
CPX10080 series (Under development)
SII
Power Assist
10.0 × 8.0 × 1.9 mm
Data Backup
Energy Harvesting
SSD
New Reflowable Chip-Type Capacitor "CPX10080 Series"
Features
◆ Reflowable
◆ Large discharge current achieved by low internal impedance
◆ Rapid charging (CPX10080C402F)
◆ Small leak current (10n A level of leak current (CPX10080C104F))
◆ Long life span, high reliability
Usages
· Power backup of instantaneous battery detachment
· Power source for wireless sensor network & RFID tag
· Electric storage device for energy harvesting
· Peak load leveling of primary battery
Specifications
Par number | Maximum Use Voltage | Capacitance | Internal Impedance (ESR) | Size (LxWxH) | Operating Temperature Range (°C) | Weight
CPX10080C104F | 2.5V | 100mF | 0.5Ω | 10.0×8.0×1.9mm | -40°C to 70°C | 0.45g
CPZ10080C104F | 3.3V | 100mF | 1.5Ω | 10.0×8.0×1.9mm | -30°C to 60°C | 0.45g
CPX10080C402F | 2.5V | 4mF | 0.5Ω | 10.0×8.0×1.9mm | -40°C to 70°C | 0.45g

Part 04

자금유치 실무교육

EXTRO – 실무 교육제안

1. 교육내용

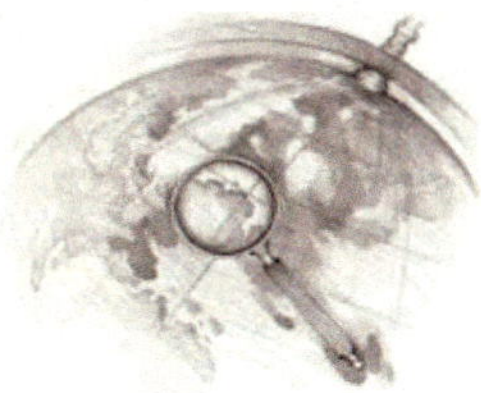

구분	내용
투자유치	벤처캐피탈 투자유치 실무
자금조달	은행자금조달 실무
보증기금	보증기관 이해를 통한 자금조달방안
기술금융	기술평가를 통한 자금조달방안
사업계획서	사업계획서 기술사업계획서 작성실무
인증서 수여	'기업금융지도사' 인증

2. 교육일정

- 전체 5 강좌, 총 6시간 교육
- 실무 및 사례 위주의 교육 커리큘럼
- 교육 이수 후 현장 실전지도

과 정	교 육 명	소 요 시 간	내 용	강 사
전체 5 강좌		6 Hr	투자유치/자금조달 실전강의	
1	투자유치	1 Hr	벤처캐피탈 투자유치	권혁진 외 010-6303-3138
2	자금조달	1 Hr	은행자금조달 실무	
3	보증기금	1 Hr	신용보증기금/기술보증기금	
4	기술평가	1 Hr	기술력평가/기술가치평가	
5	사업계획서 작성	1 Hr	사업계획서/기술사업계획서	
6	인증서 수여	1 Hr	기업금융지도사 인증	

	사후관리		개별업체 현장지도	

투자유치/자금조달 및 교육요청서

■ 회사현황

회 사 명			사업자번호	
설립일자			대 표 자	
소 재 지				
담당자	부서/직위		성 명	
	e-mail		핸 드 폰	

■ 자문신청

투 자 유 치	□ 벤처캐피탈 □ 은행 □ 엔젤
자 금 조 달	□ 은행 □ 정책자금
	□ 운전자금 □ 구매자금 □ 시설자금 □ 무역금융
기 업 인 증	□ 벤처기업 □ 기업부설연구소 □ 이노비즈 □ 메인비즈 □ 부품소재기업 □ ISO □ NEP / NET
보 증 기 관	□ 신용보증기금 □ 기술보증기금
기타 경영자문	□ 사업계획서 작성 □ 경영상태진단 □ 기업회생 □ 기타( )

■ 교육요청

희 망 분 야	
희 망 일 시	
수 강 인 원	
기타 요청사항	

■ 자문 및 교육접수문의 - ccoorea@naver.com

참고문헌

기업자금관리실무, 송경모 외, 영화조세통람, 2015
지식재산 무형자산 평가실무, 경응수, 나무미디어, 2016
금융회사의 기업고객을 위한 영업전략과 기법, 김기서, 한국금융연수원, 2010
사업타당성 평가실무, 송경모, 영화조세통람, 2013
기업신용평가메뉴얼/기술신용평가메뉴얼, 이크레더블, 2016
실무교본, 신용보증기금, 기술보증기금, 2015
분식회계 정보와 탐지법, 위너스북, 최승근, 2011
신용평가의 이해와 활용, 새로운 제안, 한국기업평가, 2009
재무분석, 한국금융연수원, 김철중, 2011
중소기업금융연구, 제327호 신용보증기금, 2012
신용분석을 위한 시장환경분석, 고중언외, 한국금융연수원, 2013
주요업종별 기업진단실무, 김진영외, 경영기술지도사회, 2013
은밀한 숫자놀음 분식회계, 찰스멀포드외, 2004
경영컨설팅 4판, 밀란쿠버, 새로운 제안, 2012
금융인을 위한 재무관리와 기업가치평가, 김지수외, 한국금융연수원, 2013
중소기업여신실무 1,2 한국금융연수원, 2012
돈이 되는 사업계획서, 김우명, 청어, 2004
중소기업 신용보증제도의 운영성과 개선방안, 정상훈, 2007
재무관리와 기업가치평가, 김지수외, 2013
지식재산금융과 가치평가실무, 조경선외, 2014
기술가치평가 실무매뉴얼, 기술보증기금, 2015
지적재산과 무형자산의 가치평가, 테크밸류 역, 세창출판, 2000
사업성분석, 백운수 외, 한국금융연수원, 2015
벤처 투자유치 성공전략, 김성널 외, 매일경제신문사, 2001
기술금융의 이해, 김영수 외, 영화조세통람, 2016
기술금융 기초, 김대철 외, 한국금융연수원, 2016

URL ecos.bok.or.kr dart.fss.or.kr kibo.or.kr kodit.co.kr smba.go.kr

편저자 약력

최병주

세무법인 청담 대표세무사
분당지역세무사회 회장
레드스쿨 이사장(대안학교)
비전아카데미 이사장(인도)
(재)성남이로운재단 이사
주민신용협동조합 이사, 주민생협 고문
(재)한국사회투자금융 감사
(사)지구촌사랑나눔 감사
우리은행 야탑역금융센터 명예지점장
성남시 의제 21 감사
광주시 사회적경제 활성화위원회 위원
성남세무서 불복심사위원(전)
세무사, 경영지도사, 모바일 시인
[저서] 모바일 시인의 사랑, 삶의 교양시

권혁진

경북대학교 경영학과 졸
한양대학교 대학원 경영학과 졸
건국대학교 대학원 신산업융합학과 졸(경영학박사)
기술보증기금 기술평가센터 팀장
이크레더블 FAS실장 / TCB본부장
금융연수원 기술금융과정 강사
신용보증기금 경영지도위원
기술보증기금 기술평가위원
경영지도사, 기술거래사
[저서] 경영컨설팅 이론과 실제, 피앤씨, 2015
경영컨설팅 실무방법론, 대명, 2016
경영컨설팅 실전가이드, 피앤씨, 2017

박수진

American University(USA) 경제학과 졸
American University(USA) 대학원 경제학과 졸업(MBA)
World Bank & IMF 아시아 경제분석 인턴
동서경제연구소 선임연구원
한국신용평가정보 과장
이크레더블 BA실장 / 평가지원본부장
미국공인회계사(AICPA)
[저서]
중소기업 경영컨설팅 실전가이드, 피앤씨미디어, 2017

김영도

고려대학교 경영학과 졸업
산은캐피탈 투자팀장
아이워너투자자문 대표

윤준선

KAIST 산업경영학과 졸업
GXT 전략기획팀장
아이워너투자자문 투자팀장

정진섭

건국대학교 산업공학과 졸업
건국대학교 벤처창업보육센터 연구원
이크레더블 TCB본부 연구원

권세혁

웅지세무대학교 세무회계학과 재학중
세무법인 청담 수습세무사
세무사
[저서] 경영컨설팅 실전가이드, 피앤씨, 2017

중소기업 투자유치와 자금조달 실무

초판인쇄 2017년 3월 25일
초판발행 2017년 3월 30일

편저자 최병주 · 권혁진 · 박수진 · 김영도 · 윤준선 · 정진섭 · 권세혁
펴낸이 김중용

총괄기획 박노일 · 최준규
편 집 심성보

펴낸곳 마인드탭 MIND TAP
경기도 파주시 책향기로 441, 1004동 1004호(동패동, 책향기마을)
등록 제406-2014-000093호
전 화 070)7550-3758 팩 스 02)718-8554
홈페이지 www.mindtap.co.kr 이메일 pnc@pncmedia.co.kr
ISBN 979-11-86672-47-1 93320

※마인드탭은 피앤씨미디어의 자매 브랜드입니다.
※무단복사 및 전재를 금합니다. 파본 및 낙장본은 교환하여 드립니다.

정 가 28,000원